# 江戸時代 神奈川の100人

神奈川近世史研究会 編

有隣堂

【凡例】

一、江戸時代の神奈川に関係が深い人物を当時の郡制をふまえて地域別に分け、原則として年代順に掲載した。
一、人物名は一般に通用している呼称を採用した。
一、地域ごとの人物の選定、あるいは総括等は、斉藤司（橘樹・都筑・久良岐郡）、西川武臣（三浦・津久井郡）、鈴木良明（鎌倉・高座郡）、馬場弘臣（大住・愛甲・淘綾郡）、大和田公一（足柄上・足柄下郡）が分担した。
一、各章の地域ごとの概説は、鈴木良明が執筆した。
一、人物の執筆者名はそれぞれの文末に記した。
一、取り上げた人物はできるかぎり生没年を記載したが、同じ名前を襲名し個人が特定できない場合は割愛した。
一、歴史用語の中に一部好ましくない表現があるが、当時の社会事情のもとで使用されたものであるので、そのままとした。

（扉写真／広重「東海道七」藤沢　神奈川県立歴史博物館所蔵）

# 江戸時代　神奈川の１００人

▼目　次▲

第一章　橘樹郡・都筑郡・久良岐郡　8
（川崎市・横浜市）
1 小泉次大夫　10
2 吉田勘兵衛　12
3 永島泥亀・亀巣　14
4 田中休愚　16
5 東皐心越　18
6 米倉忠仰　20
7 池上幸豊　22
8 志村弥五右衛門　24
9 飯島吉六　26
10 苅部清兵衛　28
11 関口東作　30
12 石井源左衛門・弥五郎　32
13 煙管亭喜荘　34
14 萩原則嘉　36
第二章　三浦郡　38
（横須賀市・三浦市・逗子市・葉山町）
15 長谷川長綱　40
16 向井政綱　42
17 砂村新左衛門　44
21 松平斉典　52
22 小笠原甫三郎　54
23 草柳進左衛門　56

18 三浦按針……46
19 堀　利雄……48
20 平田小十郎……50
24 飯塚惣三郎……58
25 粉名屋善八……60
26 小栗忠順……62

## 第三章　鎌倉郡・高座郡——64

（横浜市・鎌倉市・藤沢市・茅ヶ崎市・寒川町・海老名市・綾瀬市・座間市・相模原市）

27 彦坂元正……66
28 澤邊宗三……68
29 天秀法泰尼……70
30 三橋靱負……72
31 他阿尊任……74
32 岩本院真乙……76
33 大岡忠相……78
34 田沼意次……80
35 薫誉養国……82
36 鶴岡八幡宮領民……84
37 誠拙周樗……86
38 青木友八……88
39 河内久右衛門……90
40 早川村お町……92
41 福原高峯……94
42 藤間柳庵……96
43 大矢弥市……98
44 萩原安右衛門……100
45 堀内悠久……102
46 荻原連之助……104
47 高橋治右衛門……106
48 彦左衛門女房とみ……108
49 和田篤太郎……110

## 第四章　大住郡・愛甲郡・淘綾郡――112
（平塚市・伊勢原市・秦野市・厚木市・大磯町）


50 小川庄左衛門……114
51 小幡景憲……116
52 崇雪……118
53 手中明王太郎……120
54 坂東彦三郎……122
55 花昌亭百亀……124
56 高麗寺慧歓……126
57 安居院庄七……128
58 井上五川……130
59 原久胤……132
60 加藤宗兵衛……134
61 草山貞胤……136
62 真壁平左衛門・平之丞……138
63 川崎屋孫右衛門……140
64 溝呂木九左衛門……142
65 霜島久太郎……144
66 大久保教義……146
67 大山の御師たち……148


## 第五章　足柄上郡・足柄下郡――150
（南足柄市・山北町・小田原市・箱根町・真鶴町・湯河原町）


68 大久保忠世……152
69 菊径宗存……154
70 木食僧弾誓……156
71 稲葉正則……158
72 箱根宿本陣の人びと……160
73 真鶴の石工たち……162
80 大久保忠真……176
81 二宮金次郎……178
82 杉本田蔵……180
83 福住九蔵……182
84 加勢屋与兵衛……184
85 露木浦右衛門……186

74 風外慧薫……164
75 下田隼人……166
76 稲津祇空……168
77 山田次郎左衛門……170
78 湯山弥太右衛門……172
79 鈴木善兵衛……174
86 信濃亀吉……188
87 像外法全……190
88 角田惣右衛門……192
89 片岡永左衛門……194
90 中垣斎宮……196

## 第六章 津久井県——198

（相模原市津久井町・同相模湖町・同城山町・同藤野町）

91 坂本内蔵助……200
92 根岸鎮衛……202
93 遠藤備前……204
94 土平治……206
95 江川太郎左衛門……208
96 久保田喜右衛門……210
97 藤澤次謙……212
98 八木兵輔……214
99 八木甚之助……216
100 佐藤才兵衛……218

あとがき
執筆者一覧

# 〔第一章〕

# 橘樹郡・都筑郡・久良岐郡

（川崎市・横浜市）

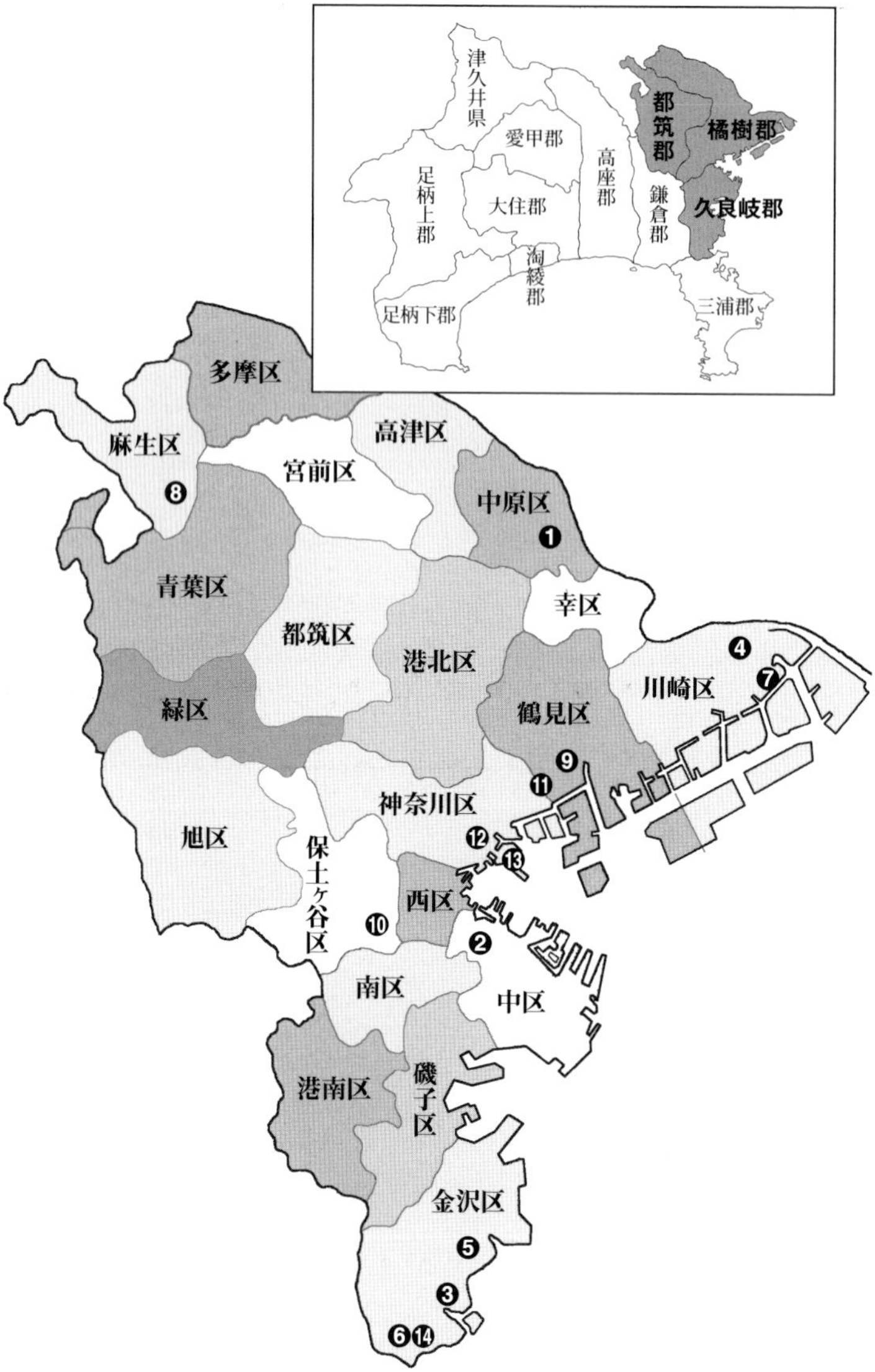


1 小泉次大夫
2 吉田勘兵衛
3 永島泥亀・亀巣
4 田中休愚
5 東皐心越
6 米倉忠仰
7 池上幸豊
8 志村弥五右衛門
9 飯島吉六
10 苅部清兵衛
11 関口東作
12 石井源左衛門・弥五郎
13 煙管亭喜荘
14 萩原唯右衛門

江戸時代、武蔵国の南端に橘樹《たちばな》・都筑《つづき》・久良岐《くらき》の三郡は位置していた。

橘樹郡は多摩川下流域の右岸に接し、現在の行政区画では、川崎市のほぼ全域と横浜市鶴見区・港北区・神奈川区・保土ヶ谷区等の一部がその範囲となる。郡域の村々は、天正十八年（一五九〇）に家康が関東に入封した時期の所領構成で見ると、徳川氏直轄領が大半を占める。その後旗本領や大名領、一部で増上寺御霊屋《みたまや》領も設定された。また、江戸から五里以内の立地にあるため、一部の村々には鷹場が定められた。郡域南部に東海道川崎宿、神奈川宿、保土ヶ谷宿、海上交通の要所神奈川湊があった。また府中・矢倉沢・中原の脇往還が通じ、中原往還沿いに小杉御殿が設けられ、支配の拠点となっていた。多摩川下流域を中心に新田開発や二か領用水の改修・治水が行なわれ、海浜部では製塩が行なわれた。

都筑郡は現在の行政区画では、川崎市の一部・横浜市青葉区・都筑区・緑区・旭区等がその範囲である。郡域の村々は、橘樹郡とほぼ同様な所領構成の傾向を示す。郡内には、帷子川や鶴見川が貫流し、矢倉沢・中原往還が通っていた。

久良岐郡は現在の行政区画では、横浜市中区・南区・磯子区・金沢区等がほぼその範囲にあたる。郡域の村々は家康の関東入封期の所領構成で見ると、橘樹・都筑両郡とほぼ同じ経過をたどる。享保七年（一七二二）、六浦に米倉氏が陣屋を構えた。郡域の北の大岡川河口に吉田新田が、金沢の海浜部に泥亀新田が開発された。また風光明媚な金沢八景が喧伝され、東海道から分岐した金沢道が通じ、金沢から浦賀道、鎌倉道が発していた。安政六年（一八五九）横浜が開港されるや、郡域の北部は様相が一変した。

# 「1」小泉次大夫

（一五三九—一六二三）

## ——二か領用水を開削した代官

**◆中原街道沿いに御殿・陣屋が設置**

江戸城から相模国中原（平塚市）へと真っ直ぐに伸びる中原街道が、多摩川を渡河する武蔵国橘樹郡小杉村（川崎市中原区）には、現在でも小杉御殿町や小杉陣屋町という地名が残っているように、江戸時代初頭、小杉御殿と小杉陣屋が存在していた。小杉周辺は、耕地を南北に区切った中世条里が展開し、稲毛庄という荘園の本庄として早くから開発されていた地域である。同地に御殿や陣屋が設置されたのも、中原街道が多摩川をわたるというだけでなく、開発の進展度も考慮された結果であろう。

中原街道の終着点である中原には家康が休泊するための御殿（中原御殿）が設置されるとともに、周辺の幕府領を支配する陣屋（中原陣屋）が置かれていた。

また、小杉の他にも、神奈川から八王子へ抜ける八王子道が中原街道と交差する都筑郡下川井村（横浜市旭区）に御殿が設置されていた。こうした御殿・陣屋の存在は、江戸時代初めにおける中原街道の重要性を意味しており、実際、初代将軍徳川家康が隠居して大御所となり駿府（静岡県静岡市）に居を構えると、江戸—駿府の往来や鷹狩りの際に頻繁に利用されたのである。

**◆小杉陣屋を拠点に用水路を整備**

小杉御殿に隣接する小杉陣屋には、江戸時代の初めに武蔵国神奈川領・小机領・川崎領・稲毛領・六郷領（おおよそ現在の横浜市の東半分と川崎市の大部分、東京都大田区の大部分に該当する範囲）といった多摩川下流域一帯の幕府領村々を支配していた代官小泉次《じ》大夫《だゆう》吉次《よしつぐ》が居住していた。小泉吉次は、駿河国富士郡厚原村の植松氏の出身で、今川氏、次いで武田氏に仕えたが、天正十年（一五八二）の武田氏滅亡により徳川家康の家臣となった。慶長六年（一六〇一）に前述した地域の代官になったものと思われ、小杉陣屋を拠点に多摩川南岸の稲毛川崎二か領用水や同北岸の六郷用水の開削を行なっていくのである。

なお、吉次が出た植松氏は厚原村において水路の維持管理を行なう「樋役」を務めており、多摩川両岸の用水開削やそれに伴う新田開発には、植松氏が地元で培ってきた技術や経験が影響していたのかもしれない。

稲毛川崎二か領用水や六郷用水の開削は、すべてが新規に行なわれたものではなく、中世段階においてすでに存在していた用水を利用・整備する形で進められたものと思われる。おそらく戦国時代という社会状況の中で、多摩川の河道の変化に伴う取水口の移動や用水路の維持管理などが不安定な状態となり、これを再整備したものが両用水の開削の実態であろう。とはいえ、吉次によって開削された稲毛川崎二か領用水は中野島村と宿河原村に取水口をもち、稲毛領・川崎領に属する約六〇か村によって利用された。同一の用水体系を利用する多摩川南岸沿いに位置する平地部の地域的一体性を強固にし、現在の川崎市域の繋がりを規定する大きな要素となっているのである。

小泉次大夫木像（山田蔵太郎著『稲毛川崎二か領用水事績』から）

### ◆跡継ぎは相次いで死去

両用水の開削が一段落した慶長十七年（一六一二）、小泉吉次は隠居して、小杉陣屋と代官の地位を子の久弥之助吉明に譲った。しかし、吉明は元和元年（一六一五）に死去してしまい、再び吉次が代官となった。その後、元和六年（一六二〇）に養子の吉勝に跡を譲っている。吉勝は寛永五年（一六二八）に死去し、小泉代官は途絶えることとなった。なお、吉次は元和九年（一六二三）に八十五歳で死去している。

（斉藤司）

▽参考文献


・世田谷区教育委員会『小泉次大夫用水資料』一九八八年
・斉藤司「近世初頭、江戸周辺の代官支配について—小泉代官を素材に—」（地方史研究協議会編『地方史の新視点』所収、雄山閣出版）一九八八年
・『川崎市史』通史編2近世　一九九四年
・村上直『江戸近郊農村と地方巧者』大河書房　二〇〇四年

## ［2］吉田勘兵衛（一六一一―一六八六）

### ――吉田新田を開発した江戸町人

**◆勘兵衛は江戸の材木商**

江戸時代、JR京浜東北線（根岸線）と大岡川・中村川に区切られる釣鐘状の地域（横浜市中区・南区）は吉田新田（当初は野毛新田と称されていた）と呼ばれていた。新田の開発以前、この地域は現在の中区元町から西へ伸びる久良岐郡横浜村の砂嘴によって東京湾と仕切られる入り海であり、釣鐘状の頂部に位置する日枝神社のあたりが、大岡川が海へ注ぐ河口部であった。つまり吉田新田は海を埋め立てて形成された新田なのである。

吉田新田という名称は、開発者である江戸の材木商吉田勘兵衛《かんべえ》良信にちなんだものである。吉田勘兵衛は慶長十六年（一六一一）に摂津国（兵庫県）能勢郡歌垣村吉野で生まれ、寛永十一年（一六三四）に江戸へでて、本材木町において木材・石材の商業を営んだという。万治元年（一六五八）の江戸城本丸御門普請の際には「吉田勘兵衛」の名が見えることから、かなりの豪商であったことがうかがわれ、その財力・資本を吉田新田の開発へ投下したのであろう。

**◆一回目は潮除堤が崩れて失敗**

入り海への埋立工事は、明暦二年（一六五六）七月十七日に着手されたが、翌年の明暦三年（一六五七）五月十日からの雨により、同十三日に「潮除」（潮除堤）が残らず崩れて流され、失敗に終わった。しかし、二年後の万治二年（一六五九）二月には追願の許可をうけ、同十一日より第二回目の工事を開始している。

吉田新田の情景を描いた吉田新田開墾図には、新田を囲むように三面の堤が築かれている。一つは釣鐘状の頂点から図右側の大岡川に沿って海へと伸びる堤で、長さは一七七三間。二つ目は左側の中村川に沿って海へと伸びる堤で、長さ一三五二間。台形状をなす堤の規模はともに、堤敷五間、高さ二間半、馬踏一間であった。三つ目は両者の海に面した部分をつなぐ潮除堤で、長さ一〇三三間、堤敷一三間、高さ三間、馬踏三間である。こうした埋立に用いる土砂は、太田村天神山・石川中村大丸山・横浜村宗閑などから調達している。

寛文七年（一六六七）に埋立が完成した。開墾時の新田の総面積は一一六町四反（内、田九四町一反、畑二〇町三反、寺地と屋敷地二町）、工事の費用は八〇三八両であったという。寛文九年

（一六六九）に四代将軍家綱により吉田新田と命名されるとともに勘兵衛へ苗字帯刀が許可され、延宝二年（一六七四）の検地により村高一〇三八石三斗余が確定した。

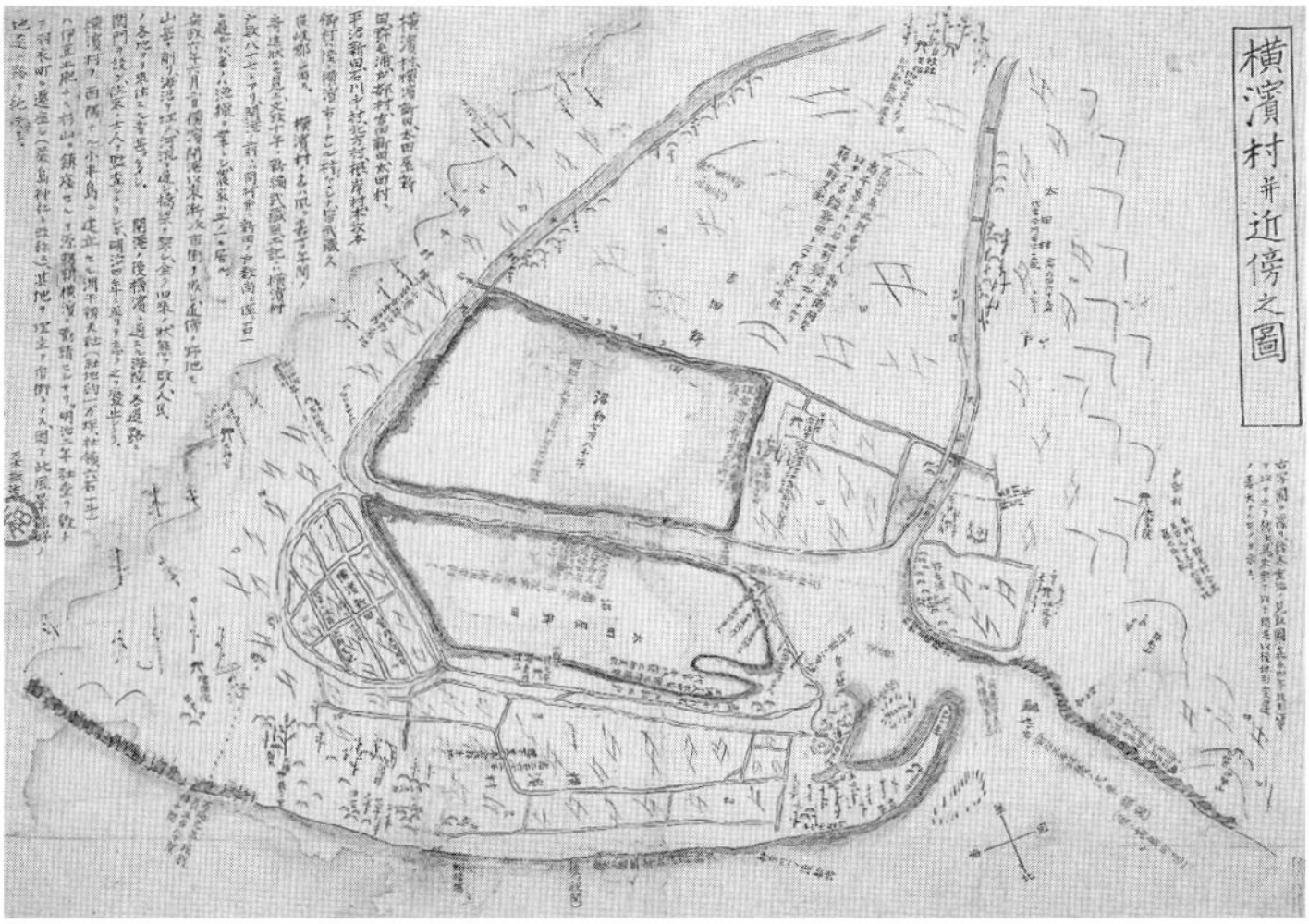


横浜村并近傍之図　中央上部の釣鐘状の部分が吉田新田　横浜市中央図書館所蔵

### ◆江戸町人を中核とした共同出資

吉田新田の開発には、吉田勘兵衛の他、相模国三浦郡内川新田（横須賀市）の開発者である砂村新左衛門、箱根用水の開削計画に関与していた友野与右衛門や宮崎市兵衛なども参加しており、江戸町人を中核に構成されていた「惣中間」＝「新田御中間衆中」による共同出資事業であった。吉田勘兵衛はその中心である「金本」をつとめ、出資額の五割を負担した。

開発が進展する中で、各人へは出資額に応じた耕地の分配が行なわれ、吉田勘兵衛がそれを買い取っていき、勘兵衛以外の出資人は資金を回収していったものと思われる。第一回目の工事失敗からうかがえるように、入り海とはいえ海の埋立による新田開発はリスクの高いものと考えられ、多額の費用が必要とされることも合わせて、多くの出資者による事業の遂行は合理的なものであったと理解されるのである。

こうして成立した吉田新田は、安政六年（一八五九）に開港した横浜港の後背地に位置しており、近代都市横浜が発展していく上で、大きな意味をもつことになる。

（斉藤司）

▽参考文献
・石野瑛『横浜旧吉田新田の研究』一九三六年（名著出版復刻）一九七三年
・斉藤司「吉田新田の開発主体と開発過程」（北原進編『近世における地域支配と文化』大河書房）二〇〇三年

# ［3］永島泥亀（?—一六七七）・亀巣（一八〇八—一八九一）

## ——泥亀新田などを開発

### ◆泥亀が金沢八景の地形に着目

東京湾から内陸へと深く入り込んでいる金沢（横浜市金沢区）の入り海は、金沢八景という景勝の地であると同時に、海面の埋立による新田開発の適地でもあった。こうした地形に着目し、最初に新田開発を行なった人物が永島泥亀《でいき》である。

泥亀は幕閣の有力者酒井忠清と近い関係を持つ医師であったが、寛文年間（一六六一—一六七二）に隠居して金沢の地に住み、新田開発を行なった。開発された場所は、瀬戸橋より内側の字《あざ》走川（寺前一丁目の一部）と瀬戸橋の外側の字平潟（平潟町の一部）の二か所であり、あわせて泥亀新田と称された。開発が完成したのは寛文八年（一六六八）とされているが、現存する文書の最も古いものは延宝三年（一六七五）の「泥亀新田」宛の年貢割付状であり、それ以前については関連資料がないため、詳細は判明しない。

### ◆田も畑も生産性は不安定

同年の年貢割付状によれば、泥亀新田の村高は一五石一斗三升九合という小規模なものであり、そのうち田方は一一石六斗九升二合（七七％）、畑方は三石四斗四升七合（二三％）であった。しかし、田方はすべてが下田、畑方も大半が下畑であり、新田として開発はされたものの、生産力が低いことがうかがわれる。また、下田の内、九反四畝四歩は年貢賦課の前提として行なわれた収穫量見込みの調査である検見によって「見捨」とされ、年貢が免除されており、生産性が不安定であることがうかがわれる。

さらに元禄十六年（一七〇三）の大地震によって潮除堤が崩れてしまい、新田内部に海水が入り、水田の耕作が出来ない状況になってしまった。

### ◆亀巣は入江新田の復興に着手

永島泥亀の子孫である六代段右衛門成《なり》郷《さと》は、平潟湾岸に「入江新田」を開発している。この開発は明和八年（一七七一）頃から進められ、天明六年（一七八六）に検地を受け、二〇四石六斗六升六合五勺（内訳は、田方一九四石一斗六升六合五勺＝九五％、畑方一〇石五斗＝五％）という村高が確定した。しかし、同年の洪水被害により、田方の収穫は皆無に等しかった。さらに寛政元年（一七八九）には潮除堤が崩れ、海水が侵入し、水田の耕作が不可能な状態となった。

永島亀巣肖像画　龍華寺所蔵

こうした新田の荒廃状況を打開したのが、永島家の九代段右衛門亀巣《きそう》である。それまで幕府領であった入江新田が、天保十四年（一八四三）に川越藩（松平大和守）の領地になったのを契機として、亀巣は新田の「起返」（復興）を計画する。

この当時の入江新田は、潮除堤が崩壊して海水面となっており、周辺の村々が鰻などの漁猟を行なっている状態であり、復興にあたっては周囲の村々からの合意を取り付ける必要があった。なかでも紅葉山御神領（紅葉山東照宮別当知楽院領）の坂本村は頑強に反対し、江戸での訴訟にまで及んでいる。しかし、亀巣は周辺の村々とねばり強く折衝し、弘化四年（一八四七）頃より「起返」に着手したようである。

この「起返」は嘉永二年（一八四九）に完了したとされるが、同六年（一八五三）の川越藩による年貢割付状によれば、中田・下田については「当丑起返シ、丑より戌迄拾ヶ年季」として嘉永六年より文久二年（一八六二）までの十か年の期間で復興するとされており、完了の時期については若干の検討が必要かもしれない。

いずれにせよ、永島家代々にわたる新田開発は亀巣の代において完成されたのであり、その功績は明治十七年（一八八四）に野島へ建立された「永島亀巣功徳之碑」や大正十三年（一九二四）における従五位の追贈などにより、地域の人々に記憶されることとなった。

（斉藤司）

▽参考文献


・神奈川県立金沢文庫『金沢文庫古文書』第十五輯　永嶌家　文書上　一九六〇年
・神奈川県立金沢文庫『金沢文庫古文書』第十六輯　永嶌家　文書下　一九六〇年
・金沢区制五十周年記念事業実行委員会『図説かなざわの歴史』二〇〇三年
・永島加年男「泥亀新田の沿革―泥亀永島家の家歴稿・祐伯三代まで―」（『六浦文化研究』12）二〇〇四年

## 【4】田中休愚（一六六二―一七二九）

### ――川崎宿財政を再建し、『民間省要』を執筆

**◆六郷渡船により宿の財政を再建**

東海道五十三次の宿場である川崎宿は、慶長六年（一六〇一）に成立した隣宿の品川宿や神奈川宿とは異なり、両宿間の距離が長いことと多摩川の渡河地点にあたることから、元和九年（一六二三）に新たに開かれた宿場であった。

品川宿と神奈川宿は、中世より湊（品川湊・神奈川湊）が存在し、陸上交通と海上交通の結節点として早くから町並みが形成されていたと考えられ、そうした繁栄をうけて東海道の宿場に設定されたのであろう。これに対して、川崎宿は新しく町立てされたため、指定された百人百匹の人馬を負担するにさえ事欠くという状態であった。こうした川崎宿の困窮状況を立て直したのが、田中休愚《きゅうぐ》である。

田中休愚は寛文二年（一六六二）に多摩郡平沢村の農家の次男として生まれ、その後川崎宿本陣の田中兵庫の養子となった。宝永元年（一七〇四）に家督を継ぎ、本陣の当主となり、同四年（一七〇七）にはそれまでの宿役人が更迭されると、かわって休愚が問屋・名主を兼帯することとなり、川崎宿の興亡を一身に担うこととなった。

休愚は、貞享五年（一六八八）の多摩川洪水による六郷大橋の流失以降、渡船場となっていた六郷の渡しに着目し、渡船による収入によって宿財政を好転させるという構想をいだき、幕府へ願い出た。宝永六年（一七〇九）にこの願いは許可され、渡船経営が川崎宿に委ねられることとなった。この結果、宿財政は次第に再建されていったのである。

**◆『民間省要』を執筆**

休愚は正徳元年（一七一一）に隠居するが、本陣・名主・問屋を兼務した実務経験や荻生徂徠・成島道筑の門下として学んだ儒学の知識、さらには享保五年（一七二〇）に西国を行脚した際の見聞などをふまえて『民間省要』を執筆している。『民間省要』は年貢・普請・村役人・巡見・街道・宿場・土木・鷹狩・国土統治などに関する事柄を扱った地方書であり、定免制採用の提起を中心とする乾部（巻一―七）と、宿駅・普請・放鷹などといった各論ごとにまとめられた坤部（巻一―八）から構成されている。

中心的な論点は、田畑に賦課される年貢と小物成（餅米・大豆・六尺給米等の雑税）をも合わせた年貢の定量化という定免制の提起であった。十七世紀におけ

田中休愚右衛門（『玉川参登鯉伝』から）　世田谷区立郷土資料館所蔵

る全国的な新田開発の進展とそれに基づく経済の発展のなかで、武家社会と民間社会が分離しているという現状認識をふまえ、両者間のいわば社会契約として年貢の賦課・納入について定免制を導入しようとする考え方である。

『民間省要』は享保七年（一七二二）に八代将軍徳川吉宗に上覧されたが、こうした休愚の経験に裏打ちされた思考は、享保改革を進めつつあった吉宗の意に沿うものであり、休愚は還暦をこえた高齢にも関わらず、幕府の役人として登用されることとなった。

**◆酒匂川の改修に成功**

享保八年（一七二三）には荒川や多摩川両岸の六郷用水・二か領用水の改修を命じられている。さらに同十一年（一七二六）には宝永四年の富士山噴火による降灰が河床に堆積して洪水を繰り返していた酒匂川の改修を担当することとなり、これに成功している。末永い治水の安定を願い、古代中国の伝説的な帝王で黄河の治水に成功したとされる禹王を祀った休愚による石碑（文命東堤碑・西堤碑）が現在も酒匂川の右岸（南足柄市）と左岸（山北町）に残されている。

その後、休愚は享保十四年（一七二九）に大岡忠相配下の支配勘定格に任じられるが、同年十二月に死去している。

（斉藤司）

▽参考文献

・『川崎市史』通史編2近世　一九九四年
・田中休愚著・村上直校訂『新訂民間省要』有隣堂　一九九六年
・斉藤司「田中休愚著『民間省要』における正徳三年令批判」（『立正史学』八七）二〇〇〇年
・村上直『江戸近郊農村と地方巧者』大河書房　二〇〇四年

# ［5］東皐心越（一六三九―一六九五）
## ――金沢八景を詠んだ明の僧侶

### ◆八景式景観の構造

中国の名勝である瀟湘八景（瀟湘夜雨・洞庭秋月・漁村夕照・江天暮雪・遠浦帰帆・山市晴嵐・平沙落雁・煙寺晩鐘）を範とする「○○八景」（○○は地名あるいは地域名）という景勝の選定は、西の近江八景、東の金沢八景を代表として全国各地で行なわれており、いわば「八景」式ともいえる景観認識が存在していた。

この場合、「八景」とは晴嵐・秋月・夜雨・帰帆・晩鐘・落雁・夕照・暮雪というさまざまな特色を持つ景観が一体的に存在している場所に成立するのであり、単なる八つの風景の集合体ではない。「八景」の八という数字には、八百万《やおよろず》や八千代といった語彙からもわかるように、多数という意味が存在しており、先述した八つの景観が、さまざまな景観を総合的かつ代表的に表現しているということになるのであろう。

八景式の景観は、明媚な八つの風景を単に集めたものはなく、和歌や漢詩といった言葉＝音声を媒介として伝えられるその土地の歴史性を基層に含み込みながら、さまざまな自然現象を総合的に存在させる箱庭的宇宙としての一体性をもつものである。したがって、個々の風景を個別としてみるのではなく、詩歌を詠むことができるような八景全体を一望のもとに見渡せる場所（具体的に小高い丘や山）が必要であり、金沢八景の場合には、一覧することができる能見堂や、八景の中心にあり、三六〇度のパノラマをみることのできる金龍院の九覧亭がそれに該当する。逆にいえばそうした高所が存在するゆえに「八景」が成立するということになる。

### ◆瀟湘八景になぞらえる

多摩丘陵から続く丘陵が海へ落ち込む地点に位置し、柴から野島へと伸びる砂州などにより外海（東京湾）と隔てられた金沢の入海は、変化に富んだ海岸線が入り組み、海上にちりばめたように点在する岩や島の存在により、鎌倉幕府の将軍が訪れるなど、中世から景勝地として知られていた。こうした金沢の景観を瀟湘八景になぞらえる試みは、江戸時代の初め頃より行なわれていたが、十七世紀末にいたるまでは地名の比定などについては必ずしも固定化しているわけではなかった。

洲崎晴嵐・瀬戸秋月・小泉夜雨・乙艫帰帆・称名晩鐘・平潟落雁・野島夕照・

能見堂と金沢八景（広重「金沢八景」部分）　神奈川県立歴史博物館所蔵

内川暮雪という金沢八景の位置や名称が固定するのは、元禄七年（一六九四）に明の僧東皐心《とうこうしん》越《えつ》が、金沢の地を一望する能見堂より金沢の風景をのぞみ、瀟湘八景になぞらえて八編の漢詩を詠んだことによる。

　東皐心越は、明の崇禎十二年（一六三九）に生まれた曹洞宗の僧侶で、延宝五年（一六七七）に日本へ来朝。その後、水戸家の徳川光圀の庇護を受け、天和三年（一六八三）には水戸へ迎えられ天徳寺（のち寿昌山祇園寺と改称）の住持となり、元禄八年（一六九五）に五十七歳で死去しているが、はるか故郷の風景を偲びながら金沢の景観に思いを馳せたのであろうか。

**◆江戸の近接地として発展**

　これ以降、多くの文人が金沢八景の地を訪れ、さらに十八世紀後半から十九世紀には全国的な経済発展を底流として多くの庶民が遊山に来るようになり、その需要に対応するように絵地図・案内書・浮世絵などが刊行されていくのである。

　こうした観光地としての金沢八景の隆盛は、中世東国における政治・経済・文化の中心であった鎌倉と一体的な位置にあった金沢の歴史性にあることはいうまでもないが、それよりもむしろ次第に拡大・成熟していった大都市江戸の近接地であることや、江戸と京都・大坂を結ぶ近世の大動脈である東海道のバイパスにあたるという地理的条件が、大きな要因となっているのである。

（斉藤司）

▽参考文献
・神奈川県立金沢文庫『金沢八景―歴史・景観・美術』一九九三年
・金沢区制五十周年記念事業実行委員会『図説かなざわの歴史』二〇〇三年

## 〔6〕米倉忠仰（一七〇六―一七三五）
### ――金沢に陣屋を開設した大名

**◆甲斐武田家の旧臣**

近世を通じて武蔵国橘樹郡・都筑郡・久良岐郡の三郡内に本拠地を置いた大名は、久良岐郡六浦（横浜市金沢区）の地に陣屋を構えた武州金沢藩（六浦藩）主の米倉家が唯一のものである。

米倉氏は甲斐国の出身で、もともとは戦国大名武田氏の家臣であったが、忠継の代に天正十年（一五八二）の武田氏滅亡により徳川氏に仕え、天正十八年（一五九〇）の家康の関東移封にともない、武蔵国鉢形（埼玉県寄居町）周辺において七五〇石を与えられている。忠継には実子がなく、弟の丹後守信継が跡を継ぎ、信継の跡は次男の重種が継ぎ、長男の助右衛門永時は分かれて別に家をたてた。武州金沢藩主米倉氏は、この永時の子孫である。

永時は慶長十九年（一六一四）に鎌倉の代官に就任しているが、寛永元年（一六二四）二月二日に死去し、政継が跡を継ぎ、遺領二〇〇石を領した。慶安四年（一六五一）二月二日には二〇〇石を加増されている。

**◆米倉昌尹が大名に昇進**

米倉氏が大名となったのは、貞享元年（一六八四）に当主となった昌尹《まさただ》（政継の子）のときである。昌尹は貞享五年（一六八八）に五代将軍綱吉の側用人《そばようにん》となるなど、幕府の役職を昇進し、あわせて領地も順次加増されていった。元禄九年（一六九六）には若年寄となるとともに一万石（武蔵国幡羅・埼玉・足立・比企、相模国大住、上野国碓氷・群馬の七郡）の大名となっている。さらに同十二年（一六九九）には武蔵国埼玉・久良岐・多摩、相模国大住、上野国碓氷、下野国都賀・安蘇の各郡で五〇〇〇石を加増され、下野国皆川（栃木県栃木市）に「居所」（陣屋）を構えた。こうした加増は昌尹個人の能力によるものとも考えられるが、当時権勢を振るっていた側用人の柳沢吉保が甲斐国武田氏の家臣の出自であるとされることから、同じ甲斐国武田氏の旧臣という米倉氏の出自により親近な関係にあったことが影響を与えているのであろう。

なお、元禄十二年の加増により「久良岐郡之内七箇村、宿村・同所新田、赤井村、六浦平分村、雑色村、六浦社家分村、寺前村・同所新田、六浦寺分村」が米倉氏領になっている。

## ◆下野から金沢に陣屋を移す

昌尹の後、米倉氏は昌明・昌照と続くが、いずれも短命であった。この間、昌明の弟の昌仲に三〇〇〇石を分知し、一万二〇〇〇石の大名となり、これ以降、幕末まで石高に変化はない。昌照の跡を継いだのは、柳沢吉保の子で昌照の養子となった忠仰《ただすけ》である。忠仰は、正徳二年（一七一二）に遺跡を継ぎ、享保七年（一七二二）に陣屋をそれまでの皆川から金沢（正確には六浦社家分村）へ移転している。米倉氏領一万二〇〇〇石の内、金沢陣屋の存在する久良岐郡宿村・赤井村・六浦平分村・六浦社家分村・寺前村・六浦寺分村の村々は一円的な領域を構成しているものの、全領国の一割にも満たない石高である。それにもかかわらず、同地に陣屋が移転されたのはなぜであろうか。

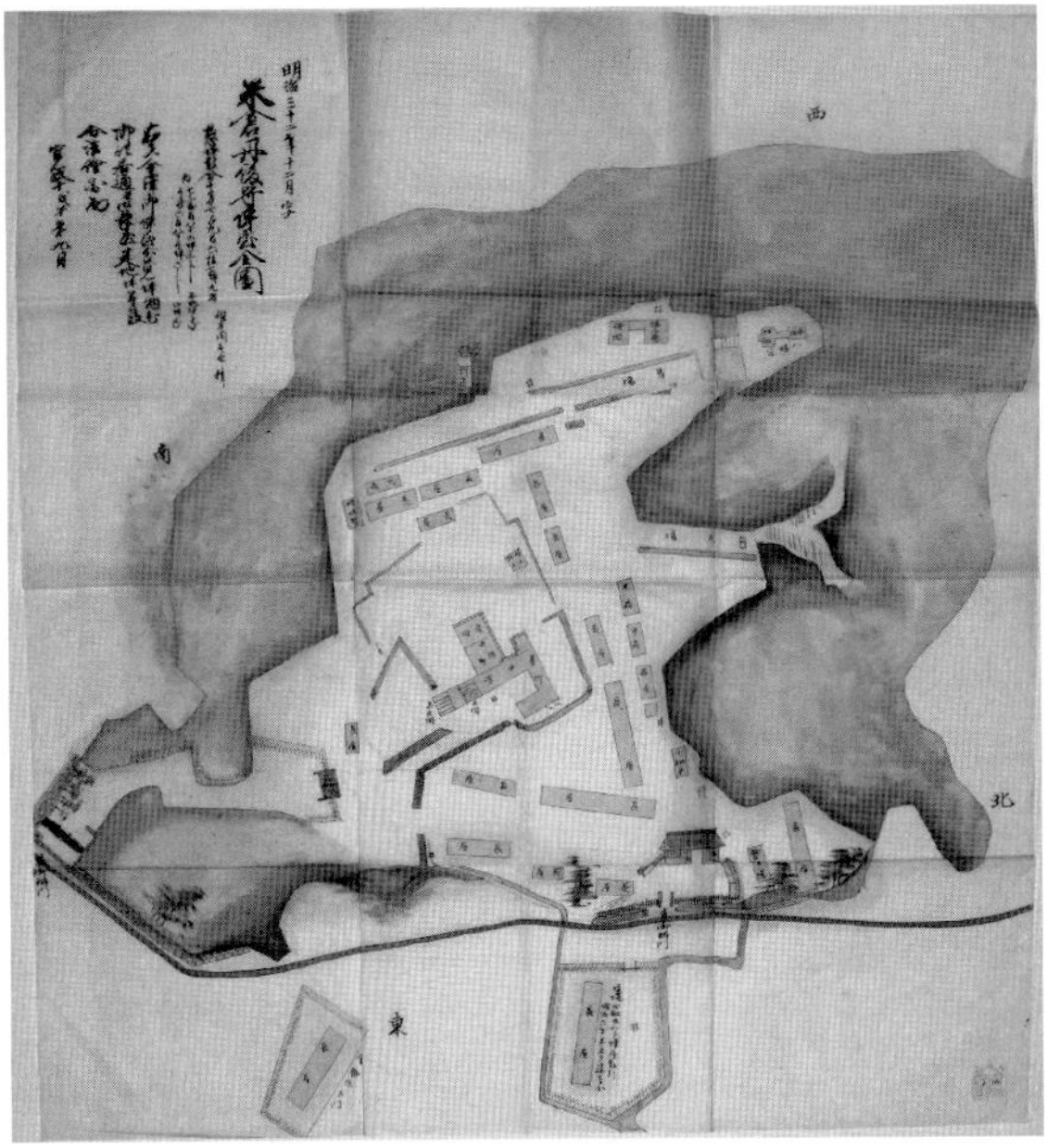

米倉丹後守陣屋全図（部分） 寛政 10 年（1798）（明治 32 年写）
角田孝氏所蔵・神奈川県立金沢文庫保管

これには、米倉氏自身の事情よりも、享保五年（一七二〇）に船改番所が伊豆下田より相模国三浦郡浦賀へ移転したこととの関連で考えるべきであろう。金沢陣屋の位置する場所は、東海道保土ヶ谷宿で分岐し浦賀へ伸びる浦賀道のほぼ中間点にあり、また三浦半島の東京湾側の付け根という軍事上の要衝にあたる。おそらく、陣屋の移転には、浦賀湊の背後の重要拠点である金沢に一定の軍事力を有する領主を配置するという幕府の軍事的・政治的見地から決定されたものと理解すべきであろう。金沢陣屋が三方を峻険な丘陵に囲まれた谷戸の奥に立地しているのも、単なる政治上の拠点という側面だけではなく、ある程度軍事的役割をも考慮したのではないだろうか。

（斉藤司）

▽参考文献
・金沢区制五十周年記念事業実行委員会『図説かなざわの歴史』二〇〇三年
・横浜市歴史博物館『幕末動乱を生きた武士—武州金沢藩士・萩原唯右衛門則嘉の生涯』二〇〇五年

## 【7】池上幸豊──和製砂糖製造に成功し、各地に伝授

（一七一八─一七九八）

◆大師河原村を開発して移住

池上太郎左衛門幸豊《ゆきとよ》は、享保三年（一七一八）に橘樹郡大師河原村（川崎市川崎区）の名主家である池上家に生まれ、寛政十年（一七九八）に八十一歳で死去するまで、新田開発や和製砂糖の国産化に尽力した人物である。

池上家は鎌倉時代に日蓮上人に帰依した池上宗仲を先祖とし、現在の池上本門寺（東京都大田区）の地に居住していたが、十七世紀初頭の幸種の時、大師河原村を開発して同地に移住した。同家はその後、幸広・幸忠・幸定と続き、幸豊は幸定の子にあたる。幸豊は享保十四年（一七二九）に幸定の死去を受けて、わずか十二歳で名主役に就任している。

元文二年（一七三七）には成島道筑に師事し、経世・和漢の書を学ぶとともに、延享三年（一七四六）には当時の和歌の指導的地位にあった冷泉為村の弟子となっている。幸豊の諸事業の根底には、こうした和漢の素養があったものと考えられる。

◆海面を埋め立て、新田を開発

幸豊による新田開発の方法は、地先の遠浅の海面を対象とし、潮の満ち干を利用して砂を滞留させ、耕地化するという独特のものであった。もともと池上家には幸種が大師河原村を開発したように、新田開発に関する技術がいわば家伝として伝来していたものとも考えられ、幸豊はこれを継承しつつ、自らの工夫を加えて、上記のような方法を案出したのであろう。

幸豊は、延享三年に多摩川と鶴見川に挟まれた東京湾沿いの海岸部の新田開発を幕府へ願い出た。この計画は大規模なものであったため、なかなか許可が下りなかったようで、宝暦三年（一七五三）に開発予定面積を八〇〇町歩から七〇町歩に縮小した上で、ようやく許可された。新田開発は順調に推移し、宝暦十二年（一七六二）には検地が実施され、池上新田と呼ばれるようになった。しかし、その規模は一四町歩であり、当初の計画よりもかなり減少している。

しかし、この成功をうけてであろうか、幸豊は同年に荏原郡糀谷村（東京都大田区）から久良岐郡戸部村（横浜市西区）にいたるまでの東京湾岸を調査し、翌宝暦十三年には三二五町歩の開発候補地を見立てている。また、同年には多摩郡・橘樹郡・都筑郡の山野空地を対象に、明

和六年（一七六九）には東海道から近畿地方にかけての候補地をリストアップしている。

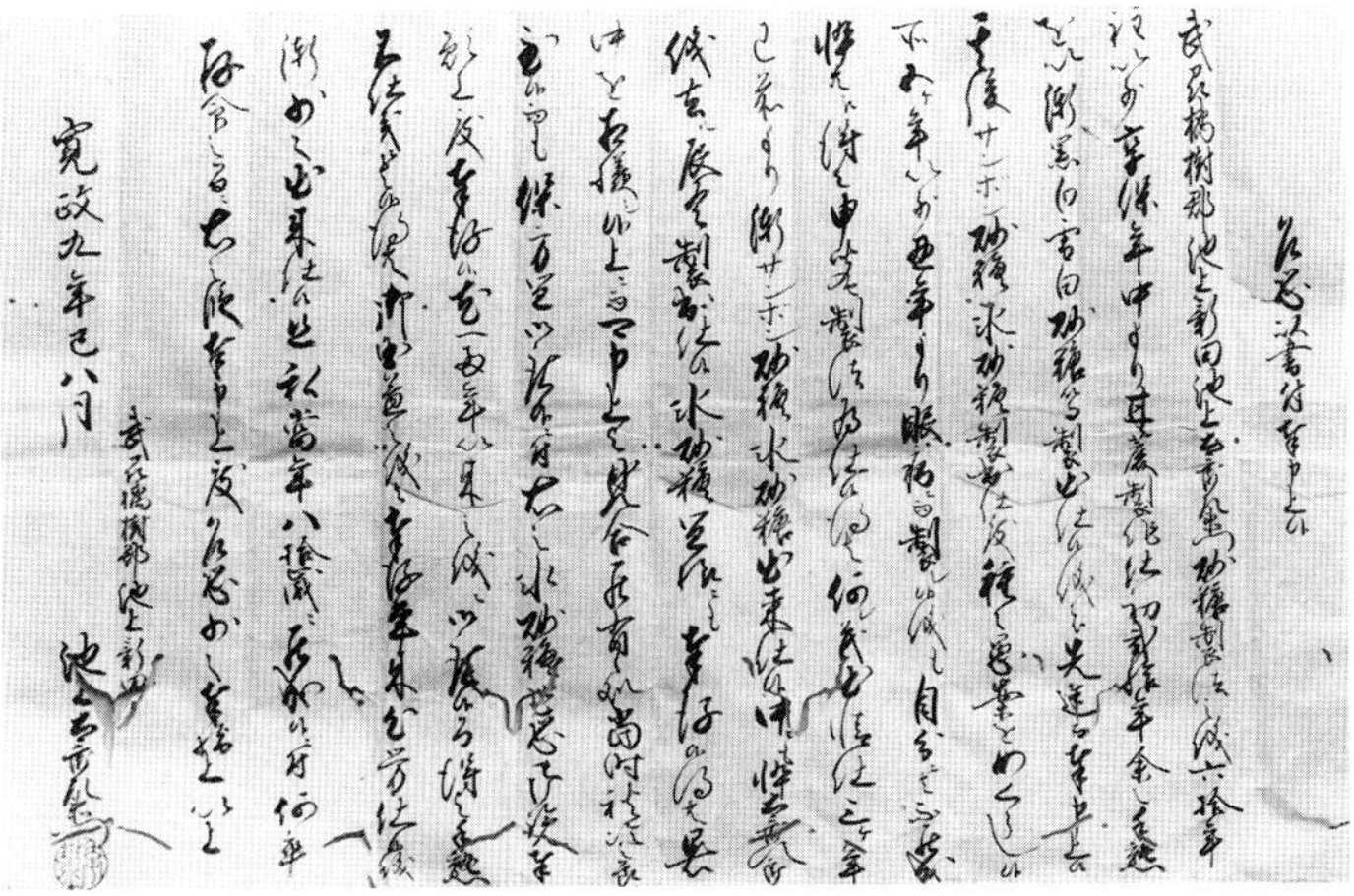

池上幸豊書状　氷砂糖の製造に成功した幸豊が一手販売の権利を養嗣子に許可してくれるように願い出たもの　川崎市市民ミュージアム所蔵

現在川崎市市民ミュージアムに所蔵されている池上家文書には、こうした新田開発の見聞に際して作成された多くの絵図類が残されている。

## ◆甘蔗栽培と砂糖製造

幸豊は、また甘蔗栽培とそれによる砂糖製造に成功し、明和六年からはその製法の伝授について、幕府からの許可を受けて行なっている。その方法は幸豊の自宅で行なわれる自宅伝法と、幸豊自身が廻村して行なう廻村伝法があった。

幸豊による廻村は、安永三年（一七七四）の関東一帯、天明六年（一七八六）の東海道・中山道・甲州街道と近畿地方、天明八年（一七八八）の相模・駿河両国という合計三回行なわれた。自宅伝法と合わせて合計一三一か村一五二人に伝法が行なわれている。

こうした幸豊による甘蔗栽培と砂糖製造は、利用されていない山野の空閑地に甘蔗を植え付け、それによって国土を有効に活用するというものであった。殖産興業の側面に比重が置かれるというよりも、地先の海面を耕地化するという幸豊の新田開発と同じ考え方であり、国土の有効利用こそが「国益」（国家の利益）にも百姓の益にもなるという幸豊の理念にもとづくものであったのである。

（斉藤司）

▽参考文献
・『川崎市史』通史編2近世　一九九四年
・『大江戸マルチ人物伝　池上太郎左衛門』川崎市市民ミュージアム　二〇〇〇年

# ［8］志村弥五右衛門（一七八二―一八四八）

## ――王禅寺村の名主

**◆王禅寺村は増上寺御霊屋料**

　王禅寺村（川崎市麻生区）は、『新編武蔵風土記稿』によれば、戦国期には麻生郷に含まれ、徳川家康の関東入国後に麻生郷から独立し、古刹王禅寺の寺号をもって村名となったとある。その後、村は二代将軍秀忠の正室崇源院の化粧料となるが、崇源院と秀忠（台徳院）が死後増上寺に葬られた関係で、寛永十一年（一六三四）以降、増上寺御霊屋料《みたまやりょう》となった。王禅寺村は台徳院・崇源院の御霊屋料として、特別な役を果たすとともに、諸役免除等諸々の特権を認められ、そのことが王禅寺村の江戸時代における歴史的特質となった。

　志村家は延宝年間（一六七三―八一）に近村片平村から、王禅寺村へ移ってきたとされる。以後、同家は一時無役の時期もあったが、江戸時代を通じて王禅寺村の名主役を勤めた。

　志村弥五右衛門《やごえもん》は信濃国水内郡赤沼村の生まれで、繁吉を名乗り、増上寺で寺侍の修行をしていたが、寛政九年（一七九七）に十六歳で志村家の養子となる。志村家を継ぐと同時に名を弥五右衛門と改め、文化二年（一八〇五）には二十四歳の若さで王禅寺村の名主となる。

　弥五右衛門が王禅寺村に移ってきた前後は、村中を巻き込む村方騒動が起き、王禅寺村が大きく揺れていた時期であった。騒動の原因は増上寺領の特有の負担形態（献上役や労役）に対する反発で、背景には村民の御霊屋料離れがあった。若い弥五右衛門は無難にこの騒動を乗り切るが、村民に増上寺領領民としての自覚を高めることが残された課題となった。その後、弥五右衛門は、文化十三―十四年にかけて起きた年貢減免運動で、村民の利益を代表し、増上寺の方丈所や寺社奉行へ駆込み訴訟を行なうなどして、次第に村民の信頼を得るようになっていった。

**◆諸役免除運動を展開**

　文化期の村方騒動以降、弥五右衛門の活動の場は王禅寺村に限らず、増上寺領組合の代表として、より広がりをみせていく。増上寺領は、増上寺自体に与えられた領地である方丈料と、将軍家霊廟の諸経費を賄う御霊屋料からなり、享保時点でこれらの領地は四五か村、一万五四〇石余であった。増上寺領村々は諸役免除を正当化する由緒を持っており、領地の村々は由緒の論理を楯に取り、長年にわたり、様々な諸役免除運動を行なっていた。弥五右衛門がかかわった運動は、文政改革期の寄場組合への編入反対運動、増上寺領独自の組合村結成運動であった。

この時期、幕府は関東農村の治安悪化に対し、文化二年（一八〇五）の関東取締出役の設置、文政十年（一八二七）の組合村設定へと続く一連の改革を行なっていた。幕府のこのような動きに対し、増上寺領では寺、領民が一体となり、独自の改革を展開、幕府の増上寺領への介入を阻止しようとする。

この時、弥五右衛門は肝煎《きもいり》名主として増上寺領村々の中心的な立場となり、老中への駕籠訴、寺社奉行と増上寺地方役所への出訴などを主導する。最終的には増上寺領独自の組合村は認められ、弥五右衛門の領内での地位は確固たるものになった。

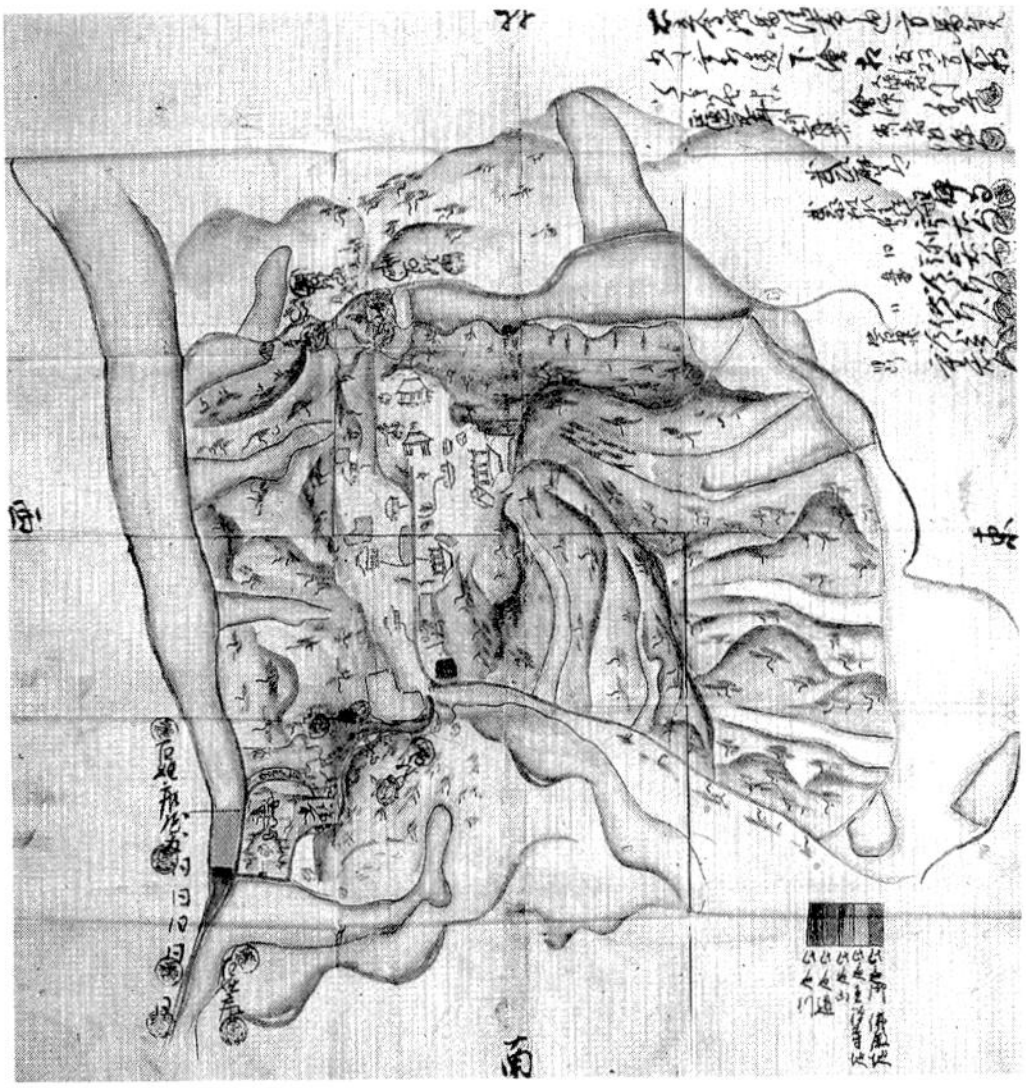

王禅寺村社地出入論所立会絵図　志村幸男氏所蔵

### ◆学習記録を残す

増上寺領の諸特権に対する幕府からの介入や領民の御霊屋料離れという状況の中で、弥五右衛門にとって、増上寺領の歴史的伝統と現状の認識に対する学習は不可欠のものとなり、弥五右衛門は多くの学習記録を残している。記録の内容は由緒運動の歴史、由緒の考証、守護不入・諸役免除、各将軍の来歴、鷹場御用、火附盗賊改、上知《あげち》などである。学習の成果は、諸役免除運動の理論武装の素材として、また領民に対し御霊屋料の歴史的伝統を認識させるために役立った。

弥五右衛門が世を去ったのは嘉永元年（一八四八）十二月、享年六十七歳であった。彼の死後、幕末の動乱期を迎え、増上寺領にはさまざまな負担が課せられるようになるが、領民は弥五右衛門の意志を継ぎ、諸役免除の運動を展開していった。

（井上攻）


▽参考文献
・『川崎市史』通史編２近世　一九九四年
・『川崎市史』資料編２近世　一九八九年
・井上攻『由緒書と近世の村社会』大河書房　二〇〇三年

# ［9］飯島吉六

## ―五代にわたって活躍した鶴見村の石工

### ◆鶴見に移住し、石工を開業

江戸時代の村には、穀物商・酒商といった商人のほかに、大工や建具屋といった生活に必要なものをつくる職人が住んでいた。ここで取り上げる飯島吉六（生没年不詳）も職人であり、江戸時代後期に鶴見村（横浜市鶴見区）に住んでいた石工である。

江戸時代の人々にとって、石は竈や石灯籠、墓や土蔵の敷石などをつくる大切な生活必需品のひとつであった。また、石を製品に加工する技術を持った石工は、人々の生活に不可欠な存在であった。

石工飯島吉六については鶴見村の名主家文書（『佐久間亮一氏文書』横浜開港資料館蔵）にいくつかの記録が残っており、江戸時代の戸籍にあたる天明三年（一七八三）の「宗門人別帳」に吉六がはじめてあらわれる。それ以前のものには名前がないので、この時期に吉六は鶴見村に移住したようである。また、吉六の出身地は小田原であったと記した本もある。

移住当初、吉六は弟の仁三郎と妻えんとの三人家族であった。また、家族の記載の上には「四郎左衛門地借」と記され、四郎左衛門から土地を借り、石工を開業したようである。

### ◆房州などから石を入手

ところで、石工が使った石にはいろいろな種類があったが、その中に房州石と呼ばれた凝灰岩でできた加工のしやすい石があった。この石の産地は現在の千葉県富津市と鋸南町の間に位置する鋸山で、この山は神奈川県にもっとも近い石の産地のひとつであった。

鋸山では、室町時代に石切が始まり、昭和に入っても石が切り出された。切り出された石は山のふもとの湊から船積みされ、最終的に石工の手に渡ることになった。幕末の生麦村（横浜市鶴見区）の名主関口氏の日記（横浜開港資料館蔵）は、房州石を千葉県の湊から入手したと記しているから、吉六も同様の方法で房州石を入手したと思われる。

房州石以外の石の入手経路についても、いくつかの資料が残されている。たとえば関口氏の日記には、伊豆半島から「伊豆石船」が石を運んできたとの記述が散見される。また、明治十八年（一八八五）に刊行された『貿易備考』には、三浦半島や鎌倉郡からも石材が切り出されたと記されている。おそらく吉六は房州石と同様に、船を利用して各地から石を入手したと考えられる。

### ◆各地に歴代の作品を残す

石工として鶴見村に移住した飯島家は、その後も歴代の当主が石工として活躍した。吉六の弟仁三郎が当主となった時の「宗門人別帳」では「持高一石九升五合六勺」と記載され、その肩書きも「地借」から「百姓」へと変化している。また、仁三郎の次男軍次郎が当主となる文化年間（一八〇四—一七）には、持高が四石九斗五升三合二勺にまで増加している。さらに、軍次郎の息子である幸次郎や惣五郎が当主となる天保年間（一八三〇—四三）には家族も増え、「下女」を雇うまでになっている。

富塚八幡宮狛犬　天保 12 年（1841）　戸塚区

飯島家は、吉六が弟仁三郎と志を抱いて鶴見村に移住し、五代にわたって石工として歴代の当主に技を伝承した。現在、彼らの作品は横浜市から川崎市にかけて各地に残り、代表的な作品だけでも横浜市鶴見区鶴見町鶴見神社の石鳥居、港北区師岡町熊野神社の石鳥居、金沢区金沢町称名寺の地蔵菩薩、戸塚区戸塚町富塚八幡宮の狛犬、青葉区市ヶ尾東福寺の供養塔などをあげることができる。

自らの腕を信じ、ビジネスチャンスを捉えた飯島家は、職人の家というよりも、起業家として評価したほうが良いのかもしれない。

（清水つばき）

▽参考文献

・西川武臣『江戸内湾の湊と流通』岩田書院　一九九三年

# ［10］苅部清兵衛

## ——保土ヶ谷宿の本陣・名主・問屋を兼務

**◆保土ヶ谷宿は慶長六年に成立**

江戸日本橋から数えて東海道の四番目の宿場にあたるのが、保土ヶ谷宿（横浜市保土ヶ谷区）である。もっとも慶長六年（一六〇一）に成立した当初の保土ヶ谷宿は、権太坂の東側の坂下周辺に存在していた保土ヶ谷町と、帷子《かたびら》川河口付近に位置していた帷子町・神戸町との間が一八町＝半里（約二キロ）程離れており、実際には二つの町並みから構成されていた。

その後、慶安元年（一六四八）頃までには、それまで西北の地点を通っていた東海道のルートが変更されるとともに、保土ヶ谷町と神戸町・帷子町を一緒にした方が便利であるということで隣接するようになった。その際、保土ヶ谷町はもとの地点より移転し、かつて存在していた場所を元町と称するようになったようである。さらに万治三年（一六六〇）に岩間村を移転させ、現在知られているような保土ヶ谷宿の構成になった。こうして町並みが続くようになった保土ヶ谷宿は、新町とも呼ばれるようになったのである。

**◆先祖は後北条氏の家臣**

他の東海道の宿場と同様に保土ヶ谷宿の成立は、伝馬三六匹の提供を定めた慶長六年正月の徳川家康よりの「伝馬朱印状」と伊奈忠次等によって出された「御伝馬之定」に基づく。この二点の文書を代々伝来してきたのが同宿の名主・本陣・問屋を兼務していた苅部家（明治初年に軽部姓に改称）である。

嘉永三年（一八五〇）に作成された由緒書によれば、苅部家の先祖は後北条氏の家臣苅部豊前守康則で、武蔵鉢形城（埼玉県）の城代家老をつとめていた。その子出羽守修理のときに後北条氏は滅亡、修理も小田原城で自害したとされている。その後、長男の半左衛門が榊原康政に仕え、三男の五郎左衛門は出家して信濃国善光寺へ赴いた。残った二男の清兵衛が土着して保土ヶ谷町の名主役に就任するとともに、本陣をつとめるようになったとされている。

なお、当初は保土ヶ谷宿を構成する保土ヶ谷町・帷子町・神戸町・岩間町の各町ごとに名主が置かれていたが、十八世紀の半ば以降は各町の名主を置かず、苅部家のみを名主とするようになった。

この他、苅部家は公用の人馬の差配など宿場の最高責任者である問屋を兼ねる

苅部清兵衛悦甫　軽部紘一氏所蔵

こともあり、名主・本陣・問屋を兼任する保土ヶ谷宿を代表する旧家であった。

**◆開港期に活躍した清兵衛悦甫**

苅部家では代々「清兵衛」の名乗りを世襲しているが、なかでも寛政五年（一七九三）に生まれ、元治二年＝慶応元年（一八六五）に七十三歳で死去した十代清兵衛悦甫《えつほ》は、幕末の動乱期の中で、さまざまな功績をあげた人物として逸することができない。

悦甫は幼少の頃より才気胆力ともに人に抜きんでたといわれ、保土ヶ谷宿内を屈曲して流れる今井川が、たびたび水害の要因となっていたため、その改修を計画した。当時、今井川は東海道の東側に沿って、宿内の中之橋で東海道と交差して西側へと流れを変え、帷子川へと合流していた。この流れを中之橋付近から真っ直ぐに伸ばし、東海道の東側、帷子橋の下流で帷子川へと合流させようとしたのである。この改修工事は嘉永六年（一八五三）に完成し、掘った土砂は建設中の品川台場に使用された。その後も、横浜開港に先立って新設された横浜道（芝生村〈西区浅間町〉で東海道と分岐して横浜村の開港場へ向かう道）の工事に登用された。そして、安政六年（一八五九）の横浜開港とともに、横浜町の総年寄に就任し、開港直後の煩雑な町政の諸事務を的確に処理している。

（斉藤司）

▽参考文献
・『保土ヶ谷区郷土史』上巻・下巻　一九三八年
・『保土ヶ谷区史』一九九七年

# [11] 関口東作　――膨大な『関口日記』を残した名主

（一八〇二―一八六二）

### ◆生麦村の名主・関口家

関口東作は、薩摩藩士が文久二年（一八六二）にイギリス人を殺害した「生麦事件」で世に名を知られた生麦村（横浜市鶴見区）の村役人をつとめた人物である。東作の生家は、戦国大名後北条氏の家臣関口外記の末裔と伝えられ、歴代の当主が村の名主をつとめるような地域の名望家であった。また、関口家の住んでいた生麦村は、東海道が村内を東西に貫き、川崎宿と神奈川宿にはさまれた村であった。

そのためであろうか、村人の中には村の生業である漁業や農業の合間に商業活動に従事する者も多く、東海道を行き交う旅人相手に食物を商ったり、草鞋を売ったりする者もいた。さらには、多額の資金を投下し、穀物や醤油などを遠方から仕入れ転売するような大きな商いをする者もいた。

関口家は、このような繁華な村で、地主として豊かな経済生活を送り、その経済力を背景にさまざまな文化活動にも従事した。しかし、このような活動をした家は珍しいものではなく、江戸時代後期には、どこの村にも関口家のような家が数軒はあった。したがって、何事もなければ、関口家は数多い旧家のひとつとして語られるにすぎなかったと思われる。

### ◆一四〇年間にわたって日記を残す

近年、関口家は多くの歴史研究者から注目を浴びている。これは、同家の歴代当主が十八世紀半ばから二十世紀初頭までの約一四〇年間にわたって、毎日のように記した日記約九〇冊が同家に残されたからで、この日記が人々の暮らしや世相を知るための貴重な歴史資料として活用され始めたからである。

現在、日記は関口家から横浜開港資料館に寄贈され、広く公開されている。また日記の翻刻が横浜市教育委員会から出版され、活字でも日記を読むことができるようになった。もちろん、関口家の人々は、日記が後代になって歴史資料として活用されようとは思ってもいなかったであろうが、この日記は、関口家の経営実態から村役人の公務の様子、冠婚葬祭や村の行事、さまざまな事件や災害の発生状況などを詳しく現在に伝えることになった。

### ◆ペリー艦隊の動向を克明に記す

日記を記した歴代の当主は、初代藤

右衛門・二代藤右衛門・東作・東右衛門・昭知の五人である。彼らが記した日記は膨大なものであり、そのすべてを紹介できない。そこで、ここでは嘉永七年（一八五四）にペリー艦隊が来航した時の三代目当主東作が記した日記を眺めてみたい。

　ペリー艦隊が東京湾に入ったのは一月十四日のことで、日記には十九日に東作が小船を繰り出して「異国船見物」に行ったと記されている。この時、彼は友人を誘って浦賀まで出向き、陸上から艦隊を眺めている。また、その後も日記には艦隊の動静が克明に記され、二十五日の日記には艦隊が「異国船国王の誕生日」の祝いをするために祝砲数十発を撃ったこと、二十七日の日記には艦隊が生麦村の沖合いにまで進入したことが記されている。

　さらに、二月十六日の日記には、ペリー艦隊に乗船していたアメリカ人宣教師ビンチンガーが幕府に無断で上陸し、東海道を川崎宿付近まで徘徊した事件の経過が記されている。

関口東作の父・二代藤右衛門　個人蔵

　こうしたペリー艦隊に関する記述は三月中旬までみられ、東作が日米交渉の行方に強い関心を持っていたことを伝えている。日記の記述は簡潔であり、彼の感情や気持ちの動きをうかがうことはできない。しかし、淡々と事実を記した日記を読んでいると、あたかも東作が歴史の記録者としての使命を感じながら、日記を書き続けたかのように思われる。

（清水つばき）

▽参考文献


・横浜開港資料館編『名主日記が語る幕末』一九八六年
・大口勇次郎「農村女性の江戸城大奥奉公」（横浜開港資料館・横浜近世史研究会編『19世紀の世界と横浜』山川出版社）一九九三年
・横浜開港資料館・横浜近世史研究会編『日記が語る19世紀の横浜—関口日記と堤家文書』山川出版社　一九九八年

## [12] 石井源左衛門（?―一八二一）・弥五郎（生没年未詳）
### ――神奈川宿本陣日記の筆者

◆**二代にわたる日記を残す**

石井家は近世後期に神奈川宿（横浜市神奈川区）の本陣役と神奈川町の名主役を勤めた家である。神奈川宿は東海道の宿場で、神奈川県下では小田原宿に次ぐ規模であった。また神奈川には中世からの湊、神奈川湊もあり、神奈川は陸上交通と海上交通の接点として、周辺地域の経済・文化の中心地として賑わった。

石井家には、享和三年（一八〇三）から天保七年（一八三六）の間に記された日記が残されている。日記は一八冊で、欠けている年の分もある。日記の書き手は主に二人、享和三年から文政三年（一八二〇）までの六冊が石井源左衛門（厳）、文政六年から天保四年（一八三三）までの一一冊が石井弥五郎順孝である（天保七年の一冊は源左衛門の子のもの）。二人の続柄は、源左衛門の甥が弥五郎で、弥五郎は源左衛門の死後、源左衛門の幼少の子（弥五郎の従兄弟）を補佐し、本陣と名主の仕事をつかさどった。

日記の内容は本陣・名主の職務に関するものもあるが、宿場の日常生活に関する記事が多い。具体的には、神奈川宿の毎年の五節句や祭礼などの歳事、各々の歳事にともなう贈答や酒宴の記事、各種の講寄合や大小の興行、宿場の大火や飢饉などの災害、喧嘩や飯盛女の欠落などの小事件、宿場を訪れ通過する旅人・宗教者・芸能人・文化人の動向、二人の近郊・遠方行楽地への外出など多彩である。また記事からは宿役人・町役人ではなく、日常生活者としての二人の行動や性格も見え隠れする。

◆**源左衛門は浦島寺開帳に成功**

石井源左衛門の代の文政三年（一八二〇）九月、宿場では当時浦島寺として知られた観福寺で、修復先の江戸から戻る浦島観音の開帳が行なわれた。

当時、神奈川宿住民の間では、民間宗教者徳本《とくほん》の来宿を契機に徳本念仏講が組織され、観福寺を拠点に活発な活動が行なわれていた。念仏講は大旅籠屋や廻船問屋など神奈川宿の有力者がメンバーであり、源左衛門は講中の中心人物であった。徳本は文政三年当時すでに亡くなっていたが、観福寺を徳本の念仏道場にと目論む弟子の意向を受け、源左衛門たちにより観福寺は整備されることになる。

この整備の手始めが浦島観音の修復・開帳で、開帳期間には能満寺で勧進相撲興行も催され、見物客で賑わった。この間、源左衛門は精力的に動き、開帳を成功させている。源左衛門は翌文政四年に病死するが、彼の死後、後を引き継いだ宿民により観福寺の整備（仁王門や石塔類の建立）は成就する。

　神奈川宿にとって、この流れは、観福寺や付随する浦島観音・浦島伝説を宿場の観光資源として取り込み、時の旅行ブームに乗じて、神奈川宿の名所として創出・整備していく過程でもあった。

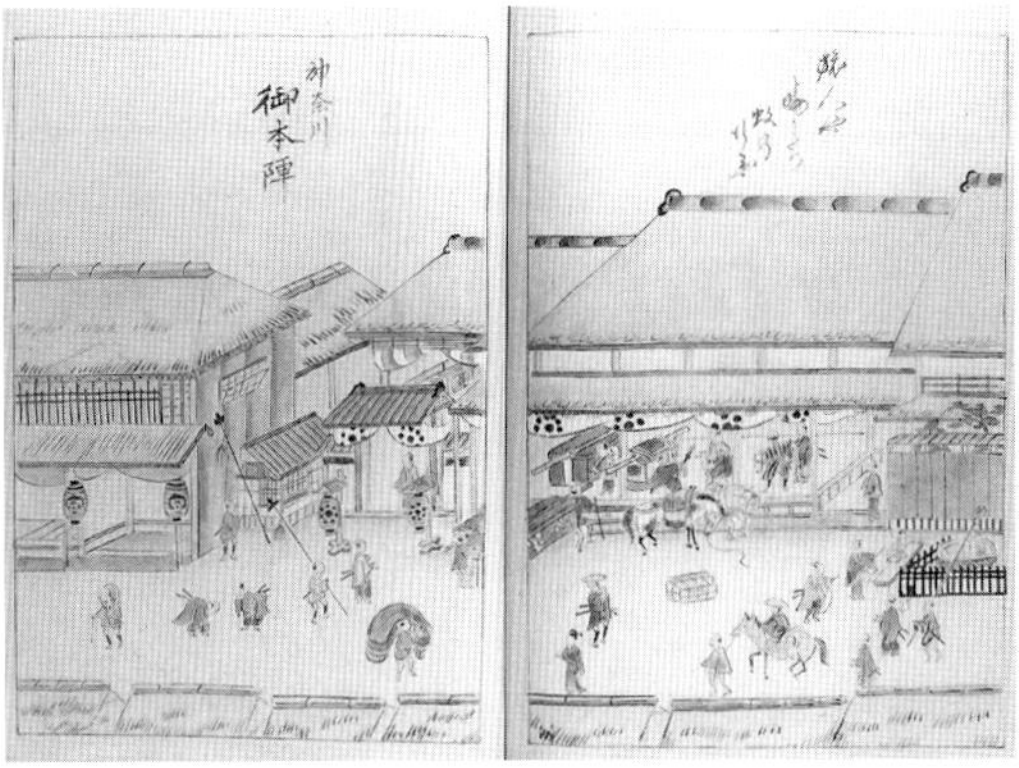

神奈川御本陣（『神奈川砂子』）　人間文化研究機構　国文学研究資料館所蔵

### ◆弥五郎は爛熟した江戸文化を享受

　源左衛門や弥五郎の生きた文化・文政期から天保前期は綱紀が緩み、庶民文化が爛熟を迎えた時代である。とりわけその文化を甘受したのが、気楽な独り身であった弥五郎である。

　日記を見ると、弥五郎は補佐役の十年間で、公務も含め四八回江戸に出府している。公務以外の江戸での過ごし方は贅沢で、中村座や市村座などでの芝居見物、八百善をはじめ有名料理屋での飲食、さらには吉原での遊興など、弥五郎は江戸の爛熟文化に存分に浸っている。神奈川での過ごし方も、江ノ島や大山、金沢、鎌倉など近郊行楽地への外出、花見や月見、歳事の度に催される酒宴や江戸芸人の興行などの記事が見え、宿場の上層民の豊かな暮らし振りがうかがえる。

　もちろん、弥五郎は遊んでいたばかりではない。弥五郎が町政に携わった期間は、天保二年の宿場大火、その後に続く飢饉により、宿財政の窮乏や治安の悪化を招き、町政の舵取りは困難であった。そのような状況下、弥五郎は若い当主の補佐役として精力的にその任を果たしている。弥五郎は大いに遊び、大いに働いた。その後、世の中は天保改革の風俗統制で堅苦しくなるが、日記に見る源左衛門や弥五郎の生活振りは、文化・文政期の神奈川宿の繁栄を如実に示している。

（井上攻）

▽参考文献
・青木美智男監修、小林風・石綿豊大校訂『東海道神奈川宿本陣石井順孝日記』1、2、3　ゆまに書房　二〇〇一—二〇〇三年
・井上攻「神奈川宿本陣日記に見る文化交流」（『横浜市歴史博物館紀要』2）一九九七年
・井上攻「神奈川宿の開帳と相撲興行」（『横浜市歴史博物館紀要』4）二〇〇〇年

# ［13］煙管亭喜荘（生没年未詳）

## ——『神奈川砂子』を編纂した知識人

**◆神奈川宿の地誌編纂**

十九世紀に入ると、それぞれの地域における歴史や地理などに関する認識が深まり、全国各地で地元の人々による地誌の作成が行なわれるようになっていく。

東海道神奈川宿（横浜市神奈川区）においても、文政六年（一八二三）に『神奈川駅中図会』が、同七年（一八二四）に『神奈川砂子』という地誌が、神奈川町で煙管商売を営んでいた煙管亭喜荘《きそう》（庄次郎とも記されているが、ここでは喜荘で統一する）という人物によって執筆・作成されている。

両書とも刊行されることはなかったものの、宿内の有力者の家に写本で伝えられている。また、その内容は、挿絵を適宜折り込みながら、神奈川宿の寺社・名所旧跡の由来・現状などを東側（江戸側）から西側（京都側）の順序で記述している。

残念ながら、執筆者である喜荘の具体的な人物像については明らかではないが、地誌編纂が可能な一定度の文化的素養を持った知識人であることが想像される（なお、近年、名前が一致することから、喜荘＝庄次郎を神奈川町の商人大坂屋庄二郎とする説が出されているが、同人が煙管屋を営業していることは論証されていない）。

**◆編纂の動機は『東海道名所図会』**

喜荘が最初に編纂した『神奈川駅中図会』の序文によれば、神奈川宿の内海家が所蔵していた『東海道名所図会』を読んだことが『神奈川駅中図会』編纂の動機となったと記されている。内海家は『新編武蔵風土記稿』に神奈川町の「旧家」とされている家で、宿内の有力者であった。その所蔵本を喜荘が読んでいることは、両者の間に親密な関係があったことをうかがわせる。

また、『東海道名所図会』は寛政九年（一七九七）に秋里籬島によって編纂され、東海道五十三次とその周辺の風景・名所旧跡などを、京都から江戸へ向かう順で記述したものである。文中には適宜挿絵が組み込まれており、東海道を描いた同種のものとしては、嚆矢に属するものである。

内海家が『東海道名所図会』を入手していることは、同書に記載されている神奈川宿の記事に興味があったのであり、自らの居住している地域に対する認識への欲求が次第に高まりつつあったのであろう。

## ◆地域史編纂の先駆的意義

『神奈川駅中図会』『神奈川砂子』において、執筆者である喜荘は、「神奈川」あるいは「金川」という地名は日本武尊・源頼朝によって命名された由緒を持ち、その地勢は四神相応の地として吉祥の地形であったとしている。それ故、東海道神奈川宿と神奈川湊という海陸の要地として、また台町をはじめとする名所旧跡・景勝地が多数存在する地として、神奈川の地が多くの人と物が行き交う「都会の地」として繁栄したと記している。

こうした喜荘による地誌編纂とその内容は、内海家の所蔵本を喜荘が閲覧していることや両書が宿内の有力者の家に伝来していることから、喜荘のみの孤立した認識ではなく、自らの居住している地域への認識が次第に高まりつつあったと思われる神奈川宿の有力者＝知識人層たちにとって、一定度共有されていたものとして理解することができよう。

なお、掲げた図は、台町の茶屋「さくらや」の賑わいを描いたもの。駕籠かきや天秤棒をかついだ人物がみえる。左側には、大山講などの講中の休泊場所であることを示すまねき看板がみえる。

喜荘による神奈川宿の地誌編纂事業は、地域で生活している視点から描き出されているものであり、地域史編纂の先駆として評価することができるのである。

（斉藤司）

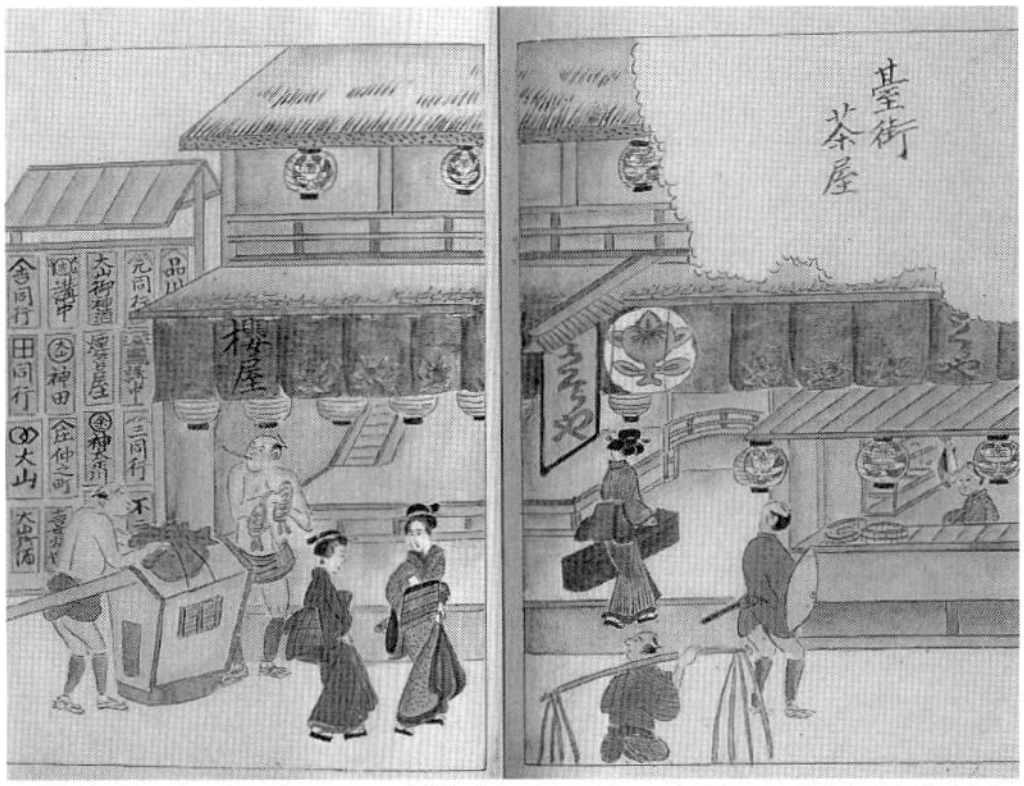


喜荘が描いた「台街茶屋」（『神奈川砂子』） 人間文化研究機構 国文学研究資料館所蔵

▽参考文献

・石野瑛校訂『武相叢書第二編 金川砂子 附神奈川史要』一九三〇年（名著出版復刻）一九七三年
・横浜市文化財調査報告第二輯『三井文庫本神奈川砂子』 横浜市教育委員会 一九六五年
・斉藤司「民間地誌にみる「神奈川宿」認識について―「神奈川砂子」を素材として―」（横浜開港資料館編『日記が語る19世紀の横浜』山川出版社）一九九八年
・斉藤司「〈史料紹介〉『神奈川駅中図会』の構成と内容」（『横浜市歴史博物館研究紀要』4号）二〇〇〇年

# ［14］萩原則嘉（一八一五—一八九三）

## ——幕末の武州金沢藩士

唯右衛門則嘉の花押と印鑑　横浜市歴史博物館所蔵

### ◆誕生から家督相続へ

萩原則嘉《のりよし》は文化十二年（一八一五）に生まれた。幼名は松五郎、その後、幸吉・茂吉と改称している。父は武州金沢藩士の萩原双左衛門、母は金沢陣屋にほど近い谷津村の名主小泉小左衛門の娘である。

文政七年（一八二四）、則嘉は「若殿様御相手」として出仕を命じられ、「御鼻紙代」銀三枚一人扶持が与えられている。その後、同十二年（一八二九）に「御帳付席」、天保二年（一八三一）に「御中小姓席」に任命されている。部屋住みの藩士を加齢に応じて昇進させていくことなのであろう。この間、「鉄次郎」という通称を「則嘉」という実名へと改名し、あわせて花押も定めている。この改名と花押の確定は武士としての成人儀礼である。なお、則嘉の実名と花押については、上層の藩士と思われる高嶋勝直が定めている。藩内の有力者を仮親として持つという意味があるのであろう。

天保二年七月、父双左衛門は隠居、則嘉が家督を相続し、金四両二人半扶持という家禄を継承、また隠居扶持一人扶持が双左衛門へ与えられた。なお、藩士家の生活費は、この家禄と役職に伴って支給される役料によって賄われていた。おおよそ七〇—八〇家と推定される武州金沢藩の藩士家の中で、萩原家はほぼ中堅層と想定される。同五年（一八三四）には「中詰格」（「中詰席」に準じる格式）に任命されている。

武州金沢藩の役職・格式については不明な点が多いが、萩原家の当主は最終的には「中詰席」まで昇進していることから、この時点における則嘉は加齢に応じた順調な昇進と理解してよいだろう。

**◆則嘉の出世と金沢引越**

天保十一年（一八四〇）、則嘉は通称を「唯右衛門」へと変更している。この通称は、父双左衛門も隠居後に使用しており、萩原家歴代の通称名であった。また、改名にあたっては、二通りの名前（この場合は「唯右衛門」と「茂兵衛」）を申請し、藩側が選択する形式となっている。

翌十二年には江戸「御上屋敷勝手」と「御台所目付」（「御作事・大納戸兼」）に任命された。歴代当主に比べると、異例ともいえる出世で、則嘉の能力が評価されたものと考えられる。しかし、十三年七月には「御台所目付」を解任され「御中小姓格」へ降下、さらに九月には事実上の左遷である「金沢勝手」を命じられた。則嘉は病気を理由に金沢への引越を延期したため、再度引越を命じられるとともに、「三ノ間末席」への格式の引下げを通達されている。「三ノ間」とは江戸藩邸において藩士が詰める部屋のことであり、藩士としての一番下のランクに位置づけられた。

こうした処遇には藩内の政争などが関連しているとも思われるが、詳細は不明である。

**◆幕末に藩政の中核として活躍**

金沢陣屋の長屋に移った則嘉は、弘化元年（一八四四）に町屋村百姓金子市左衛門の次女とよと結婚、同四年（一八四七）には長男の鉄太郎（後の則之）が誕生している。当時、金沢陣屋には十数名の藩士が在住しているのみであったため、ビットル来航やペリー来航といった非常時に、浦賀奉行所や江戸藩邸への使者として登用されるように、則嘉の有能さが再度評価されていくことになる。

こうした中で、役職や格式も再び上昇し、弘化三年には「御帳付席」、同四年に「御中小姓席」、嘉永元年（一八四八）に金沢勘定方・作事方・御蔵方・中間頭・台所目付・大納戸の兼任、同三年には「中詰格」となり、左遷以前と同様な格式となっている。その後、「御給人格」、「御使番格」、「御物頭格」と昇進、この間、幕府の長州出兵による藩主の出陣に従い安芸国広島へ従軍したり、武州金沢藩が拝命した「横須賀製鉄所御警衛」による横須賀への派兵に参加するなど、幕末の動乱期には藩政の中核で活躍することとなった。

明治二年（一八六九）の六浦藩への藩名改称を経た同四年（一八七一）には、家老に次ぐ「監察」職に就任、同年の廃藩置県の際には担当部局の藩庁文書を預かっている。廃藩にともなう混乱が一段落した明治七年（一八七三）に家督を息子の則之に譲って隠居、同二十六年（一八九三）に死去している。

（斉藤司）

▽参考文献
・『幕末動乱を生きた武士―武州金沢藩士・萩原唯右衛門則嘉の生涯』横浜市歴史博物館　二〇〇五年

# 〔第二章〕

# 三浦郡

（横須賀市・三浦市・逗子市・葉山町）

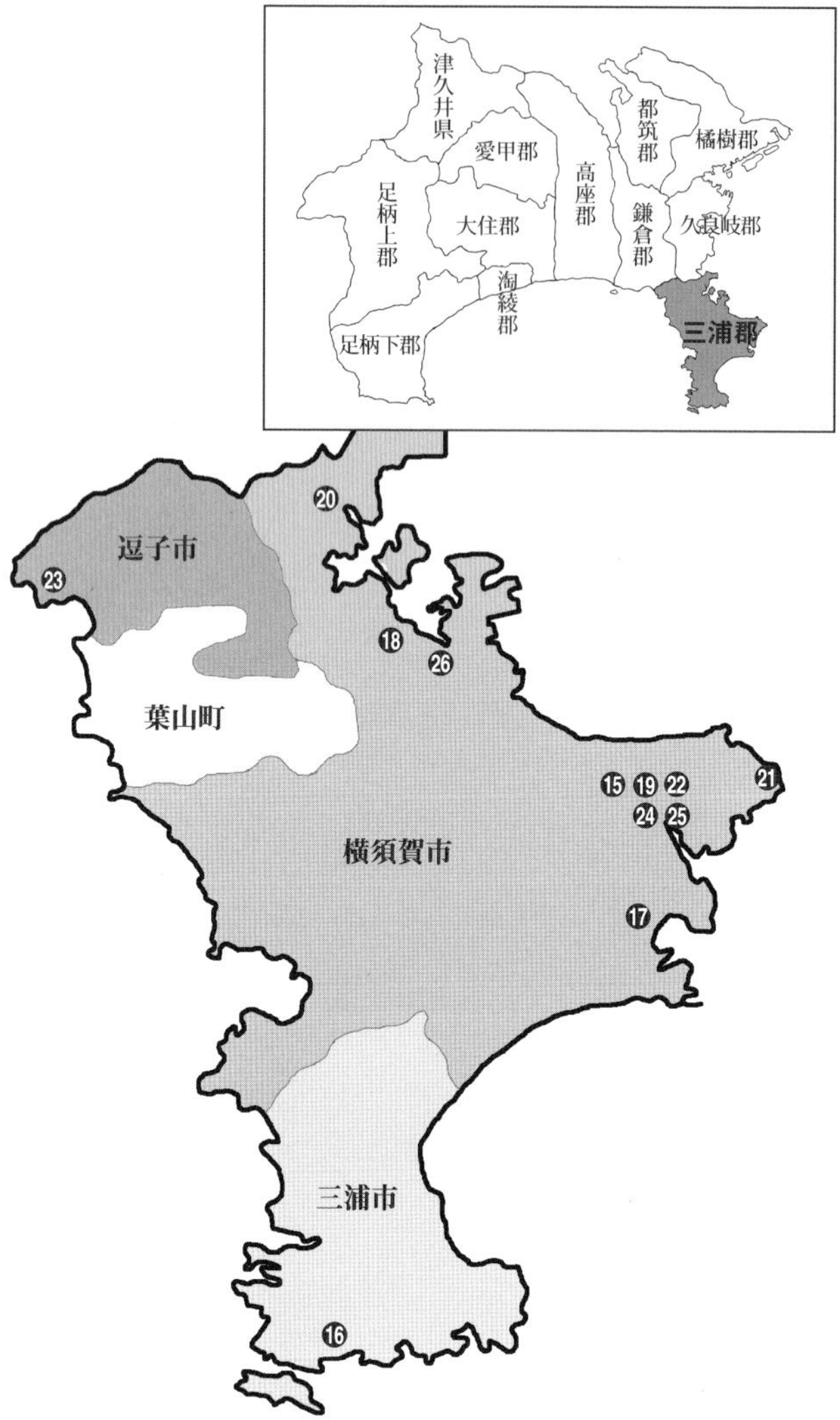


15 長谷川長綱　16 向井政綱　17 砂村新左衛門
18 三浦按針　19 堀利雄　20 平田小十郎
21 松平斉典　22 小笠原甫三郎　23 草柳進左衛門
24 飯塚惣三郎　25 粉名屋善八　26 小栗忠順

三浦郡は三浦半島をほぼ郡域とした。現在の行政区画では、横須賀市・三浦市・逗子市・葉山町がその範囲である。

郡域の村々は、家康の関東入封期の所領構成で見ると徳川氏直轄領が主体であったが、中期以降になって旗本領化が進んだ。後期には海岸防備の関係から、会津、川越、小田原、彦根、熊本、佐倉藩等諸藩の預地・所領と転じ、また一転して幕府領に復するといった支配の変遷の著しい地域であった。

三浦半島は、相模湾と江戸湾を区分するように突き出た半島である。その先端部にあたるこの地域は、将軍の居城である江戸への海上交通を監視する好立地にあった。このため江戸初期から、浦賀陣屋の設置や徳川水軍の拠点となり、以後も三崎番所や走水番所、三浦奉行所が設けられ、江戸への航路や商品流通を管理統制した。

幕末期に異国船の渡来が頻繁となるや、郡内各所に砲台や陣屋が設けられ、江戸を防備する拠点となった。ペリーの来航に際して、久里浜に応接所が設けられたことに象徴されるように、三浦半島は江戸幕府にとっての海防と外交の最前線基地となり、こうした基盤が近代の軍都横須賀の形成へと繋がった。

一方、郡域の村々は江戸幕府の海防体制の中に組み込まれ、その用務に動員された。半島各所にある備場や陣屋等へ往来するための三浦道や浦賀道が重要な道となった。

海からの江戸への入り口、あるいは中継地としての三浦半島は、一方では湊を発達させ商品物資の集積化を促し、干鰯商人や廻船商が成育した。

また相模湾・江戸湾の海産物は豊かで、それらは大都市江戸へ供給された。

# [15] 長谷川長綱（一五四二—一六〇四）

## ——三浦半島を支配した代官頭

### ◆文禄年間に郡内を検地

天正十八年（一五九〇）七月にそれまで関東一帯を支配していた北条氏が滅び、かわって徳川家康が新たな領主となると、相模国三浦郡の村々の多くは徳川氏の直轄地とされ、長谷川七左衛門長綱《ながつな》が代官として支配を担当した。

長谷川長綱の出自は明確ではないが、駿河国（静岡県）の出身であることから戦国大名今川氏の旧臣であり、同氏の滅亡後に家康に仕えたものと思われる。天正十七年（一五八九）十一月の文書に名前が確認されることから、関東入国以前より活躍したことがわかるが、関東入国後は伊奈忠次・大久保長安・彦坂元正とともに、検地の施行や伝馬手形の発給などを連名で行ない、徳川氏の領国支配の中心的存在として活躍している（こうした権限は通常の代官のそれを越えたものであり、研究史上、代官頭と呼ばれている）。

長谷川長綱の三浦郡支配は、（天正十八年）七月二十九日に豊臣政権の奉行人である木下吉隆より三浦郡不入斗《いりやまず》村（横須賀市）の浄土（真）宗西来寺の住職の件で依頼をうけているように、徳川氏の関東入国直後より行なわれており、文禄三年（一五九四）には郡内の各地で検地を施行している。こうした長綱の支配は、慶長九年（一六〇四）四月十二日に六十二歳で死去するまで続いた。

### ◆浦賀に陣屋を設置

三浦郡一帯を支配するにあたり、長綱はその拠点である陣屋を浦賀(横須賀市)に置いた。浦賀は、三浦半島中央部の東側に突出した丘陵地帯の南側にあり、いわば東京湾の入口に位置する湊町である。浦賀水道より北西方向に細長く切り込んだ海と、海面近くまでせまる丘陵により、風待ちに適した天然の良港として中世より栄えていた。町並みは湾を挟んだ両側に細長く伸びており、それぞれ西浦賀・東浦賀と称されている。長綱の陣屋は西浦賀の愛宕山下に置かれていたと考えられる。

ところで、長綱が支配の拠点である陣屋を浦賀においたのは、東京湾をめぐる海上交通を意識したためと理解される。この時期、浦賀に隣接する重要な湊は、三浦半島の先端に位置する三崎(三浦市)と、北の六浦湊(横浜市金沢区)であった。三崎には長綱の姉妹を妻とする徳川水軍の向井正綱の屋敷があり、また六浦湊周

海宝院本堂　長谷川長綱が創建、本堂奥に長谷川氏一族の墓所がある。逗子市

辺の地域は長綱配下の代官八木氏の支配であった。つまり、領国の主城江戸が最奥部に控える東京湾の入口周辺の主要な湊は、長綱の支配・影響下にあったことになる。浦賀はその最重要拠点として位置づけられたのであろう。

**◆寺の本末関係は支配のネットワーク**

長谷川長綱の墓所は沼間村（逗子市）の曹洞宗海宝院（元来は横須賀村にあったとされる）に現存するが、三浦郡内において海宝院を本寺とする寺院としては久野谷村岩殿寺・小網代村海蔵寺・菊名村法昌寺・西浦賀東福寺・公郷村曹源寺・横須賀村良長院・走水村大泉寺・鴨居村観音寺という八か寺が存在する。

こうした本末関係は、長谷川長綱が構築したものと思われ、陣屋の所在地である西浦賀の近辺（西浦賀・走水村・鴨居村）はもとより、郡の北限（沼間村・久野谷村）や、湊（網代湊）の所在地（小網代村）・街道の合流点（菊名村）など郡内の要地（特に海岸沿い）に存在する所在地の分布からは、これらの寺が信仰の場としてだけではなく、長綱による三浦郡支配のネットワークの拠点としても機能したことが想像される。

（斉藤司）

▽参考文献
・和泉清司編著『江戸幕府代官頭文書集成』文献出版　一九九九年
・斉藤司「近世初頭、東京湾西岸地域における代官支配領域について―長谷川長綱とその配下を中心に―」（『六浦文化研究』９）一九九九年

## ［16］向井政綱――徳川水軍の船手頭

（?―一六二五）

### ◆三崎は徳川水軍の根拠地

三浦半島の先端部に位置し南北方向に細長く伸びた入江を持つ三崎（三浦市）の地は、西・北・東の三方面を小高い丘陵によって囲まれ、海に面した南方には太平洋に対する天然の防波堤ともいうべき城ヶ島が対岸に存在している。

こうした港湾としての自然条件と、東京湾と相模湾を分かつ立地環境のため、中世より三崎湊は交通の要衝であった。特に戦国時代には、浦賀水道を挟んだ対岸の安房・上総両国（千葉県）が対立関係にある里見氏の領国であることから、里見氏に対する防衛などのため、後北条氏水軍の拠点として重視されていた。

天正十八年（一五九〇）に関東に入った徳川家康も、海上交通の要地である三崎に徳川氏水軍の根拠地を置いている。関東入国時において徳川氏の水軍を統率する船手頭《ふなてがしら》は向井兵庫助政綱《まさつな》（正綱）・小浜伊勢守景隆・間宮造酒允《みきのすけ》高則・千賀孫兵衛某であったが、彼らの屋敷はいずれも三崎町とその周辺に与えられた。

ちなみに、向井政綱の屋敷は三崎町の浄土真宗最福寺、小浜景隆は同町曹洞宗本瑞寺の北側、千賀孫兵衛は同町臨済宗能救寺、間宮高則は三崎町に隣接する城村に配置されている。

### ◆徳川家康の御座船を管理

四名の船手頭の中でも代表格であり中心であったのは向井政綱である。政綱は元来武田氏の水軍であったが、同氏の滅亡後、天正十一年（一五八三）徳川家康につかえた。これ以降、徳川氏の水軍として天正十二年（一五八四）の小牧長久手の戦いでは豊臣氏の水軍と戦い功績をあげている。天正十八年の北条氏攻撃の際には、先に豊臣秀次から家康へ贈られ、政綱に預けられていた国一丸（国市丸）を操船し、家康を駿河国清水より蒲原へ送っている。これ以降も家康はたびたび国一丸に乗船していることから、同船が家康の御座船ともいうべき性格の船であり、それを日常的に管理している向井政綱は事実上徳川氏水軍のトップであったことがわかる。

### ◆東京湾口の両岸を知行

さて、同年の関東入国時により、政綱には相模・上総両国で二千石を与えられている。残念ながら具体的な知行地の村名は判明しないが、寛永二年（一六二五）七月二十七日に子の将監忠

向井政綱の墓所　三浦市・見桃寺

勝宛に出された知行宛行状の石高五千石（総石高六〇〇六石の内、改出《あらためだし》・開発地一〇〇六石を除く）の内訳は相模国三浦郡四三六七石余・上総国六三二石余となっており、また先述したように政綱の屋敷の所在地が三崎町にあることと、墓所（寛永二年三月二十六日死去）が同地の見桃寺にあることから、上総国分（石高に変化が無かったとすれば六三二石余）を除く石高（四三六七石余）は三浦郡に配置されていたと考えられる。

徳川氏水軍の根拠地三崎と、その後背地としての三浦郡の地域性を如実に示すものであろう。なお、上総国における政綱の領地も東京湾口の両岸に知行村を保持するという理由によるものと思われる。また、関東入国時には一族の向井政良（政綱の兄政勝の子）・同権兵衛・同権七郎の他、渡辺五郎作などが配下に付され、同心五〇人を預けられている。

ところで、向井政綱の妻は代官頭長谷川長綱の姉妹であり、長谷川長綱による浦賀陣屋及び三浦郡支配と、徳川水軍の三崎への配置は、東京湾の入口に位置する海上交通の要衝である浦賀・三崎及びその後背地である三浦郡の立地性を、長綱と政綱の縁戚関係を媒介として一体的に把握するという政策にもとづくものと考えられる。したがって、慶長九年（一六〇四）に長綱が死去すると、海上交通に関する湊や地域の掌握は向井氏がより前面に出ていくことになり、東京湾への船の出入りを検査していた三崎番所・走水番所の管理者である三崎奉行・走水奉行に、政綱の子忠勝や甥の政良が就任している。

（斉藤司）

▽参考文献

・安池尋幸「近世前期の三崎・走水番所について」（『三浦古文化』二九号）一九八一年

# [17] 砂村新左衛門
## ——内川新田の開発者
（？—一六六七）

砂村新左衛門

**◆大坂落城直後に出生**

横須賀市久里浜四丁目に一基の石塔が建っている。この石塔は、十七世紀半ばに砂村新左衛門が三浦半島最大の新田であった内川新田を開発したことを記念して建てられたものである。石碑の建立から三三〇年以上もの歳月が流れたが、現在でも碑文を読み取ることができる。

碑文には「相州三浦内川入海新田八幡原新畑見立此門樋成就処年々□□及破損八ヶ年間致苦労盡工夫時依蒙佛神往護為子々孫々諸人現當二世安楽也」とあり、新田完成の年月が寛文七年（一六六七）三月と記され、新田に水を引くために設置した水門がたびたび破損し、大変な苦労をしたと刻まれている。

砂村新左衛門については不明な点が多いが、江戸時代後期に編纂された地誌『新編相模国風土記稿』は、新田の開発と開発者である新左衛門について次のように記している。

「この地、古は入海なり。年を追って沼地となりしを、万治年間、砂村新左衛門という者、摂州大坂上福島の人、官許を得て開墾す。当時、高三百六十石余、今五百八十五石余に及ぶ。同三年検地あり。初めは内川砂村新田と唱え、延宝の頃より砂村の二字を除けり。」

資料の記述を信じるならば、新左衛門は現在の大阪市福島区で生まれたことになる（福井県出身とする説もある）。生年は不明であるが、没年から考えると、十七世紀初頭の生まれと推測される。であるとするならば、大坂城落城直後の大坂で育ち、戦乱で焼失した大坂市街地の再開発や大坂城再築工事を目の当たりにして育ったことになる。

新田開発は巨大な土木工事であるが、幼少時代の経験が新田開発に従事することになんらかの影響を与えたのかもしれない。

**◆関東各地の新田開発に従事**

ところで、新左衛門は横須賀市だけでなく、関東各地で新田の開発に従事している。たとえば、横浜市の吉田新田は吉田勘兵衛が開発したとして有名であるが、この新田の共同開発者に新左衛門がいた。吉田新田に関する資料が関東大震災で焼失したため詳しいことは分からないが、わずかに残った資料の中に新田開発の鍬入れを新左衛門が行なったことを記したものがある。

また、現在の東京都江東区の海岸部に位置した新田も新左衛門が開発し、晩年に居を江東区の新田に移している。残念ながら、この新田についても開発の様子を記した資料は残っていない。しかし、幕府が年貢の増収をはかるため、新左衛門のような技術者を積極的に登用したことは間違いない。

はたして、新左衛門がどこで開発に関する技術を学んだのか、具体的には分からないが、関東では新左衛門のような技術者によって、新しい村が次々に作り出されていった。十七世紀初頭までの関東には、新しい農村・漁村・都市を作るために各地からさまざまな技術を持った人々が移住したといわれるが、新左衛門もそうした一人だったのである。

内川新田開発記念碑　寛文７年（1667）　横須賀市久里浜

## ◆開発後の農業経営にも配慮

明治四十三年（一九一〇）に横須賀市教育会が編纂した新左衛門に関する一冊の本が刊行された。この本には、近年では語られなくなった彼の事跡についての記述が収録されている。たとえば、新左衛門の墓といえば横須賀市久里浜の正業寺にあることが知られているが、この本は、新左衛門の墓が明治四十三年当時、東京市浅草区栄久町（東京都台東区）の善照寺にもあったことを伝えている。

また、この本には、新左衛門が子孫に残した家訓が収録され、彼の人となりを知ることができる。この中で、新左衛門は新田で諸種の作物を栽培すること、堤に樹木を植え、燃料として利用することを子孫に命じている。こうした文章を読んでいると、新左衛門が新田を開発しただけでなく、その後の農業経営にまで配慮していたことがよく分かる。

（西川武臣）

▽参考文献
・石野瑛『横浜旧吉田新田の研究』一九三六年（名著出版復刻）一九七三年

# [18] 三浦按針（ウイリアム・アダムス）（一五六四―一六二〇）

## ――家康の外交顧問

### ◆九州に漂着、大坂で家康と会見

東京湾沿いに三浦半島の先端へと伸びる京浜急行電鉄に安針塚駅がある。この駅名は、按針塚とよばれるウイリアム・アダムス夫妻の墓所に由来している。按針塚は小高い山頂にあり、そこから東京湾の金沢・神奈川から羽田沖まで眺望することができたという。

ウイリアム・アダムスは一五六四年にイギリスに生まれ、一五九八年よりオランダ東インド会社が派遣した船隊に水先案内として参加した。しかし、この船隊はマゼラン海峡で四散し、アダムスの乗船していたリーフデ号は慶長五年（一六〇〇）三月に九州豊後の海岸に漂着した。アダムスは、船長の代理として大坂に赴き、当時豊臣政権の大老であった徳川家康に会見することとなった。

これ以降、元和二年（一六一六）に家康が死去するまで、アダムスは家康に外交顧問のような存在として仕えた。家康とアダムスの関係は、幾何学と数学を教示されたり、アダムスが希望する時に面談を許していたようにきわめて密接なものであったが、妻子を残してきたイギリスへの帰国を希望するアダムスの願いは、家康によって拒否されている。

### ◆三浦郡逸見村の領主に

ウイリアム・アダムスの日本名は、三浦按針であった。按針は水先案内を意味する語であるが、三浦という姓は、アダムスの領地が三浦郡逸見村（横須賀市）に存在することに由来していよう。アダムスは「或土地に関する皇帝の幅広き捺印状」（おそらく皇帝＝家康からの逸見村領有に関する知行宛行状であろう）を所持しており、時期は不明であるものの、アダムスが逸見村二二〇石の領主になったことは確実である（なお、アダムスの知行高を二五〇石とする説もあるが、元禄十五年〈一七〇二〉に作成された相模国元禄郷帳によれば、逸見村の村高は二二〇石となっている）。

元和二年に江戸へ赴いたイギリス平戸商館長リチャード・コックスは八月二十六日に逸見村を訪れ、「此逸見は老皇帝（家康）よりキャプテン・アダムスに与えられし所領にして、永久彼及び彼の一家に伝ふべきもの」と記している。ちなみにコックスによれば、当時の逸見村の戸数は百余戸であったという。

なお、アダムスの屋敷は領地である逸見村のほかに、江戸と浦賀にも存在して

三浦夫妻の墓（右は妻の墓といわれている）　横須賀市

おり、アダムスとその家族（日本人の妻〈＝日本橋大伝馬町名主馬込勘解由の娘とされるが確証はない〉と息子ジョセフ・娘スザンナという二人の子供）は必要に応じて移動していたようである。

## ◆按針塚に葬られる

しかし、家康の死によって幕閣との関係も次第に遠くなっていった。こうした中、元和六年（一六二〇）四月二十四日、ウイリアム・アダムスは肥前国平戸（長崎県）で死去する。アダムスは江戸を眺望できる高所に墓所を設けるように遺言していたとされ、それにしたがい、現在の按針塚の地に葬られたのである。

アダムスの死後、所領である逸見村はその子ジョセフが継承したが、鎖国政策が進められていく状況の中、その後の経緯は不明である。わずかに村内の鎮守鹿島社に残されていた寛永十三年（一六三六）の棟札に記されている「大檀那三浦按針」がジョセフを意味するのでないかと想像するのみである（この棟札も幕末期には存在しないとされる）。

三浦按針の存在とその歴史的意義が再発見されるのは、幕末の開港を待たなければならなかったのである。

（斉藤司）

▽参考文献
・東京大学史料編纂所編『大日本史料』第十二編之二十五　元和二年八月二十日条　一九二五年／同第十二編之三十三　元和六年四月二十四日条　一九三八年

## ［19］堀　利雄（一六六四―一七二九）

### ――初代の浦賀奉行

**◆三〇〇〇石の所領を持つ旗本**

享保五年（一七二〇）十二月、東京湾の入口にあたる浦賀に奉行所が設置された。この奉行所は浦賀奉行所と呼ばれ、幕末に至るまで東京湾の防備と船を利用した物資輸送に関する統制に大きな役割を果たすことになった。堀利雄は初代の浦賀奉行で、浦賀奉行所の基礎を作り上げた人物である。

浦賀奉行というのは、幕府が設置した遠国奉行のひとつであった。遠国奉行は幕府直轄の要地に置かれ、浦賀のほか、大坂・京・長崎・佐渡などに設置された。その「長官」は旗本が任命され、堀も千葉県に三〇〇〇石の所領を持つ旗本であった。

堀が幕府の官僚として頭角をあらわしたのは三十歳を超えてからで、元禄九年（一六九六）に御使番という役職に就いてからのことであった。御使番は、諸国の巡察や各地に赴任した幕府役人の監察をした役職であり、堀は御使番を五年つとめた後に、遠国奉行のひとつである山田奉行に転出した。この奉行は、伊勢湾有数の湊であった鳥羽湊（三重県）に出入りする船舶を統制することを仕事としていたから、そうした経験を買われて同様の職務を持つ浦賀奉行に抜擢されたと考えられる。

**◆江戸の物価高騰を抑えるのが目的**

浦賀奉行所が新設されるまで、廻船の統制は下田奉行所が行なっていた。この奉行所は元和二年（一六一六）に伊豆半島の下田に設置され、「海の関所」として重要な役割を果たしてきた。しかし、享保五年（一七二〇）に浦賀奉行所が新設されたのにともない、下田奉行所は廃止された。

下田奉行所が廃止され、浦賀奉行所が新設された理由はいくつかあるが、もっとも大きな理由は船による物資輸送が著しく活性化したことにあった。特に、相模湾および東北地方や千葉県の太平洋沿岸の湊から大量の生活必需品が江戸に送られるようになったことが原因であった。

下田奉行所では、創設以来、下田以西の湊から江戸に送られる物資について「廻船改め」を実施し、その数量などを掌握してきたが、相模湾などの湊から送られる物資については、地理的な関係から調査ができなかった。そのため、東京湾の入口に位置する浦賀に奉行所を新設する必要が生じたのである。

特に、当時、江戸では米を除く諸物価の高騰が社会問題になっており、幕府は物価の高騰を抑える必要に迫られていた。

そうした政策の一環として、江戸に入荷する物資の量を正確に掌握する必要が生まれ、新たに設置された浦賀奉行に対し、船による物資輸送の実態調査が命じられた。

また、浦賀奉行所は海の「関所」としての役割も果たし、江戸への武器流入や諸大名の妻女の脱出を防ぐ役割も負っていた。堀は初代の浦賀奉行として、そうした政策の一端を担うことになった。

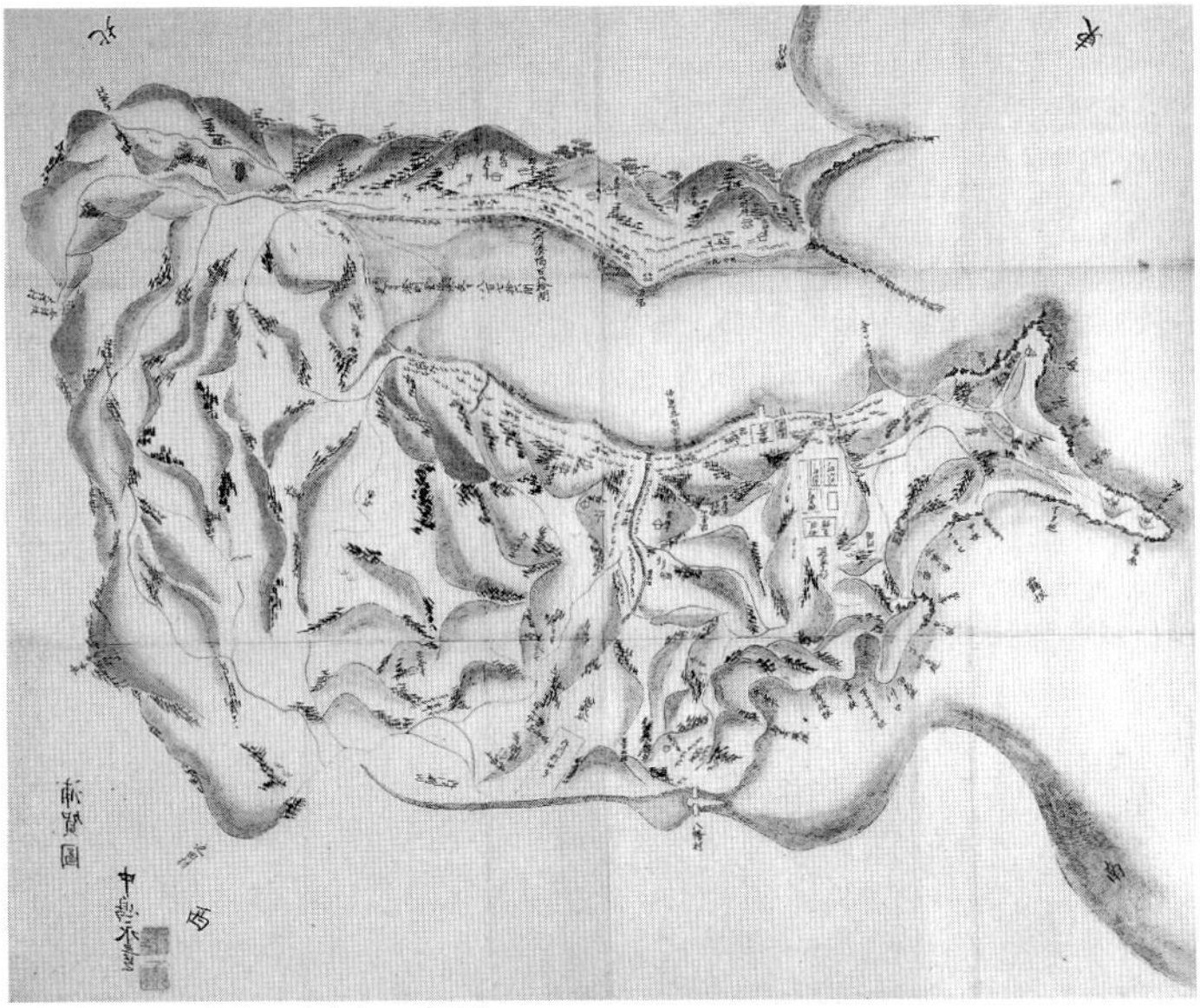

浦賀湊図　江戸後期　中島京子氏所蔵

**◆浦賀奉行所は経済・防衛・外交の要**

堀が浦賀奉行を辞したのは享保九年（一七二四）のことで、その後は幕府の役職に就くことはなかった。

また、堀が基礎を作った浦賀奉行所は、慶応四年（一八六八）に新政府に接収されるまで続き、その間に浦賀奉行をつとめた旗本は五〇人を超えている。

さらに、その機能も幕末には海防に重点が置かれるようになり、黒船来航が相次ぐ中、歴代の浦賀奉行はいかにして江戸を防衛していくのかに苦慮することになった。ペリー艦隊が来航した際には、浦賀奉行所は外交の拠点としても重要な役割を果たしたが、堀が初代の奉行をつとめた浦賀奉行所は、常に日本の経済・防衛・外交の第一線に置かれていたといえそうである。

（西川武臣）


▽参考文献
・渡辺和敏「享保改革と浦賀奉行」（『三浦古文化』二一号）一九七七年
・高橋恭一『浦賀奉行史』名著出版　一九七四年

# ［20］平田小十郎
## ――川越藩相州分領の小代官

**◆飛地藩領の浦郷陣屋**

横須賀市追浜一帯は、かつて浦郷村といった。現在の追浜南町一丁目に、通称「オジンヤ」と呼ばれる地がある。寛文三年（一六六三）から前橋藩酒井雅楽頭《うたのかみ》と、その後を引き継いだ川越藩松平大和守の相州飛地藩領の役所「浦郷陣屋」の跡地である。

さらに遡ると、浦郷は十六世紀半ばころに後北条氏家臣の水軍衆朝倉能登守の居館があった地であり、三浦半島東京湾側の付け根の枢要の地であった。

川越藩は、寛延二年（一七四九）に三浦郡内二二か村、鎌倉・高座・愛甲・陶綾・大住郡内二〇か村、計五二か村の相州分領を得て、浦郷陣屋を拠点とした。当初のころより代官役を勤めたのが平田家であり、歴代の当主は平田小十郎を名乗った。小十郎は浦郷の現地採用の「在地家士」一六石取りの下級藩士である。役職は「小代官」と記されているが、地方資料には「御代官」「元〆様」などと書かれている。

陣屋の構成についての詳細は不明だが、「代官役、郷方役、郷引付」の幹部のほかに、ごく軽輩の「浮役」と称する者一二、三名で構成され、民政一般と年貢徴収事務を行なう。彼らの指揮の下に、村々の名主・組頭等がそれぞれの村の実務を行なう仕組みである。

**◆一族で支配し、勢力を伸長**

平田氏一族は、後北条氏の旧臣と伝えられ、本家の過去帳には「天正十七年（一五八九）平田筑前守入道」と記され、江戸初期より代々名主を勤めた。また、酒井前橋藩、松平川越藩と領主が替わっても引き続き一族は「在地家士」浦郷陣屋役人として採用されている人々もいた。

宝暦十一年（一七六一）の高野山高室院の記録によると、浦郷村名主二名は、ともに平田姓であり、代官一・役人四名はすべて平田姓で占められ、他姓は僅か二名の村役人しか記されていない。つまり、江戸時代中期の浦郷は、平田氏一族で支配されていたとも言える。

前橋・川越両藩は、遠隔の相州分領経営に在地小土豪の平田氏を利用し、平田氏もまた、領主権力を背景に在地勢力を伸長させていったのである。

**◆会津藩が海防を命ぜられ、江戸へ**

川越藩記録に「川越表より程隔たり候

御陣屋にこれあり、殊更辺鄙の御場所」と表現される浦郷陣屋は、かなりの運用を小十郎に任せている。

小規模開発地を課税地に組み込むか否かの判断、凶作時の年貢減免願いに対する斟酌、領民賞罰の申請などは彼の裁量に委ねられる。また、寺社勧化（寄付募集）や仏像開帳、祭礼相撲などの興行許可権等はかなりの経済的収入を伴うため、川越本領では代官より上級官の裁断事項だが、「相州の儀は遠方につき、平田小十郎にて取り計らい願申付」とされた。一六石取りの小身ながら、現地における彼の権限はきわめて大きく、村々では毎年、年始・暑気見舞・秋見舞・歳暮と、金品の贈答を行なっている。

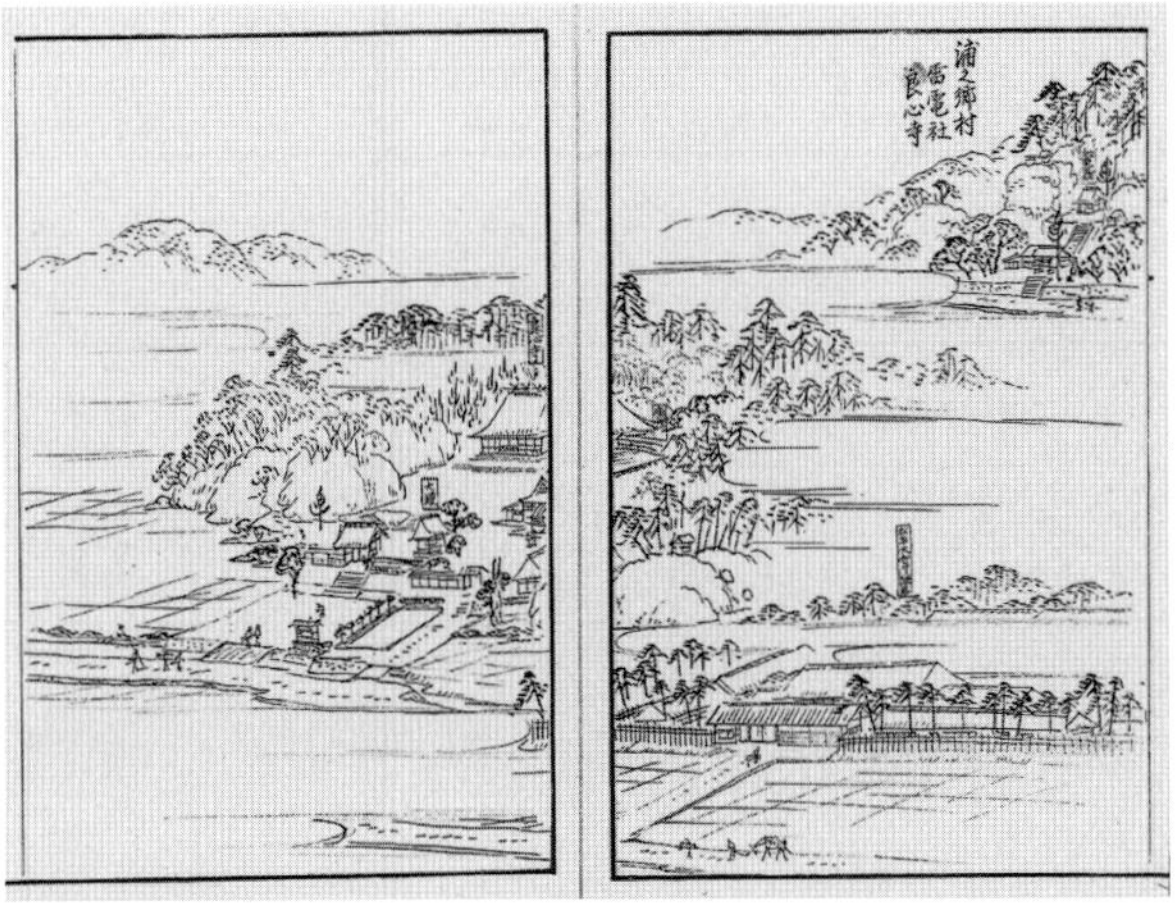

松平大和守陣屋（右下の建物　『相中留恩記略』から）福原新一氏所蔵

しかし、十八世紀末葉に至ると異国船の出没が頻繁になり、幕府は海岸防備を藩に命じ、川越本領から「物頭（三〇〇石取り）」以下多数の藩士が浦郷に赴任し、これまで小十郎の天下であった陣屋は大きく変貌した。しかし、彼は「小代官ならびに元締兼帯」として引き続き郷方業務を行なった。

文化八年（一八一一）、いよいよ外国船の渡来に脅威を感じた幕府は、三浦半島全体の海防を会津藩に命じ、川越藩は相州より引き揚げた。在地家士のうち、小十郎ほか一名は川越藩江戸屋敷に伺候し、一名は帰農した。残る一〇名は、次の領主会津藩に仕官を願ったが、陣屋の移転もあり、ほとんど採用されなかった。

文政四年（一八二一）、会津藩に代わり川越藩に海防の任務が負わされ、相州の領地は戻されたが、規模・機構は大きく変わり、その後、陣屋も大津に移された。在地性を失った小十郎は天保十四年（一八四三）浦郷を離れ、その後も何代かにわたり、廃藩まで川越藩士として在籍している。

（飯島セツ子）

▽参考文献
・『逗子市史』通史編　一九九七年
・前橋市図書館蔵「松平藩資料」
・飯島セツ子「浦郷村在地家士　平田小十郎を追う」（『三浦半島の文化』三号）一九九三年

# ［21］松平斉典（一七九七―一八五〇）
## ―江戸湾防衛に従事した川越藩主

### ◆黒船来航に備え、沿岸を警備

黒船が日本に来航するようになったのは十九世紀初頭のことである。産業革命をおえた西欧諸国は、海外市場を求めて日本近海に続々と黒船を送り込むようになった。なかには武力に訴えても日本を開国させようとする国もあり、この頃から沿岸地帯の警備が大きな政治問題になった。

なかでも、首都である江戸を守ることは重要な問題であり、江戸湾の中にはいくつもの台場や陣屋が築造された。また、幕府は諸大名に対して江戸湾の警備に従事することを求め、いくつかの藩が三浦半島から房総半島にかけての地域を警備することになった。

比較的早い時期に三浦半島の警備を担当したのは会津藩であり、文化八年（一八一一）から文政三年（一八二〇）にかけて警備に従事した。次いで、川越藩と小田原藩がこれに替わり、天保十三年（一八四二）からは川越藩が専任で警備を担当した。川越藩の警備は、弘化四年（一八四七）から彦根藩の加勢を受けたが、ペリー艦隊が来航するまで、三浦半島では川越藩と彦根藩による警備が続くことになった。

### ◆三浦半島の村々は川越藩の領地に

松平斉典《なりつね》は、このように長期にわたって相模国の海岸防備に従事した川越藩の藩主であり、その人生のかなりの部分を江戸湾防備に携わったといっても過言ではない。また、この間、川越藩が警備を担当するのにともない、三浦半島を中心とする地域の村々が同藩の領地になり、この藩は三浦半島の人々と深い関係を持つことになった。

幕府が川越藩に三浦半島の地を与えたのは、江戸湾の海防を充分に果たさせるためであり、海防に必要な物資と労働力を地域の村々から徴発できる体制をつくるためであった。天保十一年（一八四〇）に作成された所領替を求めた嘆願書には「相州陣屋居付人数の義は甚人少なく、手薄の義にこれあり」（『川越藩日記』）と、三浦半島に所領を持たないと充分な人の手当ができないと記されている。

ところで、川越藩が三浦半島の村々を支配するようになったのにともない、これらの村々に居住する人々が黒船来航の際に動員される体制がつくられていった。また、平時の際も、地域の人々は川越藩が警備する台場（砲台）や陣屋を維持するために、さまざまな協力を求められることになった。

　現在、群馬県の前橋市立図書館には、川越藩士が三浦半島を警備した際に記した公務記録が残されている。これらの記録には、藩士が頻繁に大砲の射撃訓練をしていたと記されている。また、幕府役人が川越藩の警備場所を度々訪れ、藩士たちは気の休まることがなかったと言われている。

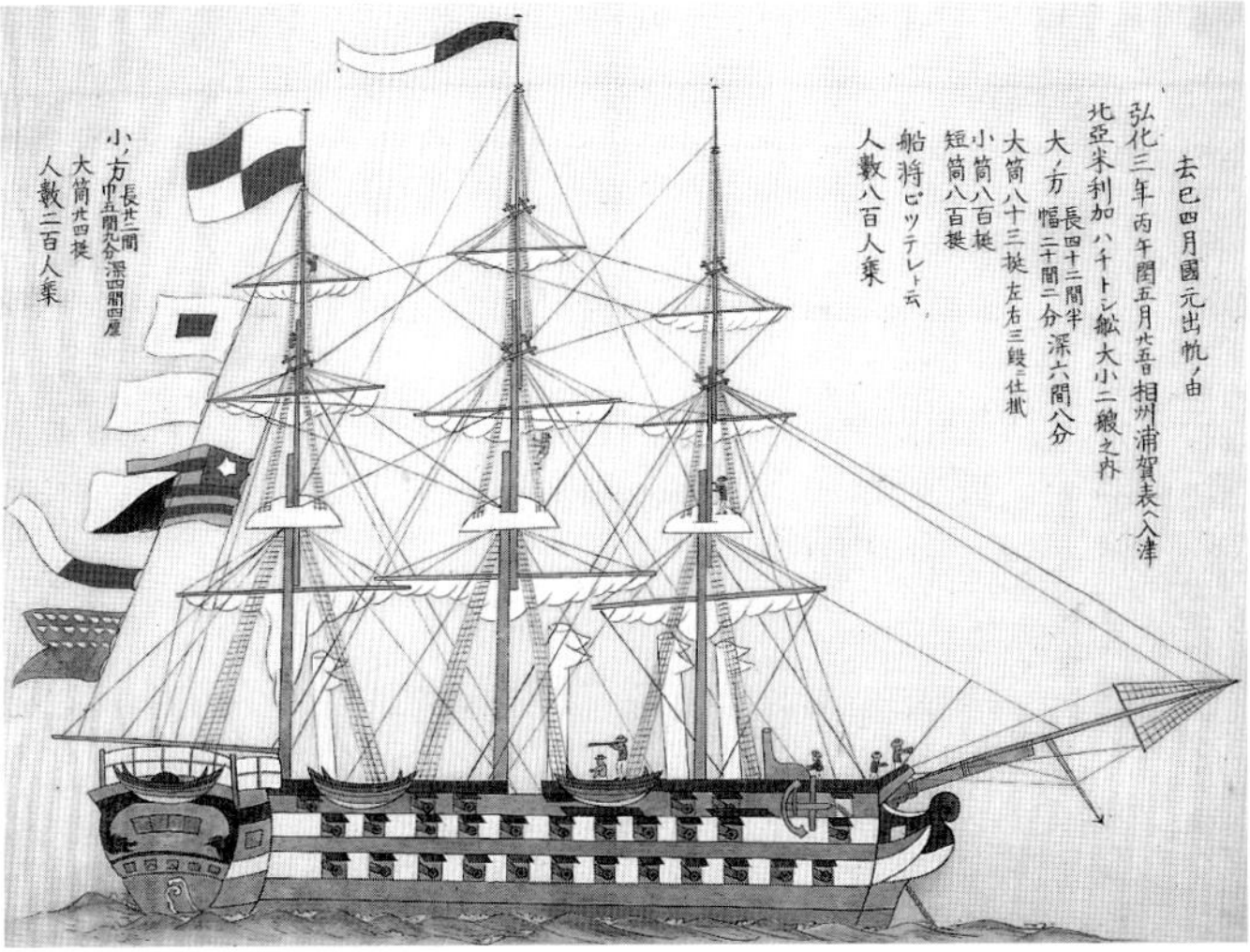

ビッドル艦隊のコロンブス号（「亜墨利加人上陸之図」）弘化３年（1846）
横浜開港資料館所蔵

## ◆ビットル艦隊来航に緊張

　松平斉典がもっとも緊張を強いられたのは、弘化三年（一八四六）閏五月にビットル艦隊が来航した時であった。ビットル艦隊はアメリカ合衆国が米清通商条約批准交換のために清国に派遣し、日本とも通商条約を締結することを目的に来航した。艦隊を指揮したのは東インド艦隊司令長官ビットルで、彼は横須賀市の沖合に二艘の軍艦を進め、幕府との交渉を開始した。

　これに対して、幕府は川越藩をはじめとする諸藩に動員令を発し、松平斉典も江戸屋敷を出て、観音崎陣屋（横須賀市）において指揮にあたることになった。このとき、川越藩士の中には、水杯をして屋敷を出立した者もいたと伝えられ、戦死を覚悟した警備であった。警備に動員された藩士は一〇〇〇人を超え、三浦半島の漁村からは多くの船が徴発された。また、人足や水主として動員された農民や漁民は三〇〇〇人を超えた。ビットル艦隊は一〇日間で江戸湾を退去したが、この事件は松平斉典に西欧列強の進出を強烈に印象づけたに違いない。

　斉典は嘉永三年（一八五〇）に死去したが、その後も川越藩は海防に重要な役割を果たし続けた。


（西川武臣）


▽参考文献
・川越市市史編纂室編『川越市史』第三巻　一九八三年

## 〔22〕小笠原甫三郎 （一八二〇—一八八五）

### ——幕末の浦賀奉行所与力

**◆小笠原家の養子**

　小笠原甫三郎《すけさぶろう》は、嘉永元年（一八四八）五月から約五か年間、浦賀奉行所で与力をつとめた人物である。もっとも、有名人が多かった浦賀奉行所与力の中では比較的地味な存在であり、その名はあまり知られていない。しかし、ほかの有名な与力たちと同様に、小笠原は幕末という激動の時代の中でさまざまな歴史的な事件に関わっている。

　小笠原は文政三年（一八二〇）、江戸城山（東京都港区）に幕府御家人山口茂左衛門の子として生まれている。その後、天保十三年（一八四二）に、当時、長崎奉行所の与力をつとめていた小笠原貢蔵の養子となった。

　小笠原家が甫三郎を養子にした理由は分からないが、彼は幼少から学問を好み、優秀な人物として評価されていたようである。特に、西洋砲術には造詣が深く、若くして高島流砲術の創始者である高島秋帆の門人下曽根金三郎に師事している。また、洋学者佐久間象山とも親交があり、彼の自伝には「象山みずから一著述あるごとに来りて、余にその可否を正す」と、象山が著述を出すたびに甫三郎の意見を求めに来たと記されている。さらに、彼は象山と共に大砲の鋳造を研究し、多数の大砲を制作したと述べている。

**◆ペリー艦隊を目の当たりに**

　甫三郎が、浦賀奉行所で与力をつとめていた約五か年間で、もっとも大きな事件は嘉永六年（一八五三）のペリー艦隊の来航であった。残念ながら、この時、甫三郎は艦隊が来航したことを江戸に注進しただけであり、それほどめざましい活躍をしたわけではない。しかし、ペリー艦隊を目の当たりにした甫三郎は、時代が急激に変わりつつあることを痛感したに違いない。

　また、彼は新しい時代を担う人材を育成する必要を感じたようで、幕府から江戸に戻ることを命じられた後、仲間とともに少年子弟のための教育施設「集成館」を下谷七軒町（東京都台東区）に設立した。この施設で彼は洋書・砲術・数学・測量などを教授した。仲間の中には、維新後、明治政府に登用され、海軍の育成に尽力した人物もいたから、この学校は開明的な幕臣たちが中心となって設立したといえるのかもしれない。

　一方、幕府の役人として、甫三郎は文久元年（一八六一）五月に、神奈川

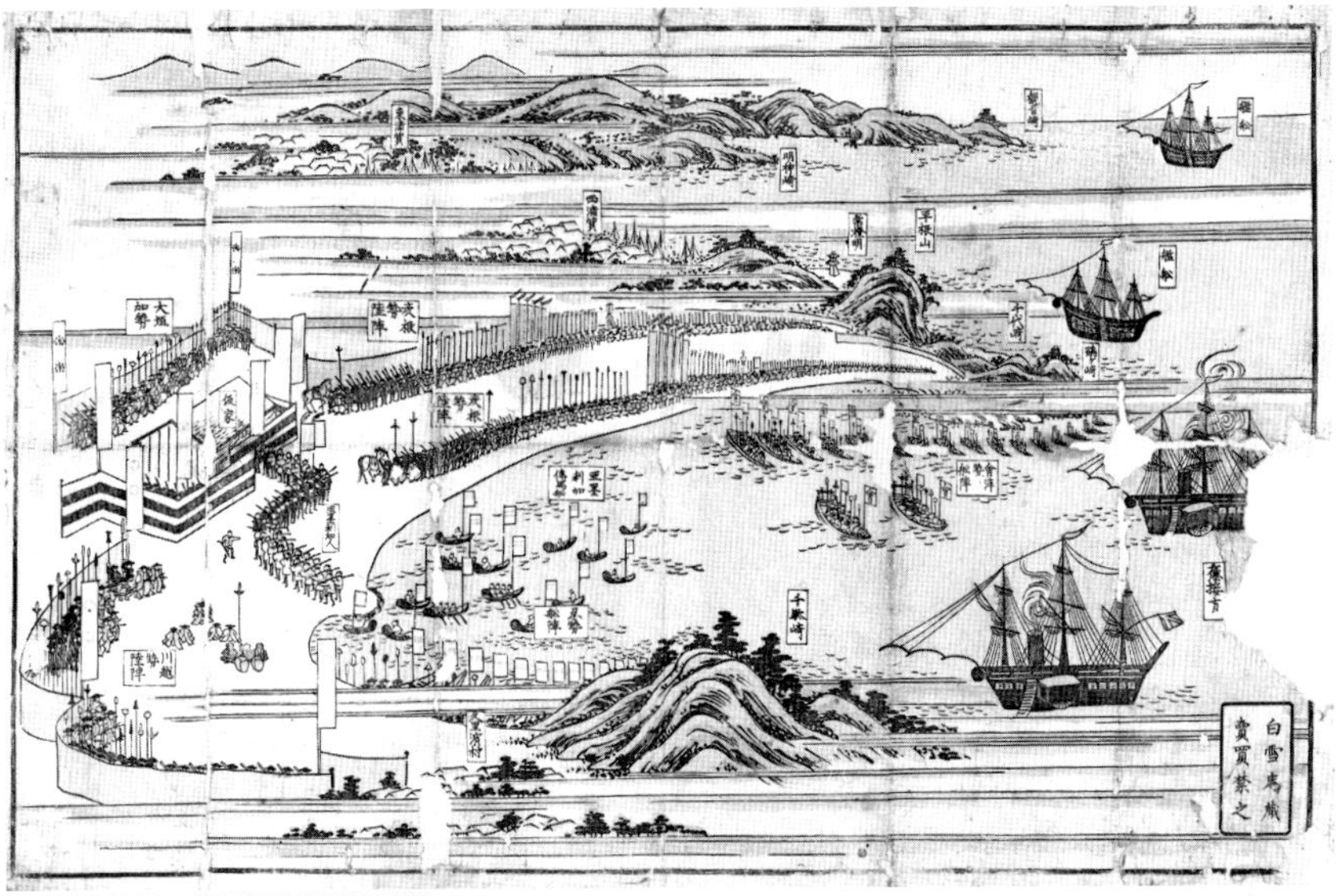

久里浜応接図　横浜開港資料館所蔵

奉行所勤務を拝命し、開港直後の横浜に赴くことになった。この時の勤めは約三年間に及び、この間、甫三郎は諸外国の文物に親しく接することになった。また、文久三年（一八六三）からは関東各地の幕府領を支配する代官となり、代官就任中に明治維新を迎えることになった。新政府からは知県事任用の誘いがあったが辞退し、幕臣として勤めを終えた。

**◆幕府が崩壊し、失意の晩年**

甫三郎の自伝を読んでいると、「報国」という言葉がしばしば使われていることに気が付く。彼の人生の目的は「国家のために人材を育成し、自らその志を培養する」ことで、そうした行動が「国に報いる」ことであった。もっとも、彼の理想の実現には幕府が必要であったが、幕府は戊辰戦争の結果消滅し、甫三郎も幕臣としての立場を失うことになった。

また、個人的には、幕府陸軍の士官として会津方面を転戦していた長男敬蔵を戦死させ、甫三郎は失意の内に隠居生活に入ったと伝えられる。彼が死去したのは明治十八年（一八八五）のことで、葬儀には榎本武揚・福地源一郎ら、旧幕臣が参列した。

（西川武臣）

▽参考文献
・石崎康子「幕臣小笠原甫三郎の生涯」（横浜開港資料館・横浜近世史研究会編『19世紀の世界と横浜』山川出版社）一九九三年

# 〔23〕草柳進左衛門（？—一八五二）

## ——海上目代に昇進した浜方名主

### ◆「岡方」と「浜方」の区別

小坪は三浦半島の相模湾側の付け根に位置し、鎌倉に隣接した古くからの湊であり、漁村として発展した村である。江戸幕府開府以前の文禄三年（一五九四）検地帳に、一般の農村にはない「おか」と「はま」の区別があり、岡方の農家二六軒、浜方漁師二二軒ほどの耕地が極めて狭小な村であった。

その後、江戸の消費流通経済の発展に伴い十八世紀以降は、岡方六、七〇軒ほど、浜方漁師は二百数十軒と逆転した。小坪村には江戸初期から通常の名主（岡名主）のほかに浜名主が置かれていて、草柳家が「新（親・進の字も記す）左衛門」と名乗り、代々勤めていた。しかし、あくまでも村政の最高責任者は岡名主であり、浜名主は「浦役」の難破船処理、漁師と肴商人の取り締まり、浜方分の年貢を岡名主に届けるなどの副次的職分であった。

### ◆海防と浜方の台頭

十九世紀にはいると、日本近海は異国船が頻繁に通航し、脅威を感じた幕府は海防策として諸藩に警備を命じた。三浦半島の村々は、文化八年（一八一一）以降、海防担当の会津・川越・彦根・長州・熊本・佐倉・松本の諸藩の支配を受けることとなった。これら諸藩に水軍の備えはほとんど無く、あてに出来るのは漁民と漁船であり、彼らを「水主《かこ》」（水夫）として徴発し、漁村の名主を「水主差配」として準士分に取り立てて重用した。この時期の小坪村浜名主進左衛門（代々「新・親」の字を用いたが、彼は「進」の字をあえて用いる）は、大きくゆれ動いた時流に乗って大活躍した人物である。

以前の三浦郡の名主惣代は、大高持ちの農業身分の者が多かったが、この時期に編成された寄場組合幹部は西領三三か村の大惣代は堀内村名主葉山市郎右衛門、小惣代に小坪村草柳進左衛門が就任し、東領大惣代は公郷村名主長島庄兵衛、小惣代浦郷村名主高橋幸八・走水村名主宇野武左衛門と、すべて漁民を統轄する水主差配で占められている。

この寄場組合は文政十年（一八二七）に幕府によって設けられた制度で、治安取締りや夫役、その他雑多な諸役編成の単位としても機能しており、進左衛門ら役員は、地域の警察権など強力な権力を握ったわけである。

## ◆栄達、そして失脚

進左衛門は川越藩領時代（一八三一―一八四七）に突出して活動しており、たくさんの褒賞記録を残している。文政十一年（一八二八）に水主差配に任命され、苗字帯刀・弐人扶持を受けた。岡の本村名主より十八年も早い叙任だった。

彼は異国船渡来に際し、「昼夜御場所へ詰きり」忠勤に励んで水主を指揮し、自身、見廻りのため「難風高波を厭わず、小船を以って遠洋見廻り候段抜群の事」と激賞され、弘化二年（一八四五）に「大役人並み」「海上目代」へ昇進、また漁業への増税や、種々の献金を藩に進言し、漁師を上手に説得して納めさせ、その功により「加扶持」も受けた。

飯島と小坪村（『新編鎌倉志』）神奈川県立歴史博物館所蔵

一方、異国船渡来の火急時には、炊き出し用の食糧や金銭を調達して多大の利益も上げた。彼は天保の飢饉に際し、「村方ならびに貧民共へ」施粥と年貢の立替で、計二五三両余もの大金を拠出している。他の村々の名主たちは、ほとんど一〇両代であった。

かねてから、進左衛門は岡方よりの独立を企てており、肥料用海草の採取権などで岡方と確執を重ねていたが、天保六年（一八三五）進左衛門の意を受けた川越藩は、「岡・浜組分け」を命じ、彼は一応の目的を達した。しかし、彼の栄達の下に、多くの漁師たちは漁業年貢の増徴、海防御用と助郷役の繁多に窮乏し、嘉永元年（一八四八）、村民が彼を誹謗する事件も起きた。

嘉永三年（一八五〇）、「五月中村内混乱致し」、進左衛門は何らかの不祥事を起こして役所の呼び出しを受けて逃亡、翌四年正月「お尋中病死」した。この「進左衛門一件」に関する資料は全く見つかっておらず、皆目不明のままである。

（飯島セツ子）

▽参考文献


・前橋図書館所蔵「松平藩資料」
・『逗子市史』別編Ⅱ　漁業編　一九九五年
・『逗子市誌』第五集　一九六八年
・『逗子市史』資料編Ⅰ　一九八五年

# ［24］飯塚惣三郎（一八四六—一八六七か）

## ——東浦賀の干鰯商人

### ◆東京湾有数の湊町・浦賀

飯塚惣三郎は、江戸時代後期に浦賀町に住んでいた商人である。当時、浦賀町は東京湾有数の湊町として栄えていた。町の一角には幕府の遠国奉行のひとつであった浦賀奉行所が置かれ、東京湾の外から入ってくる廻船荷物の検査を行なっていた。また、この町には湊を挟んで西浦賀と東浦賀の二つの町が置かれ、通りに面して多くの商人が居住した。特に、米・酒・醤油・肥料などを扱う商人は活発な商いを行ない、遠隔地の人々と莫大な金額の取引を行なった。

そうした商人グループのひとつに干鰯《ほしか》と呼ばれる肥料を扱った商人仲間があり、飯塚惣三郎は干鰯商人の一人であった。

ちなみに、干鰯とは脂をしぼった鰯を干したもののことで、江戸時代には綿や菜種の肥料として盛んに利用された。また、米の栽培にも利用され、田植後に田に干鰯を挿したといわれている。また、干鰯商人は東浦賀だけに居住し、干鰯は東浦賀が独占的に扱う商品であった。

### ◆本家は九十九里の飯高家

飯塚惣三郎の経営する店は飯塚屋といったが、この店が東浦賀に開店したのは文化十三年（一八一六）のことであった。飯塚家の本家は千葉県九十九里町の飯高家で、この家は地域を代表する網元であった。そのため、飯高家は房総半島で捕れる鰯を販売するために干鰯の集散地であった浦賀町に進出した。また、飯塚屋の歴代の当主は本家である飯高家から派遣され、飯塚惣三郎も江戸時代後期の飯高家当主俊次郎の次男であった。

湊町の場合、住民には他所から移住した人々が少なからずいたが、飯塚惣三郎はそうした人々の代表者であった。また、そうした人々が移住することによって浦賀町は経済的に支えられた。たとえば、飯塚屋は九十九里町の出身という地縁を利用して、房総半島各地から手広く干鰯を集荷した。

房総半島の漁村には、飯塚屋が大量の干鰯を集荷したことを示す証文が残されているが、飯塚屋を通じて房総半島の漁村と浦賀町は経済的に強く結びついた。また、飯塚屋が集荷した干鰯は、一部分が周辺の農村で消費されたほか、千石船に積み替えられ、遠く西国の村にまで送られた。

東浦賀（『相中留恩記略』） 福原新一氏所蔵

### ◆干鰯は重要な商品

幕末期の浦賀町の干鰯商人は、全部で一七軒であったが、もっとも古い店は元禄期（一六八八―一七〇四）からの伝統を持っていた。これらの店が開店した頃、現在の大阪府を中心とする農村では綿の栽培が盛んになり、大量の干鰯を消費するようになっていた。また、そうした干鰯の需要増加を背景に大阪府から和歌山県にかけての漁村から多くの出稼ぎ漁民が関東に出漁し、彼らによって大量の鰯が捕獲されるようになった。

飯塚屋が開店した江戸時代後期、浦賀町を取り巻く状況は、元禄期とは大きく変わっていたが、飯塚屋の活動は江戸時代初頭からの伝統を引き継いだものであった。すでに出稼ぎ漁民たちは姿を消し、鰯漁は出稼ぎ漁民から漁法を学んだ関東各地の漁民たちによって行なわれていた。また、かつては浦賀町の商人が独占していた干鰯の集荷にも江戸の干鰯商人が進出していた。

しかし、干鰯が地域経済を支える重要な商品であることには変わりはなく、干鰯商人たちは浦賀を代表する商人であり続けた。化学肥料が出現するのは、もう少し先のことであり、飯塚惣三郎は干鰯商人たちが最後の輝きを放った時代を生きたといえるのかもしれない。

（西川武臣）

▽参考文献

・西川武臣「東浦賀干鰯問屋飯塚屋の盛衰」（『三浦古文化』二二号）一九七七年

# ［25］粉名屋善八（生没年不詳）

## ――ペリーの国書を入手した浦賀商人

### ◆多種多様な物資を扱う

江戸時代後期に幕府が編纂した『新編相模国風土記稿』は、浦賀町繁栄の様子を「この地舟船輻輳の地にして戸口櫛比《ここうしつぴ》し、皆商賈なり」と記し、この町に廻船が多数寄港すること、住んでいる人々が皆商人であることを伝えている。また、この町の名主をつとめた石井三郎兵衛は、明治初年の浦賀町の人口が七〇〇〇人近くに達し、この中に廻船が運ぶ多種多様な物資を扱う商人が多数いたと記している。また、浦賀町に船籍を持つ船の数も、明治初年には数百艘に達している。

しかし、こうした商人や廻船の活動を伝える古記録は、現在までに散逸していることが多く、干鰯商人など一部の有力商人を除けば、その足跡をたどることはたいへん難しい。ここに紹介する粉名屋善八は、比較的資料が残された商人の一人である。

### ◆遠隔地からの物資を販売

東京湾に面した地域の旧家を訪れ、古記録の調査をしていると、幕末に粉名屋善八が記した文書に出会うことがよくある。たとえば、横浜開港資料館が所蔵する横浜市金沢区の旧家松本家旧蔵資料もそうした資料であり、以下に掲げるような文書が多数含まれている。

「　覚

一、拾八両弐分　　津山蔵米三十俵

　　　　三斗四升入

五月廿三日

　　西浦賀　こなや善八

松本源左衛門殿　」

この文書は、粉名屋善八が津山蔵米（岡山県津山市に城を持っていた津山藩の年貢米）三〇俵を松本家に一八両二分で販売した時に記された領収証である。当時、松本家は村の商人として地域の人々にさまざまな物資を販売しており、粉名屋は遠隔地から浦賀湊に運ばれた品物を、松本家のような商人に売っていたのである。

松本家旧蔵資料から判明する粉名屋と松本家の取引品には、各地の米のほか、砂糖・酢・茶・瓦・香・水油（照明用の植物油）などがある。

なかには産地がわかる商品もあり、茶は現在の静岡県安倍郡で生産されたものを集荷している。また、水油は大坂の商人が販売したものであった。これらの物資は、全国各地から浦賀湊に送られたものであり、この湊が物資の集散地として大きな役割を果たしていたことをうかが

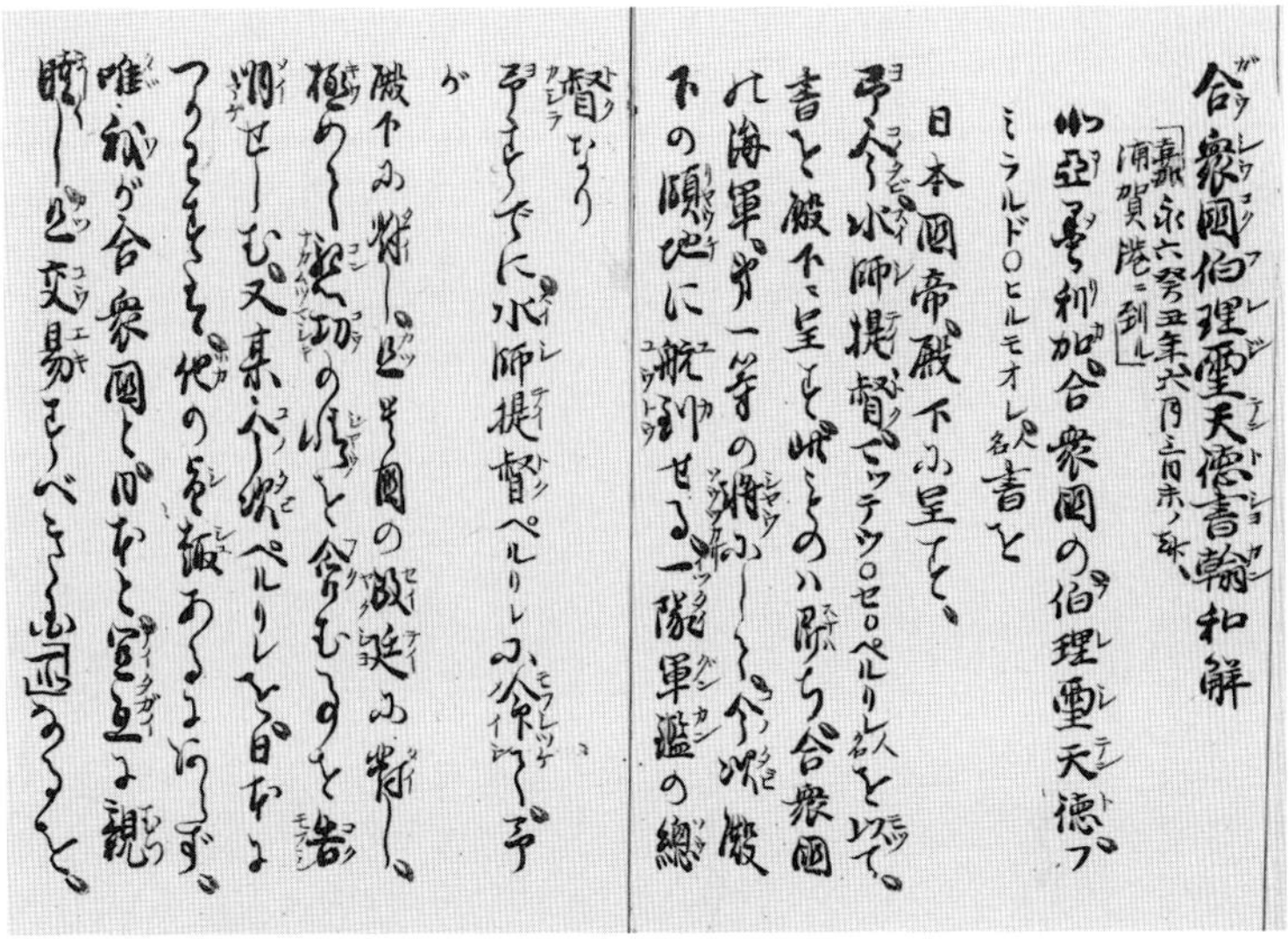

フィルモアの国書写　嘉永６年（1853）　横浜開港資料館所蔵

うことができる。

### ◆ペリー来航に強い好奇心を

　現在、粉名屋のご子孫が大阪府松原市にお住まいだが、経営帳簿などは大正時代にすべて散逸したと伝えられる。しかし、幕末の粉名屋の当主善八が作成した数冊の写本がご子孫の家に残されている。これらの写本は、現在、横浜開港資料館が所蔵しているが、その中に嘉永六年（一八五三）にペリーが久里浜に上陸した際に、幕府に渡したアメリカ合衆国大統領フィルモアの国書の和訳が含まれている。

　はたして善八が、どこから国書の写しを入手したのかは分からないが、浦賀の商人たちがペリー艦隊の来航を強い好奇心を持って眺めていたことが分かる。彼らは新しい時代の到来にも積極的に関係しようとしていたのであり、こうした進取の気性がこの町を支えてきた。

　残念ながら、現在の浦賀町は流通の拠点として栄えた面影はない。おそらく、近代以降の交通手段の発達と新しい流通システムの出現が浦賀町のあり方を急速に変えていったと思われる。

（西川武臣）

▽参考文献
・西川武臣『江戸内湾の湊と流通』岩田書院　一九九三年
・横須賀市『横須賀市史』一九八八年
・横須賀史学研究会編『石井三郎兵衛家文書』一―四　一九八五年―一九八八年

## 【26】小栗忠順（一八二七―一八六八）――横須賀製鉄所建設を指導した幕臣

### ◆横須賀発展の基盤をつくる

横須賀市は、近代を通じて「軍都」として発展してきた。この町には大きな造船所がつくられ、明治初年以来、多くの軍艦が造られ続けた。また、日本海軍の諸施設も多くあり、東日本の海軍の一大拠点として歩み続けた。そして現在も、自衛隊や米軍の基地が散在している。神奈川県を代表する都市である横須賀を発展させたのは軍の存在であり、小栗忠順《ただまさ》は幕末期にその基盤をつくった人物であった。

小栗が幕臣として活躍したのは、安政二年（一八五五）に家督を継いでから、新政府軍に斬首された慶応四年（一八六八）までの十数年にすぎない。しかし、この間、目付・外国奉行・勘定奉行・町奉行・歩兵奉行などを歴任、文久元年（一八六一）には上野介に昇進し、多くの業績をあげている。なかでも、横須賀製鉄所（造船所のことで、後の横須賀海軍工廠）の建設を主導したことは、日本の近代化に大きな足跡を残すことになった。

### ◆遣米使節の一員として

よく言われることではあるが、小栗が有能な官僚として幕政改革に着手するきっかけになったのは、三十四歳のときに遣米使節の一員に選ばれたことであった。この使節は、日本とアメリカ合衆国が締結した通商条約を批准するため、万延元年（一八六〇）にポウハタン号でアメリカに派遣された。正使は外国奉行新見豊前守正興、副使は同じく村垣淡路守範正、小栗は目付として随行した。

一行は一月十八日に品川を出航し、その後、ホノルルに寄港し、三月八日にはサンフランシスコに到着した。さらに、一行はパナマで汽車に乗って大西洋に出、ワシントンでアメリカ大統領ブキャナンに謁見し、九月二十八日に江戸に帰着した。

この間、使節はアメリカ合衆国で大歓迎を受け、近代的な文物に直接触れることになった。このとき、小栗の従者としてアメリカに渡った福島義言の日記（『万延元年遣米使節史料集成』第三巻）によれば、一行は砲台・造船所を訪れ、時には電信や灯台、ガス灯や気球を見学している。はたして、小栗がアメリカからなにを学んだのかは分からないが、さまざまな改革に着手し、日本を近代化させる必要を強く感じたものと思われる。

◆横須賀製鉄所の建設

横須賀製鉄所の建設は、フランス政府の協力で行なわれたが、日仏両国の交渉は元治元年（一八六五）から始まった。このとき、小栗は勘定奉行の職にあり、幕府を代表してフランス公使レオン・ロッシュと会談を行なった。この結果、ロッシュは造船所の建設を指導するため、当時、清国にいたフランス海軍技師ヴェルニーを日本に派遣することを決定した。

こうして慶応元年（一八六五）には、フランスを代表するツーロン軍港をモデルとして、同軍港に立地条件が似ている横須賀湾に製鉄所の建設が始まった。工事は湾の埋立から開始され、翌年には工場が建設され、翌々年には第一ドック開削に着手した。

横須賀製鉄所はしだいに造船所としての機能を整えたが、工事着工三年後に幕府が倒壊し、事業は新政府に引き継がれることになった。

一方、小栗は鳥羽・伏見の戦いに敗れて江戸に戻った前将軍の徳川慶喜に強硬な抗戦論を主張したが、忌まれて勘定奉行を罷免された。その後、慶応四年（一八六八）三月には小栗が支配していた上野国群馬郡権田村（高崎市倉渕村）の東善寺に移り住んだが、この地で新政府軍に捕まり、閏四月に斬首された。

横須賀で最初の国産軍艦「清輝」が進水したのは明治八年（一八七五）のことであったが、小栗が生きていたならば、国産軍艦の完成にどのような感慨を持ったであろうか。

旧横須賀製鉄所を望むヴェルニー公園には、ヴェルニーと小栗の胸像が並んで立っている。

（西川武臣）

小栗忠順胸像　ヴェルニー公園　横須賀市


▽参考文献
・富田仁・西堀昭『横須賀製鉄所の人びと』有隣堂　一九八三年
・蜷川新『開国の先覚者、小栗上野介』千代田書院　一九五三年

# 〔第三章〕

# 鎌倉郡・高座郡

（横浜市・鎌倉市・藤沢市・茅ヶ崎市・寒川町・海老名市・綾瀬市・座間市・相模原市）

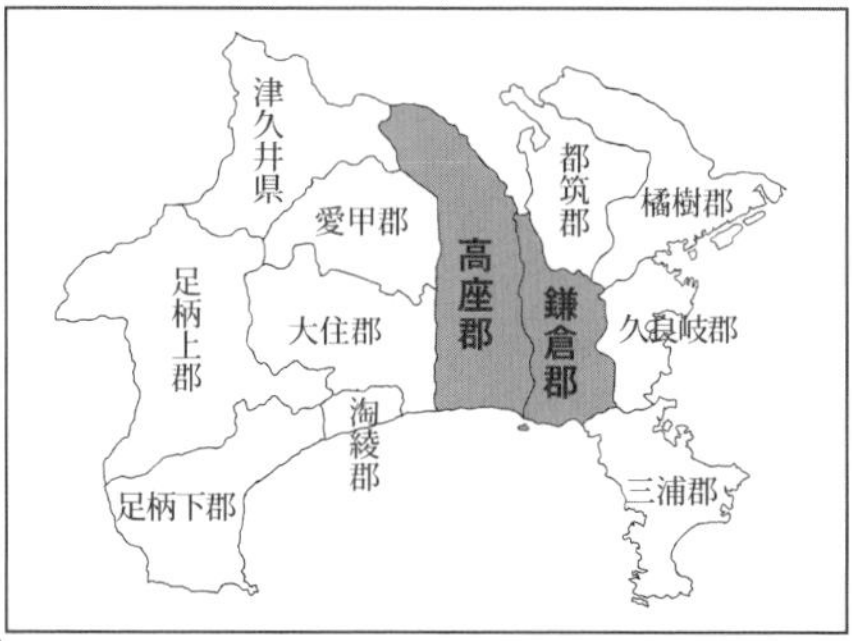


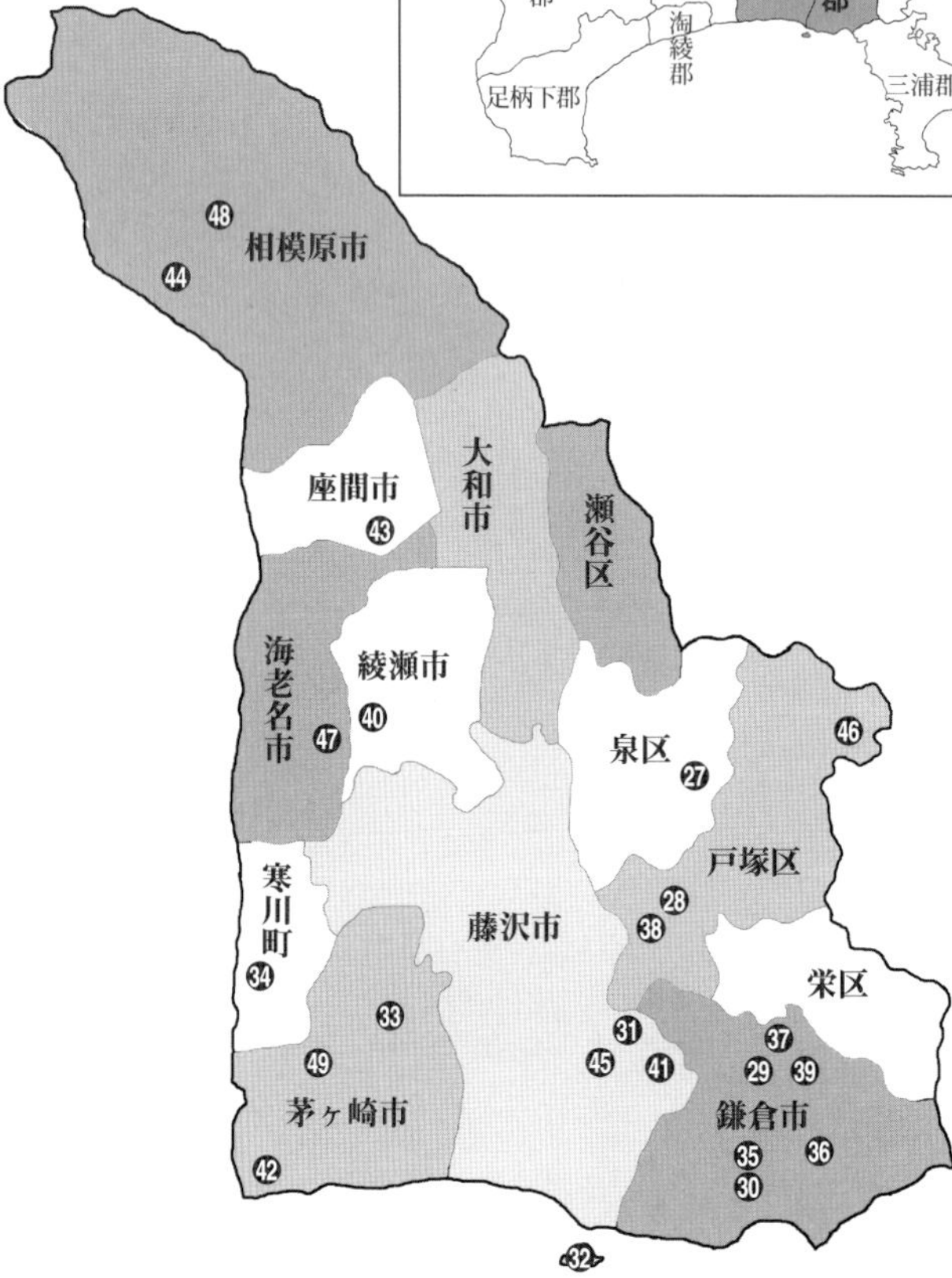


27 彦坂元正
28 澤邊宗三
29 天秀法泰尼
30 三橋籾負
31 他阿尊任
32 岩本院真乙
33 大岡忠相
34 田沼意次
35 薫誉養国
36 鶴岡八幡宮領民
37 誠拙周樗
38 青木友八
39 河内久右衛門
40 早川村お町
41 福原高峰
42 藤間柳庵
43 大矢弥市
44 萩原安右衛門
45 堀内悠久
46 萩原連之進
47 高橋治右衛門
48 彦左衛門女房とみ
49 和田篤太郎

鎌倉郡は、三浦半島の付け根の部分にあたる。江戸時代の鎌倉郡は、源頼朝が鎌倉幕府を開いたゆかりの地である中世都市鎌倉を中心として、その周縁部を含む地域である。現在の行政区画では、鎌倉市、横浜市と藤沢市の一部分がその範囲となる。

郡域の村々は家康の関東入封期の所領構成で見ると、徳川氏直轄領が大半を占め、旗本領、寺社領が散在している。鶴岡八幡宮、建長寺、円覚寺、東慶寺、清浄光寺等、中世以来の由緒を誇る古社寺の多く存在していた「鎌倉」の地では、寺社領地が多く設定され、所領構成上特色ある分布を示していた。また鎌倉の地域は、古社寺とともに古跡、霊跡、神仏、名所等、中世の遺産を豊かに温存したため、社寺参詣や名所巡りの適地となり、宗教者や大工・仏師等の特色ある活動を促した。

高座郡は、東南側を鎌倉郡と接して、現行行政区画では藤沢市の一部・茅ケ崎市・寒川町・綾瀬市・座間市・大和市・相模原市の一部がその範囲である。郡域の村々は家康の関東入封期の所領構成で見ると、幕領、旗本領、あるいは一村に二人以上の領主が知行する相給地《あいきゅうち》の混在する分布を呈した。その後、中後期に一時大名領の設定も見られたが、基本的には初期の所領構成の姿を継承した。

郡域の西部は、相模川左岸の中下流域に接していた。相模川は相模国の中央を貫流して相模湾に注ぐため、この地域の南北を繋ぐ重要な交通路となっていた。

また両郡域の南辺部には東海道が貫通し、戸塚宿（鎌倉郡）と藤沢宿（高座郡）があった。幹線路の東海道からは大山道、鎌倉道・江の島道等が分岐し、これらの道は三浦・三崎へと向かう三浦道への導入路ともなっていた。

# ［27］彦坂元正（?—一六三四）

## ——岡津陣屋を拠点に支配した代官頭

### ◆支配の拠点・岡津陣屋

現在、横浜市立岡津小学校・岡津中学校が存在する場所は相模国鎌倉郡岡津村（横浜市泉区）に属し、十六世紀の末から十七世紀の初めにかけて、徳川家康配下の代官頭である彦坂小刑部《こぎょうぶ》元正の支配拠点である陣屋（岡津陣屋）が置かれていた。

この場所は、戸塚宿の江戸側の手前である不動坂で東海道から分岐し、ほぼ阿久和川に沿って北西方面に伸びる街道に面している交通上の要地である。また、陣屋が置かれていた岡津小学校・岡津中学校は急な坂の頂部に位置する高台にあり、小規模な城郭としての機能も持ち合わせていたと考えられる。

### ◆徳川氏直轄地の村々を支配

彦坂元正は駿河国（静岡県）の出身で、天正十八年（一五九〇）の家康の関東入国以前より徳川氏の農政担当者として活躍していた。関東入国後は、小田原城主大久保氏領となった足柄上郡・足柄下郡と、代官頭長谷川長綱が支配していた三浦郡を除く、相模国東郡（高座郡・鎌倉郡）・中郡（大住郡・愛甲郡・淘綾郡）・津久井郡の徳川氏直轄地の村々の支配を担当している。支配下の村々における検地の施行や、それにより確定された村高を記した文書である「検地目録」などを作成している。

その後、徳川氏による関東領国支配が一段落したと思われる文禄三年（一五九四）には、同じく代官頭である伊奈忠次との間で支配領域の変更が行なわれている。すなわち、それまで伊奈忠次の支配地域であった伊豆国が新たに彦坂元正の支配となり、かわって元正の担当であった相模国中郡が伊奈忠次の支配下となった。しかし、相模国東郡は変わりなく元正の支配領域であり、これ以降は元正は伊豆国と相模国東郡の支配を担当していくこととなる。

また、伊奈忠次・大久保長安・長谷川長綱らの連署によって、家康の知行宛行状が出されていない家臣や寺社に対して、その知行を認める「知行目録」を発給するなど、徳川氏の支配機構の中核を担っていた。

彦坂元正の支配の拠点である陣屋は、先述した岡津陣屋のほか、伊豆国北条付近にも置かれていたようである。おそらく元正は、江戸・岡津・伊豆（北条）を必要に応じて移動しながら、担当地域の支配を行なっていたのであろう。

### ◆鶴岡八幡宮造営に関連して蟄居

彦坂元正は、鶴岡八幡宮をはじめ建長寺・円覚寺・東慶寺という中世以来の古い由緒をもつ鎌倉の社寺との折衝も担当していた。鶴岡八幡宮など鎌倉の社寺は、その領地を関東各地に保持し、それまで支配していた「当知行分」をそのまま異議無く認め、かつ領主が支配地域に賦課する諸役を免除するという豊臣秀吉朱印状を天正十八年に与えられたのにもかかわらず、徳川家康の領国に組み込まれた際に領地の多くが没収された。また、新たに与えられた村々についても石高に不足があったり、免除されるはずの諸役が賦課されるケースがあったようで、この四つの社寺は彦坂元正へ訴状を提出している。これに対して、元正は強い態度で臨んでいた。

しかし、慶長五年（一六〇〇）の関ヶ原の合戦で徳川家康が勝利し、同八年（一六〇三）に征夷大将軍に宣下されるという政治状況下、鎌倉幕府の将軍である源氏と深いつながりをもつ鶴岡八幡宮など鎌倉の社寺の政治的有用性が重みを増すようになったと考えられる。

こうした中、慶長六年（一六〇一）六月、元正は鎌倉鶴岡八幡宮の造営に関連して蟄居を命じられ、代官頭の地位から外れていく。慶長七年（一六〇二）七月頃に一旦は許されるものの、同十一年（一六〇六）に再度失脚し、そのまま政治の表舞台に返り咲くことなく、寛永十一年（一六三四）に死去している（年齢は不詳）。

（斉藤司）

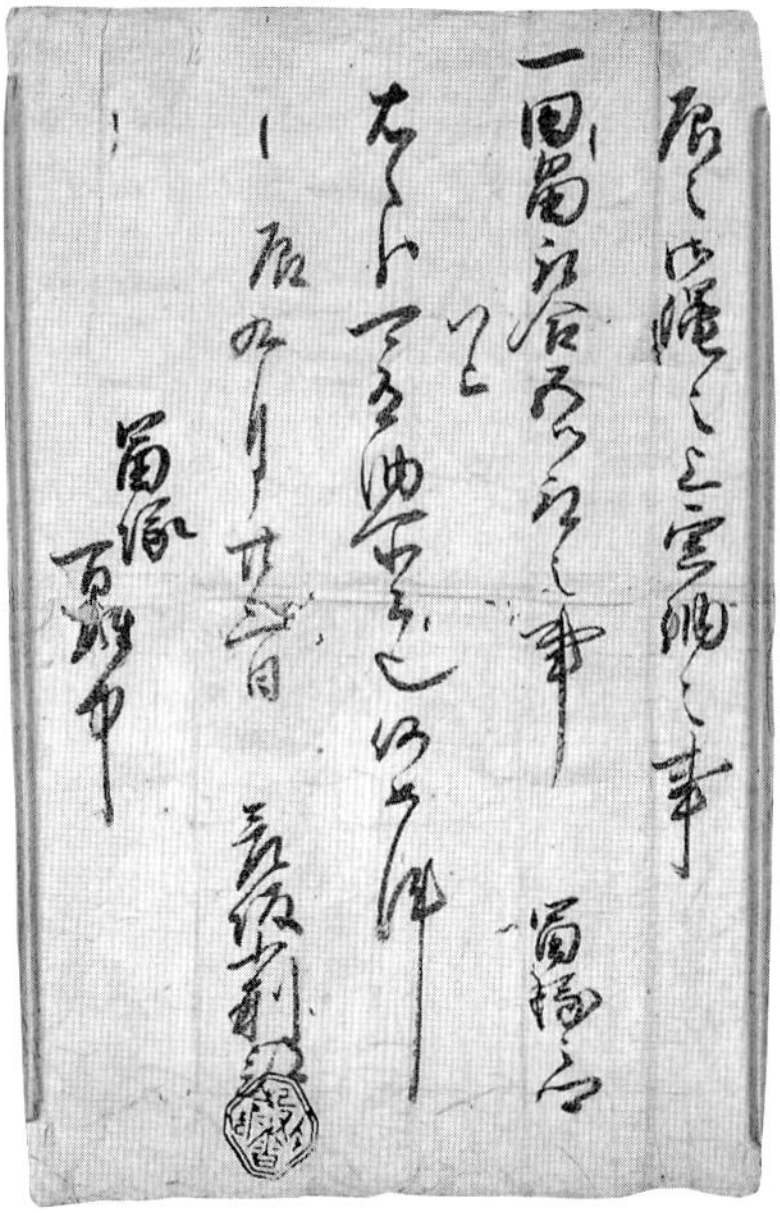
彦坂元正の発給文書（辰之御縄之上定納之事）
慶長９年（1604）　澤邊信明氏所蔵


▽参考文献
・和泉清司『江戸幕府成立過程の基礎的研究』文献出版　一九九五年
・和泉清司編著『江戸幕府代官頭文書集成』文献出版　一九九九年

## ［28］澤邊宗三（？—一六〇七）——戸塚宿の設置を願い出る

◆東海道戸塚宿

東海道の宿場のうち、江戸日本橋から数えて五番目、相模国に入って最初の宿場が戸塚宿で、戸塚町・吉田町・矢部町の三か町から構成される。その中心は戸塚町であり、二つの本陣（澤邊《さわべ》本陣と内田本陣）は共に戸塚町に存在していた。

戸塚宿は、江戸日本橋から一〇里（約四〇キロ）の地点に位置し、この距離がほぼ成人男子の一日の行程に相当するため、早朝に日本橋を出発した旅人の多くは戸塚宿に宿泊した。また、東海道から鎌倉へ向かう鎌倉道の分岐点でもあり、鎌倉郡東部の経済文化の中心として繁栄し、天保十四年（一八四三）には人口二九〇六人・家数六一三軒を数えている。

◆戸塚宿の成立

近世東海道は慶長六年（一六〇一）に成立し、保土ケ谷宿と藤沢宿を含む多くの宿場は同年に設置されている。しかし、戸塚宿の成立は三年後の慶長九年（一六〇四）であり、それ以前においては往来する人々や荷物は保土ケ谷—藤沢間の四里（一六キロ）を継ぎ通した。また、保土ケ谷・藤沢両宿は、慶長六年以前より徳川氏領国内の伝馬宿を勤めていたものが、そのまま東海道の宿場とされたのであるが、戸塚宿は東海道開設以後に宿場として成立したのである。

戸塚宿が成立する以前の保土ケ谷—藤沢間の往来は距離が長く、また武蔵・相模国境の丘陵地帯を上り下りするため、人馬が疲労するケースが多かったようである。そのため、正式な宿場ではなかった戸塚町へ宿泊したり、同町の人馬を使って藤沢宿や保土ケ谷宿まで荷物を運ぶことが行なわれ、戸塚町では相応の駄賃を取得していた。駄賃の額は不明であるが、戸塚町の人々が生計を立てる上で、それなりの要素を占めていたようである。

こうした状況に対して、藤沢宿は不満を持ち、戸塚町による駄賃稼ぎの禁止を代官の彦坂元正へ願い出た。慶長六年に制定された宿駅は、公用の人馬を負担する代わりに宿泊・人馬業務の独占的運用が認められており、宿駅ではない戸塚町が往来の人々を宿泊させたり、人馬を出して駄賃を取るのは不法であるというのである。こうした訴えを受けて、慶長八年（一六〇三）十一月二日、彦坂は戸塚町に対して人馬提供とそれに伴う駄賃取得の禁止と、それを確認するため「若衆」

を派遣することを通達している。
　これによって駄賃銭を取得することができなくなった戸塚町は、正式な宿場に

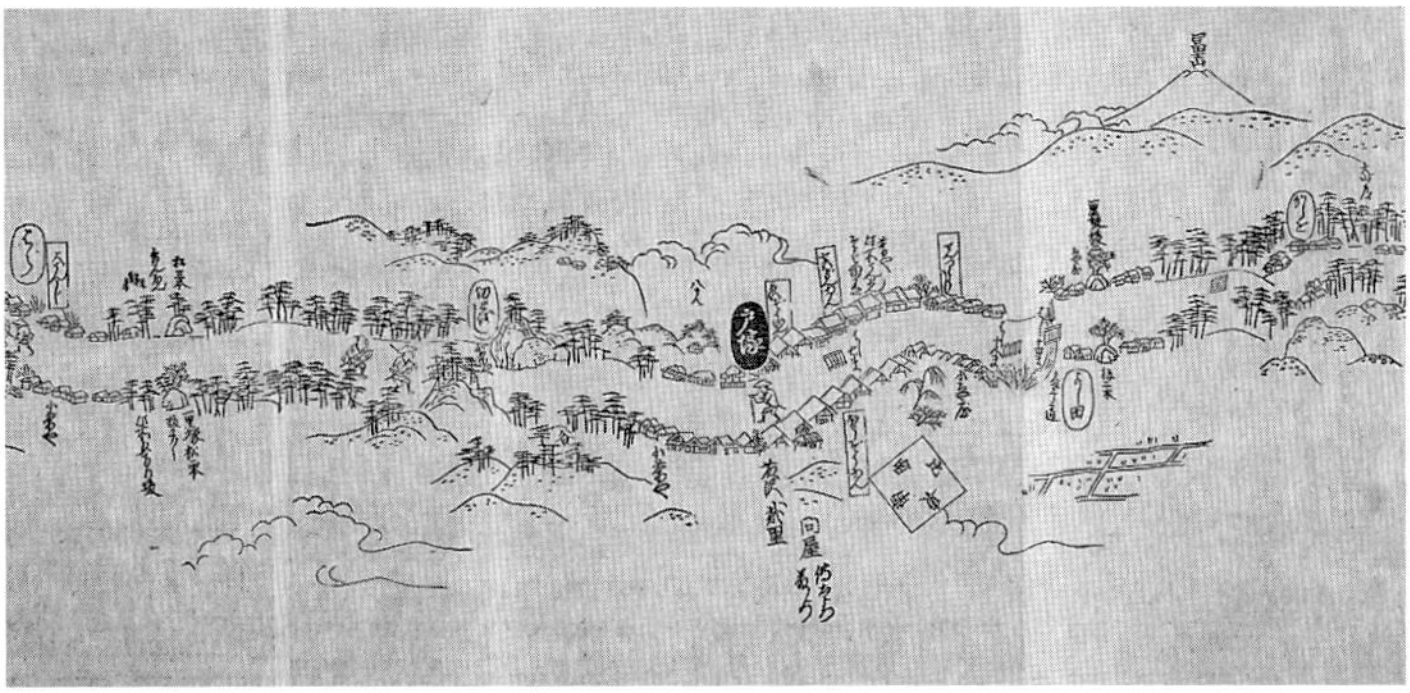

戸塚宿（「東海道分間絵図」部分）　元禄３年（1690）横浜市歴史博物館所蔵

なるための運動を開始し、藤沢・保土ヶ谷両宿の了解をとる交渉を行なった。新たな宿場の設置が運搬距離と駄賃銭の変更を伴うからであろう。

　戸塚町の申し出に対して、保土ヶ谷宿では直ちに了承した。それまで藤沢宿まで四里の距離を運んでいたものが、戸塚宿の設置により半分の二里になるという負担の軽減がその理由であろう。しかし、西側の藤沢宿は、保土ヶ谷宿同様に運搬距離が半減するにもかかわらず、了解することはなかった。

　当事者間の交渉では進展が望めないため、慶長九年二月二十九日に澤邊宗三《そうぞう》信久は、戸塚宿の開設を願い出た文書を作成している。この文書には宛名は残されていないが、文中に「小刑部殿」（彦坂元正のこと）の文言がみられることから、おそらくは幕府へ提出されたものと考えられる。また、作成・提出に先立つ二月十八日には、保土ヶ谷宿の苅部修理より同意を示す文書を受領しており、周到な準備を重ねていたことが推測される。

　その後の詳細な経緯は不明であるが、幕府年寄衆（後の老中）である内藤清成・伊奈忠次・青山忠成の指示などにより、最終的には藤沢宿側も了解し、同年に戸塚宿は開設されたのである。

　これ以降、澤邊家は八郎右衛門を世襲名として戸塚町の名主を務めた宗三信久の家系と、九郎右衛門を世襲名として本陣（澤邊本陣）を代々継承した信重（信久の弟）の家系に分かれながらも、戸塚宿の中核となっていくのである。

（斎藤司）

▽参考文献

・中嶋富之助『戸塚郷土誌』一九三九年
・『戸塚郷土誌』一九六八年
・郷土戸塚区歴史の会『澤邊文書』一九七六年
・大橋俊雄『戸塚区の歴史』下巻　戸塚区観光協会　一九八一年
・『東海道と戸塚宿』横浜市歴史博物館　二〇〇四年

## [29] 天秀法泰尼(一六〇七—一六四五)

### ——東慶寺に入寺した豊臣秀頼の息女

### ◆大坂落城に際して捕らわれる

鎌倉街道に面した鎌倉山ノ内に臨済宗松岡山東慶総持禅寺が閑静なたたずまいの中に建つ。江戸時代、この寺は不憫な女性が当寺へ駆け込めば離縁ができるという「縁切寺法」を維持し、俗に「縁切寺」「駆込寺」などと呼ばれる尼寺として知られていた。

当寺二十世に就いたのは、天秀法泰《てんしゅうほうたい》尼《に》(天秀尼)という尼僧であった。

天秀尼は豊臣秀頼の息女として慶長十二年(一六〇七)に誕生した。ところが、元和元年(一六一五)父の秀頼は大坂城落城とともに自刃して果て、幼き少女(天秀尼)は捕らわれの身となった。

当寺の「由緒書」によると、処断の運命にあった八歳の幼女は千姫の養女となり、徳川家康の命によって当寺十九世法清尼の附弟子となって入寺し、辛くも命を長らえることができたという。入寺に際し、幼女は下問に対し開山以来の「縁切寺法」の存続を家康に願い許されたとも伝えられているが、真偽のほどはわからない。天秀尼が十九世法清尼の後を継いだのは寛永頃、その後正保二年(一六四五)に示寂しているので、わずか三十八歳にして世を去った。

ところで、秀頼の娘の養母となった千姫は徳川秀忠の長女、家康にとっては孫娘にあたる。千姫は豊臣秀頼に嫁したが、大坂城落城とともに夫秀頼を亡くし、自身は救出されその後本多忠刻に再嫁するなど数奇な運命をたどり、のちに剃髪して千樹(寿)院を号した。

千姫は上野国新田郡世良田の徳川にある尼寺満徳寺とも関わりが深い。満徳寺は東慶寺と同様の縁切り寺法を有したが、両寺にのみ付与されたこのような特権のあり方に、千姫の関与が漂う。

### ◆中世の聖域を維持した東慶寺

肥前平戸イギリス商館長のリチャード・コックスは、江戸で徳川秀忠に会ったあと鎌倉へ立ち寄り、東慶寺に関した記事を日記に残している。

「(略)その間いくつかの極めて華麗な仏塔と剃髪した婦人の尼寺が一宇ある。それは寧ろ売笑窟である。秀頼様の幼い娘がこの尼院で尼となってわずかにその生命を保っている。ここは聖所であって、法令の力でも彼女を連れ出すことはできないからである。」

コックスの来鎌は元和二年(一六一六)であるので、このころの東慶寺が「聖所」

天秀法泰尼像　鎌倉市・東慶寺所蔵

としてある種の特権を維持していたことがわかる。

　もともと中世後半頃までの寺社には治外法権的な特権があった。その特権のひとつは、寺社へ遁れ込んだ者があればこれに対し俗権による逮捕権の及ばないことにあった。西欧でいうアジール（避難所）で、権力者側もこれを容認していた。しかし、こうした特権は支配者側からみれば決して好ましいものではなく、近世の政治権力は中世寺社の有していた特権を剥奪する方向にあった。東慶寺や満徳寺はこのような特権を温存しえた数少ない寺院なのである。

### ◆歴代住持は高貴名家の出身

　東慶寺の草創は鎌倉時代に遡る。寺伝によれば、開山は北条時宗の臨終に際し剃髪し覚山志道尼（覚山尼）を号した時宗夫人、開基は時宗の子の北条貞時で弘安八年（一二八五）の創建と伝える。そして、開山覚山尼以降の歴住は、第五世用堂尼が後醍醐天皇の皇女、十七世旭山尼が古河公方足利義明の息女、十八世瑞山祥が古河公方足利高基の息女、十九世瓊山法清尼が小弓御所足利頼純の息女など、多く高貴名家出身の女性たちが尼僧となって寺の法灯を継いでいった。

　天秀尼の存命に腐心していた家康が、尼寺の法灯と聖地を保つ東慶寺への入寺を思いついたのかも知れない。だが、天秀尼が当寺への入寺を果たしたことによって、中世寺院にあった特権が変形しつつも温存され、いわゆる「縁切寺」として江戸時代を通して引き継がれていった。

（鈴木良明）

▽参考文献


・『鎌倉市史』社寺編　吉川弘文館　一九五九年
・井上禅定『東慶寺と駆込女』有隣堂　一九九五年
・東京大学史料編纂所編『日本関係海外史料イギリス商館長日記』一九七八年

# ［30］三橋鞆負──運慶の末流を名乗った鎌倉仏師

（生没年未詳）

◆江戸仏師の鎌倉進出

徳川家康の天下統一後、新興都市である江戸では社寺の造営とそれに伴う造像の需要が急速に増した。これは畿内よりも近い鎌倉仏師にとって、願ってもない巨大市場の登場となったはずであった。しかし寛永寺や増上寺など、将軍家や幕府有力者の発願による造像に京都仏師が採用され、鎌倉仏師は市場を奪われた形になった。

さらに江戸においても仏師が徐々に育っていったことから、鎌倉仏師が食い込む余地は一層少なかったものと思われる。実際、幕末に至るまで江戸における鎌倉仏師の遺例は、現存作例で見る限り必ずしも多くない。一方で江戸仏師の東国各地への進出の勢いはめざましく、川崎では十七世紀前半まではほとんど鎌倉仏師が占めていたのに対し、それ以降は江戸仏師の作例が圧倒的に多いという。

ところで、鎌倉でも近世の社寺復興事業が各所で行なわれるが、伽藍の復旧に伴い仏像の新造や既存仏の修理が進められていったであろう。これらも初期の頃は鎌倉仏師により担われていたと想像されるが、次第に江戸仏師が手がけた例が現れる。早いところでは寛文三年（一六六三）光明寺銅造善導大師像の制作に、仏師ではないものの江戸仏具屋の長谷川五郎兵衛が、さらに同寺に伝わる内藤忠興像は江戸仏師玄慶が貞享二年（一六八五）に造立している。

鎌倉仏師にとり、大市場を拠点に足下の市場を蚕食し始めた江戸仏師の存在は、大きな脅威となっていたに違いない。

◆長谷寺本尊修理事業を率いる

このような時期の延宝五年（一六七七）、長谷寺本尊十一面観音菩薩立像の修理が行なわれる。像高一〇メートルに及ぶ巨像の修理には、自ずと複数の仏所の協力が必要であった。胎内納入銘札から三橋家の鞆負《ゆきえ》・伝之丞・十良兵衛・左京・文左衛門・主米、菊池家の加賀・形部、後藤家の右近・左近等が参加していることが知られる。

当時の長谷寺は浄土宗により管理されており、さらに銘札によれば中心的な施主が江戸在住の人々であった。したがって像の修理も、江戸仏師の手に任されて不思議でないにもかかわらず、鎌倉仏師に委ねられた点が注目される。

恐らく江戸仏師の市場拡大に危機感を募らせていた鎌倉仏師は、仏所を越えて結集し、鎌倉の木像の中でも巨大さゆえに象徴的存在である長谷観音本尊の再興にあたったものと考えられる。そしてその際、鎌倉仏師の頭領たる位置にいて各仏所をまとめたのが、銘文で最初に名を記す三橋靭負であった。

### ◆伝統ある仏所としての誇り

三橋靭負法橋守延についての生没年等詳しいことはわかっていないが、事績としては明暦二年（一六五六）鎌倉極楽寺叡尊・忍性像修理、寛文三年（一六六三）目黒寿福寺青面金剛像造立、同九年（一六六九）横浜称名寺金剛力士像修理等がある。修理を中心とした限られた事績の中で、三橋靭負の際立った個性や作風の特徴を見つけることは難しい。

　しかし、名門の仏師の伝統を受け継いできたという自負は強かったようだ。近世鎌倉仏師が運慶の末流であることを銘文中に記すことが多いが、その早い例が実はこの長谷観音修理にみられる銘文なのである。ここで三橋靭負は「相州鎌倉運慶末弟大仏師」と誇らしげに記し、運慶の末流であることを高らかに宣言しているのである。これは東国で運慶の伝統を守ってきた老舗仏所の自信の現れであり、名指しこそしないものの、新参の江戸仏師への強烈な対抗心の発露とみることができよう。

　鎌倉仏師三橋靭負は、象徴的な巨像である長谷寺本尊像の修理において、仏所を越えて鎌倉仏師を統率することで、江戸仏師に対抗せんとし、鎌倉仏師の伝統と誇りを守ろうとしたのであろう。

（内藤浩之）

木造十一面観音菩薩立像　鎌倉市・長谷寺所蔵

▽参考文献
・大石永輔・三橋三郎編『明治鎌倉彫』有隣堂　一九八一年

# [31] 他阿尊任――諸国を遊行し、時宗の体制を確立

（一六二四―一六九一）

◆**佐渡に生まれ、全国を遊行**

尊任は遊行四十二代上人で一敬、南門とも称した。佐渡国（新潟県）宿根木の佐藤家に生まれ、佐渡大願寺十九世見林の弟子となり、時宗の触頭である浅草日輪寺二十二世を経て、寛文八年（一六六八）五月、四十四歳の時に遊行四十二代を相続、以後ほぼ十五年間にわたって全国を遊行した。

寛文九年には仙台、翌年には北上観音に和歌を奉納し、寺林光琳寺に入った。同年秋には秋田で遊行、竜泉寺にて秋田藩主佐竹義処の参詣を得、翌年には北陸を遊行、加賀篠原で斉藤実盛の霊を回向し、八月京都に入り宮中に参内、霊元天皇より大僧正の位を賜っている。延宝元年（一六七三）には摂津国尼崎から兵庫、播磨国明石、姫路、龍野、赤穂、備前国岡山、美作国津山、備中国松山、備後国福山、尾道、安芸国広島、石見国浜田、益田、津和野、長門国萩、周防国山口と遊行、翌延宝二年には下関から九州に入り、豊前国小倉、筑前国博多、肥前国唐津、平戸、大村、長崎、佐賀、筑後国久留米、柳川、肥前国島原、肥後国熊本、八代、球磨、薩摩国出水、鹿児島と遊行。延宝三年には鹿児島から都城、大隅国末吉、串良、日向国志布志、飫肥、佐土原、都農、豊後国竹田、臼杵、四国に渡って伊予国宇和島、大洲、松山、土佐国高知、阿波国徳島、讃岐国高松、丸亀と遊行、次に兵庫から泉州堺、紀伊和歌山、熊野に参詣して再び和歌山に戻り、大和五条から郡山へと遊行している。

この間、兵庫では一遍祖廟に石灯籠一対を寄進、十一月に京都七条道場金光寺に戻り逗留。京都逗留中は六条道場歓喜光寺を遊行派に統合し、また七条道場を直轄の寺院とし、留守居、院代を置くことを定めている。

◆**尾張藩が応接の経費を負担**

延宝六年三月、再び遊行を始め、近江勝部から土山宿を経て六月二十七日には加納から尾張萱津光明寺に入っている。この時の尾張藩の応接記録によれば、五月五日付けで遊行上人からの書状が尾張藩家老に届けられ、同月二十一日に受け入れのための諸作事が命令された。工事は六月三日開始され、本堂修理と御札棚所、上人居間、湯殿、雪隠、荷物部屋などが新設され、庫裡畳一〇六畳、薄縁一〇〇枚、筵一〇〇枚、行燈一一本が二十三日までに新調されている。かくて

六月二十八日から八月十九日まで滞在賦算ということになり、この間の食事などを含めた経費はすべて尾張藩の負担であった。

遊行上人が御三家の一つ尾張藩に対してこのような接待をさせることができたのは、遊行上人が幕府から諸国通行と人馬の動員を許可された伝馬朱印状を携えていたからに他ならなかった。尊任はこの後尾張から各地を遊行、甲府一蓮寺に入り越年、その後江戸へ移り、延宝七年九月、将軍家綱に対面、翌八年から関東各地を遊行、翌九年には甲斐国黒駒称願寺から甲府一蓮寺に戻っている。

他阿尊任坐像　藤沢市・清浄光寺所蔵

### ◆藤沢上人として時宗の体制を確立

天和三年（一六八三年）三月、十八代藤沢上人樹端の入寂により十九代藤沢上人として遊行寺に入り独住した（なお遊行上人は貞享二年三月、一蓮寺二十六世尊真が相続）。藤沢上人としての尊任は宗内諸規則の改定、祠堂金による遊行寺の本堂修理のほか観音堂、山門、惣門、石垣石段（いわゆる「いろは坂」と称される現遊行寺参道の石段）、五智如来堂、日月牌堂、大小方丈、居間、広間、庫裡などを整え、金千両を寄付し什物類も購入修理している。さらには本末争論の仲裁などを行ない、時宗の体制確立と維持に務めた。

また貞享四年（一六八七）六月には奈良吉野に後醍醐天皇三五〇回忌を行ない、あわせて御陵の玉垣を修理している。同年八月には東山天皇即位式に参内し「藤沢山」の額を拝受、緋衣を着用し、元禄元年（一六八八）八月には宗祖四百年遠忌を挙行するとともに時宗法語集の『播州問答集』を刊行するほか、松山宝厳寺の救済を松山藩主に願っている。元禄三年には越後高田称念寺を越後国総禄に任じ、六箇条の条目を定めた。近世時宗の体制的確立は尊任によって達成されたといってよい。翌元禄四年（一六九一）九月に入寂。六十七歳。

（石井修）

▽参考文献
・禰宜田修然・高野修編『遊行・藤沢歴代上人史』白金叢書　一九八九年

# ［32］岩本院真乙

（一六八三―一七二八）

## ―江の島弁財天信仰を普及させた別当

岩本院真乙

**◆岩本院が島内を支配**

江の島には、戦国時代の後半の頃から本宮（岩屋）の岩本坊・上宮の上之坊・下宮の下之坊が別当として存在していた。

江島一望図　文化５年（1808）神奈川県立金沢文庫所蔵

慶長五年（一六〇〇）六月、徳川家康が江の島参詣の折、岩本坊に立ち寄ったと記録にみえ、その後、岩本坊は寛永十五年（一六三八）に「岩本院」の院号御免許を得るが、まだ坊・院の呼称が混在し、「岩本院」の院号が定着するのは慶安二年（一六四九）三月、京都御室仁和寺の末寺に加えられてからである。

そしてこの年八月、岩本院は、「江嶋弁財天境内山林竹木諸役令免除」の朱印状を獲得し、翌三年には、島民との争論の中から、島民の勝手な配札や、旅籠経営の禁止を勝ちとるなど、江の島の中心者として成長していった。こうして岩本院は正式に幕府からも江の島一山を統括する根本として上・下之坊や島民にいたる島内支配が認められるようになり、次第に惣別当としての地位を高めていった。

そして、正徳二年（一七一二）、島内で争われてきた本末争論は、上・下之坊が代替わりごとに末寺としての誓約書を岩本院に提出することで終結し、名実ともに岩本院は、江の島島内の頂点にたつことになった。

**◆幕府との関係強化に努める**

この頃の江嶋惣別当は「岩本院系略」の中で中興と言われていた真乙《しんおつ》（尊敞）で、実父は神尾伊予守守政、天和三年四月十八日生まれ、元禄十四年（一七〇一）江の島に入寺、享保十三年、四十六歳で没している。この間に幕府の寺社政策（本末関係）を徹底させ、朱印状の獲得で幕府との関係をより強化しようと努めた。このことは、館林家老から延宝八年（一六八〇）に綱吉の側用人となり、元禄六年（一六九三）大奥を管掌した牧野備後守成貞が宝永三年（一七〇六）三月江の島参詣、十月社領拝領、宝永五年（一七〇九）閏正月御能拝見をかなえたという岩本院や牧野宛の書簡が岩本院には数多く残されていることから、牧野を介して老中松平右京大夫輝貞・仁和寺院家の護持院前大僧正・老中秋元但馬守喬朝・同稲葉守正通・寺社奉行本多弾正少弼忠晴らに積極的に働きかけを行なったと考えられる。

一方、将軍家と大奥年寄衆の関係は、「台徳院様御不例御祈祷書付」では、寛永八年（一六三一）二代将軍秀忠の病気平癒祈願が鶴岡八幡宮と江嶋弁財天で祈祷されて以来、毎年正月・五月・九月・歳暮に御札を納めるようになった。特に、大奥の御年寄按察使は江嶋弁財天に厚く帰依していたので、慶安四年（一六五一）家綱は家光の病気平癒祈願のため、按察使を代参させた。万治三年（一六六〇）には、この按察使を介して本丸あふみ・をかのの両名は、江戸の火災からお城を守り、太平な世の中になるよう江嶋弁財天に祈祷したという女房奉書も現存している。こうして、将軍家と大奥年寄衆の関係は深まり、以後本宮江嶋弁財天の開帳ごとに大奥年寄衆による御紋付御幕・戸張の寄付が慣例化されていった。

### ◆神輿・神事音楽を再興

江嶋弁財天信仰の普及の最良の手段として挙げられるのが、江戸出開帳・居開帳の開催で、初めての江戸出開帳は「延宝九年（一六八一）本宮八臂尊像江戸浅草第六天神ニ而開帳」である。前年冬、岩本院が炎上したのでその修復再建をめざした臨時の開帳であった。江戸での開帳は、岩本院に現存する朱印状や大奥年寄衆から出された女房奉書の内容から、将軍家との関係の深さにも由来していて、あくまでもその寺社の格が問われたからではないだろうか。

享保二年（一七一七）真乙は元禄八年（一六九五）二月十三日、下之坊の出火で岩本院も炎上したが、これを契機に途絶えていた神輿・神事音楽の再興を始めた。「音楽再興誓詞留書」によれば、享保二年五月二十四日、東儀左京亮を訪ねるが留守のため、七月二日、鎌倉楽人小池平太夫・加茂監物に相談、その後、御室御所に通じている林駿河守を介して東儀一族に音楽再興を願い出た。真乙は東儀左京亮に面談し、九月三日東儀氏より誓詞を請けたのである。

この誓詞では、伝授許容するにはあくまで祭礼等神前でのみ勤めるようにということ、他家の流儀を取り入れて私流の流儀を立てずに、従来の御家流を末々まで守るようにと厳しく制約されていた。

こうして、真乙は江の島弁財天の祭礼を演出する音楽再興を成し遂げ、江の島一山の祭礼者にふさわしい姿を整えていった。

（渋谷眞美）

▽参考文献

・『江の島岩本院の近世文書』藤沢市教育委員会　二〇〇三年

# 【33】大岡忠相（一六七七—一七五一）
## ——先祖伝来の大曲村の領地を守る

**◆家督を相続し大曲村を知行**

忠相の先祖大岡家は三河国（愛知県）出身で、天正十八年（一五九〇）家康が関東に入封すると、二代忠政が相模国高座郡堤村（茅ヶ崎市）に三八〇石、下大曲村（寒川町）に二二〇石合計六〇〇石の知行地が与えられた。忠政の三男忠世は分家を起こし、三代将軍家光から寛永二年（一六二五）に高座郡大曲村に二二〇石の知行地を与えられた。

忠世は亡くなると、本家の菩提寺堤村浄見寺に葬られた。忠世の後は次男忠真が跡を継ぎ、後書院番、御徒頭、御先鉄砲頭、駿府定番などを勤め、石高は一九二〇石に加増された。忠真の子が幼くして亡くなったので、貞享三年（一六八六）親戚の大岡一族から婿養子を迎えた。これが大岡忠相《ただすけ》である。

忠相は翌年御目見えを許され、元禄十三年（一七〇〇）忠真が亡くなると二十四歳で家督を継承している。この時の知行地は下大曲村を含む一九二〇石であった。忠相は御書院番、御徒頭、御使番、御目付などを勤め、正徳二年（一七一二）に山田奉行に就任し、伊勢山田に赴任した。

**◆町奉行を勤め、三河国の大名に昇進**

将軍吉宗の時代になると、享保元年（一七一六）に御普請奉行、翌年に江戸町奉行に昇進し、越前守と改めている。以後十八年間町奉行を勤め、江戸や全国からの訴訟、事件の裁定や町火消しや小石川養生所の設置、流通組織の整備や物価抑制策、貨幣改鋳による米価安定など諸政策を行なっている。また享保七年から延享二年（一七四五）まで関東御用掛を兼務し、武蔵野新田開発などの指揮をしている。

元文元年（一七三六）には寺社奉行に栄進し「公事方御定書」や「御触書寛保集成」など法令書の編纂に参与し、寛延元年（一七四八）奏者番を兼務した。

**◆知行地の再編の際も残す**

大岡忠相の知行地は昇進に伴い、次々に加増され、知行地が合計一万石となり、三河国西大平（岡崎市）に陣屋を構える大名となった。この時、知行地の整理が行なわれ、相模・武蔵・上総・上野・下野の五か国に分散していた知行地の再編が行なわれることになった。

大岡忠相の日記によれば、寛延元年閏十月八日、忠相は大名昇格を機会に領地の集中化を図りたいと考え、若年寄の板倉佐渡守勝清の屋敷を訪問し、「此の度の御加増に際しては領地が一か所となっても二か所となってもよい、そうなれば

大岡家歴代の墓所　茅ヶ崎市・浄見寺

上方であっても構わないからそのようにならないか」と相談した。これに対し、板倉勝清は忠相の希望どおりになるかどうか聞き合わせてみることとなり、忠相は板倉に五か国の村高書上書類を手渡し万事を委ねた。同月十七日、忠相は城内で板倉勝清から「勘定奉行の神尾若狭守春央に会って旧領と御加増地を二か国ほどに割替えるように声をかけるつもりであるが、大曲村を領地として残すと三か国となってしまうがどうしたらよいか」と質問され、忠相は「大曲村は権現様が御朱印を下されてから久しく領地につきこれは残したい」と返答した。

　その後、忠相が神尾春央に問い合わせたところ「板倉氏から言われたとおり二か国で割り直す予定である」と神尾が言うので忠相は「なるべくなら上総で一か所、上方で一か所の二か所で領地を受け取りたい、また大曲村は残したい」と願った。この結果、最終的に新領地として下総国の村々と三河国西大平の周辺の村々が与えられるとともに、相模国大曲村が残ることになった。

　忠相の領地のうち、大曲村は忠相にとって権現様以来の先祖伝来の領地（本貫地）として特別なものであったといえる。宝暦元年（一七五一）忠相は七十五歳で没し、堤村浄見寺に葬られた。戒名は「松運院殿興誉仁山崇儀大居士」。

　忠相の後の大岡家は墓を江戸に移し、領地の中心が三河に移ると、年貢の収納の他は大曲村との関係は次第に希薄になっていったと考えられる。

（石井修）

▽参考文献

・『寒川町史』6通史編　原始・古代・中世・近世　一九九八年

# 〔34〕田沼意次（一七一九—一七八八）
## ——小動村などを支配した幕府老中

**◆時代をリードした人物として再評価**

田沼意次《おきつぐ》といえば賄賂政治のレッテルを貼られ、享保改革と寛政改革の間のいわゆる田沼時代を代表する人物であるが、近年はそれとは異なり、新しい政策を次々と展開し、時代をリードしていった人物としての評価が定着しつつある。

彼が生きた田沼時代はその年号から「宝暦天明期」といわれているが、この時代は幕藩体制社会の転換期とされている時代であり、生産力が向上し、富が蓄積され、他方貧富の階層分化が進行し、社会的諸矛盾が村方騒動や一揆、打ち壊しなどとなって一気に噴出するとともに学問、思想文化が発展し、維新変革の起点ともなった時代であった。

**◆旗本から老中へ異例の出世**

意次は享保四年（一七一九）江戸に生まれ、十四歳の時に御目見えを許され、二年後には江戸城西の丸の御小姓として九代将軍家重に仕えた。翌年、父の領地六〇〇石を襲封し、延享二年（一七四五）には家重が将軍となったので、意次もまた家重とともに本丸に移って家重の小姓として仕え、組番頭格、組番頭と昇進し、領地も一四〇〇石に加増された。宝暦元年（一七五一）、御側役に抜擢され、家重に重用され下総・相模・遠江であわせて八〇〇〇石の加増を受け、領地は合計一万石となり、四十歳にして大名の地位を得ている。

さらに評定所への列座を命ぜられ、幕府政治の表舞台に登場していくことになる。明和四年（一七六七）には御側用人に命ぜられ五〇〇〇石加増され合計二万石となり、遠江（静岡県）相良に築城を許されている。さらに同六年には五〇〇〇石の加増を得、老中格に進み、幕政の中枢に踊りでたのであった。安永元年（一七七二）には老中に昇進し、三河で五〇〇〇石加増され、合計三万石となっている。

その後も加増を重ね、最終的に五万七〇〇〇石に達している。六〇〇石の旗本から老中へとまさに異例の出世であった。かれは老中職を十四年間勤め、幕府の中枢に位置しながら、次々に新しい政策を展開していった。

**◆叶えられなかった田沼領復帰運動**

田沼氏の領地は相模国にもあった。高座郡では小動《こゆるぎ》村二九〇石、岡田村二四六

田沼意次画像　牧之原市・相良史料館所蔵

石五斗七升八合六勺、本蓼川村三七石三斗七升六勺、合計五七三石九斗五升一合六勺の他、大住郡の領地を加えて享保十八年（一七三三）に約六〇〇石の領地が与えられている。

　田沼氏の領地支配の実態は明らかではないが、小動村の宝暦六年（一七五六）における年貢は、村高二八九石三斗四升五合、新田高一石四斗に対して七八石三斗一升二合が賦課されている。これは村高に対して約二七パーセントにあたる。

　天明元年（一七八一）、田沼意次は和泉国（大阪府）に一万石を加増されたが、これに伴い領地替えが実施され、相模国の所領は田沼領から幕府直轄地となった。これに対して天明二年小動村では、これまで水害難儀の拝借金の貸与を受けるなど、田沼家からは莫大の御恩を蒙ってきたので、直轄領となっては領民の難儀になるとして田沼領への復帰を願い、田沼氏、老中久世氏に駕籠訴を行なったが、田沼氏は自領の問題を自身では沙汰できない、久世氏は越訴は受けられないなどの理由で受理されなかったため、最終的に江川代官に嘆願している。

　しかし、この願いは却下され、田沼領への復帰は叶えられなかった。この背景には、田沼氏が老中であるが故に水害対策など他の領主よりも有利と考え、また有利な民政を期待する小動村の人々の意向が反映されていたと思われる。それにしても田沼氏は、なぜ旧領復帰の嘆願を容れなかったのであろうか。合理主義者の田沼意次であるが故に、領地の分散をさけて小規模な領地を見限ったとも考えられまいか。

　皮肉にも、二年後の天明四年（一七八四）、田沼意次の子若年寄意知の刃傷事件で人気が衰え、二年後の天明六年に田沼氏は失脚し、領地は一万石に減封されている。

（石井修）

▽参考文献

・大石慎三郎『田沼意次の時代』岩波書店　一九九一年
・『寒川町史』6通史編　原始・古代・中世・近世　一九九八年

# [35] 薫誉養国（?—一七六二）——鎌倉大仏を復興した勧進僧

### ◆荒廃していた江戸期の大仏

鎌倉時代に鋳造された鎌倉大仏は、寺蔵「鎌倉大仏縁起」（以下「縁起」と略称）によると、明応四年（一四九五）の大地震と洪水により堂宇を失い、以降露座となり荒廃していったという。

慶長十二年（一六〇七）、『日本切支丹史』の著者は、大仏の見学の記事を載せている。

「彼等（神父一行）は、駿河から伊豆を経て、さらに相模に入った。ここは、日本の旧都で、公方すなわち将軍の居所であった鎌倉の町がある。…（略）…神父はここに滞在すること二日、古蹟を見物した。就中、青銅の巨大なる偶像が田圃の中に放棄され、野鳥の巣となっているのに目をとめた。」

江戸時代の初期には、野鳥の栖《すみか》となるほど大仏は荒れ果てていたのである。さらに元禄十六年（一七〇三）十一月のいわゆる「元禄地震」で大仏は「三尺程傾」という被害にも見舞われた。

### ◆檀越の推挙で住持に

このような零落著しい大仏を復興しようと発願したのは祐天上人であった。祐天はのちに増上寺貫主となる浄土宗の高僧であるが、隠遁中に鎌倉大仏を拝し、復興を心に誓ったと「縁起」は伝える。

この祐天の在家の弟子に、浅草の商人野嶋新左衛門（法名・泰祐）という人物がいた。新左衛門は祐天の鎌倉大仏復興に心をよせ、正徳二年（一七一二）常念仏堂建立のため旧寺地の買収・寄進と堂宇建立資金の喜捨、大仏を材木座の光明寺奥院として寺格整備にも努めるなど、数々の善業により「高徳院」という院号を授与され、中興開基と讃えられた。

「縁起」によると、薫誉《くんよ》養国と泰祐は親子の縁を結び、養国は泰祐の強い推挙によって、大仏住職として享保十八年（一七三三）入院したとある。

浄土宗の住持規定によると、紫衣寺格の住職などは幕府の任命によって就任することになっていた。しかし、宝永四年（一七〇七）の浄土宗条目によると、大仏のような寺格の住職は「檀越之由緒有之寺院並内寺等可任其檀越之望」との規定であった。養国の入院した頃の大仏は光明寺の管理下に入っていたので、このような大仏の寺格と住職の任命においては直接幕府の関与がなく、檀越の推挙によって養国が自ずと大仏の住持となったわけである。

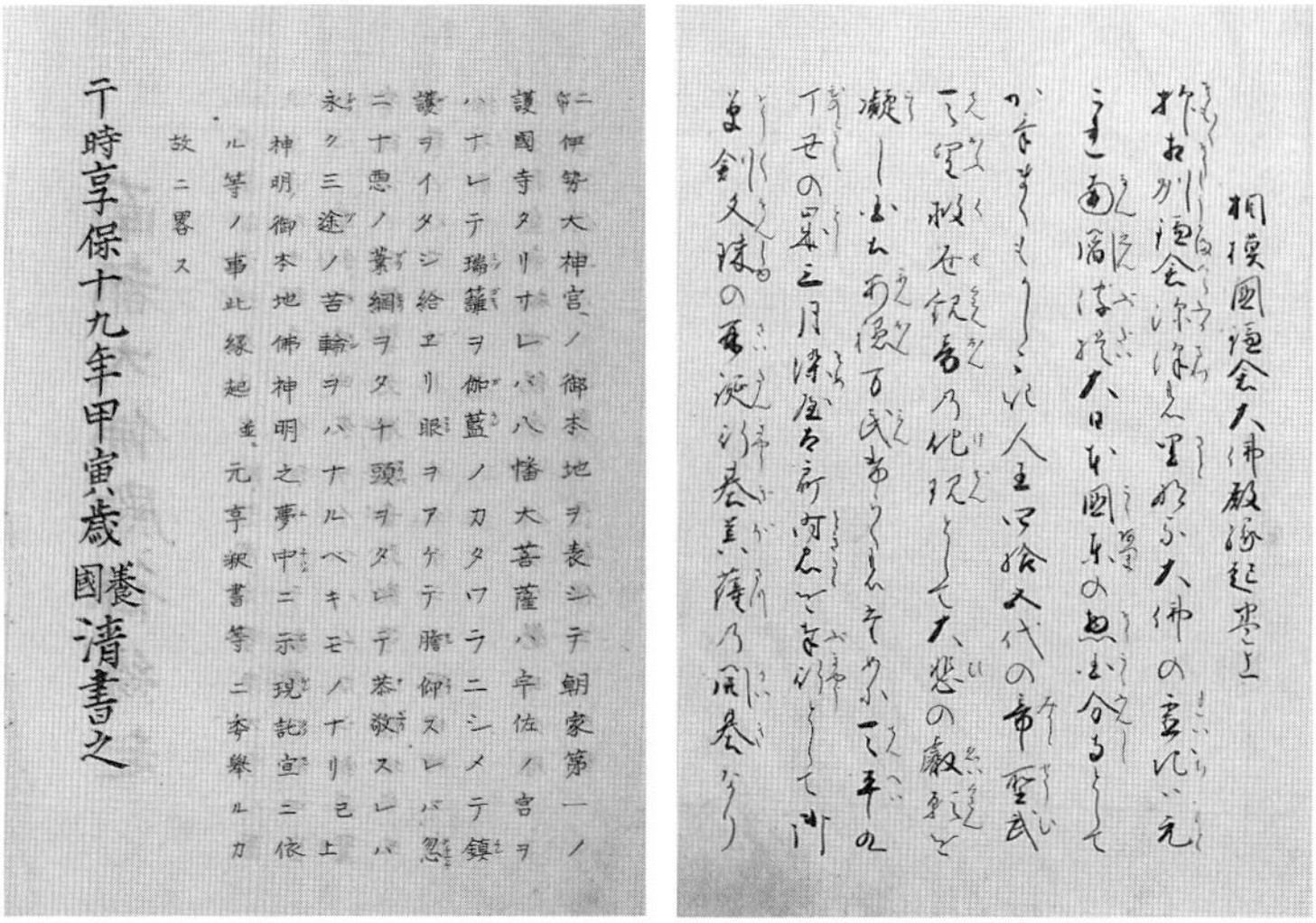
第二伊勢大神宮ノ御本地ヲ表シテ朝家第一ノ
護國寺タリナレバ八幡大菩薩ハ宇佐ノ宮ヲ
ハナレテ瑞籬ヲ伽藍ノカタワラニシメテ鎮
護ヲイタジ給エリ眼ヲアケテ瞻仰スレバ忽
二十悪ノ業綱ヲタチ頭ヲタレテ恭敬スレバ
永ク三途ノ苦輪ヲハナルベキモノナリ已上
神明御本地佛神明之夢中ニ示現託宣ニ依
ル等ノ事此縁起并元亨釈書等ニ挙ルカ
故ニ略ス
于時享保十九年甲寅歳 養國 清書之

薫誉養国筆「鎌倉大仏縁起」(巻頭と巻尾)　鎌倉市・高徳院所蔵

## ◆勧進で大仏を修復

養国の出自についてはよくわからないが、鎌倉の近辺で生まれたようだ。養国の師は、増上寺祐天大僧正以降三代の僧正に仕え、のち浄土宗の名刹岩附(埼玉県岩槻市)浄国寺住持となった不虚円竜和尚である。鎌倉大仏の復興計画を増上寺勤役中しばしば耳にしていた円竜は弟子の養国にも、これを話したであろう。

入院してまもない養国は零落している大仏の復興に邁進していく。そして、享保十九年に「縁起」作成をなしつつ、同年五月には修復費用捻出のため、寺社奉行に対し江戸市中での勧進許可を出願した。しかし、この願に対し、托鉢は僧侶の本来的な活動であるからあえて許可を必要としないとする寺社奉行所の見解が示された。ここに大仏修復は幕府の援助を得ず、養国を中心とした勧進活動で賄われていくのである。

そしてこの間、江戸市中での勧進は順調に進み、大仏の眉間に嵌め込む白毫の寄進をはじめ、建長寺に長期間預けられていた大仏背後の唐銅扉の返却寄進を受け、大仏御頭戸口修復や螺髪鋳掛・蓮花座鋳掛をなして、元文二年(一七三七)七月には大仏開眼供養を行なった。

このような修復事業を完成させたのちの宝暦四年(一七五四)、養国は田戸(横須賀市)聖徳寺に転住し、同十一年同地で遷化した。

(鈴木良明)


▽参考文献
・鎌倉市『鎌倉市史』近世通史編　吉川弘文館　一九九〇年
・清水眞澄編『造形と文化』雄山閣出版　二〇〇〇年

# ［36］鶴岡八幡宮領民

## ――鎌倉絵図の販売を許可される

**◆領主は鶴岡八幡宮**

江戸に入封して間もない徳川家康は天正十九年（一五九一）鶴岡八幡宮に社領を寄進した。社領は、鶴岡八幡宮の周辺にある雪ノ下・大町など一三か村に合計八四〇貫文余が設定されたが、鎌倉の多くの寺社のなかで最大であった。

鶴岡八幡宮の社領となった一三か村は、当然のこと年貢納入を義務づけられたが、この他にも鶴岡八幡宮に対して「役」を負担していた。

「　一札之事

一今度御宮之掃地（除）相勤不申、依之拾貫文課（科）料被仰付候処ニ、拙者共度々御訴訟仕御宥免被成被下候段難有存候、向後者急度相勤可申候、為後日仍而証文如件

享保二年酉四月十二日

名主

年寄中

鶴岡御奉行中　」

この史料が示すように、鶴岡八幡宮の境内地は社領村々に掃除役が課せられ、しかも掃除不参の村に対して鶴岡八幡宮から科料が命じられている。課税のみならず、科料を命じる得るのは鶴岡八幡宮が社領民に対し、領主権を有していたからである。

**◆明治期までに数十種の絵図を作成**

近世に至った鎌倉は中世の法灯を保つ寺社や古蹟も多く遺されていて、文人墨客をはじめ人々が好んで訪れる適地となっていった。このような巡覧者を対象に、今日で言うガイドマップにあたる「鎌倉絵図」が版行され、販売された。

「鎌倉絵図」の最古のものは寛文（一六六一―七三）の頃かと推定されているが、以降明治期まで数十種もの絵図が作成された。

「鎌倉絵図」は木版墨刷、縦六七センチ×横四五センチほどの簡易な絵図である。鎌倉市街地を右上空から俯瞰し、紙面中央に鶴岡八幡宮を大きく描き、その周辺に鎌倉市街地と散在する社寺・古蹟などを配した構図がほとんどで、このような構図で明治期まで連綿と刊行され続けた。また、江戸時代後期以降に版行された絵図に「御免鶴ヶ岡総画図不許翻刻」(以下「御免刻記」と略す）の刻記が添えられるのも、この絵図の特色である。

**◆鶴岡八幡宮が出版を許可**

初期の「鎌倉絵図」は鎌倉居住以外の

人々、すなわち中央資本によって絵図の版行がなされていた。しかし、次第に地元の人々による刊行へと移り、鶴岡八幡宮周辺に居住した人々や社領村々の領民が刊行を担うようになっていった。鎌倉を巡覧する人々の増加が、在地の出版を促していったのであろう。

　このような動向と期を同じくするかのように「鎌倉絵図」のなかに「御免刻記」があらわれてくる。この刻記を素直に読めば、鶴岡八幡宮の許可を得た絵図であるので翻刻不可と理解できよう。とすれば、このような版行物には鶴岡八幡宮と版行者との間に、許諾の関係が成立していたと考えられよう。

　「雪ノ下村鶴岡八幡宮雑古記録写」（『鎌倉市史』所収）によれば、享保十二年（一七三四）のこととして、次のような事例の記事が見える。すなわち、鶴岡八幡宮の領民である雪ノ下村の住民が鎌倉絵図を刊行したものの、絵図中の訂正箇所の修正に応じなかったので、版木取り上げの処置を鶴岡八幡宮より申し渡すとある。このように、領民版行の「鎌倉絵図」は鶴岡八幡宮の出版許可を必要としていたのである。

　「鎌倉絵図」が鶴岡八幡宮を中心に配置してひときわ大きく描く構図と「御免刻記」の表記は、近世鎌倉支配における領主的な立場にあった鶴岡八幡宮を象徴しているようである。

（鈴木良明）

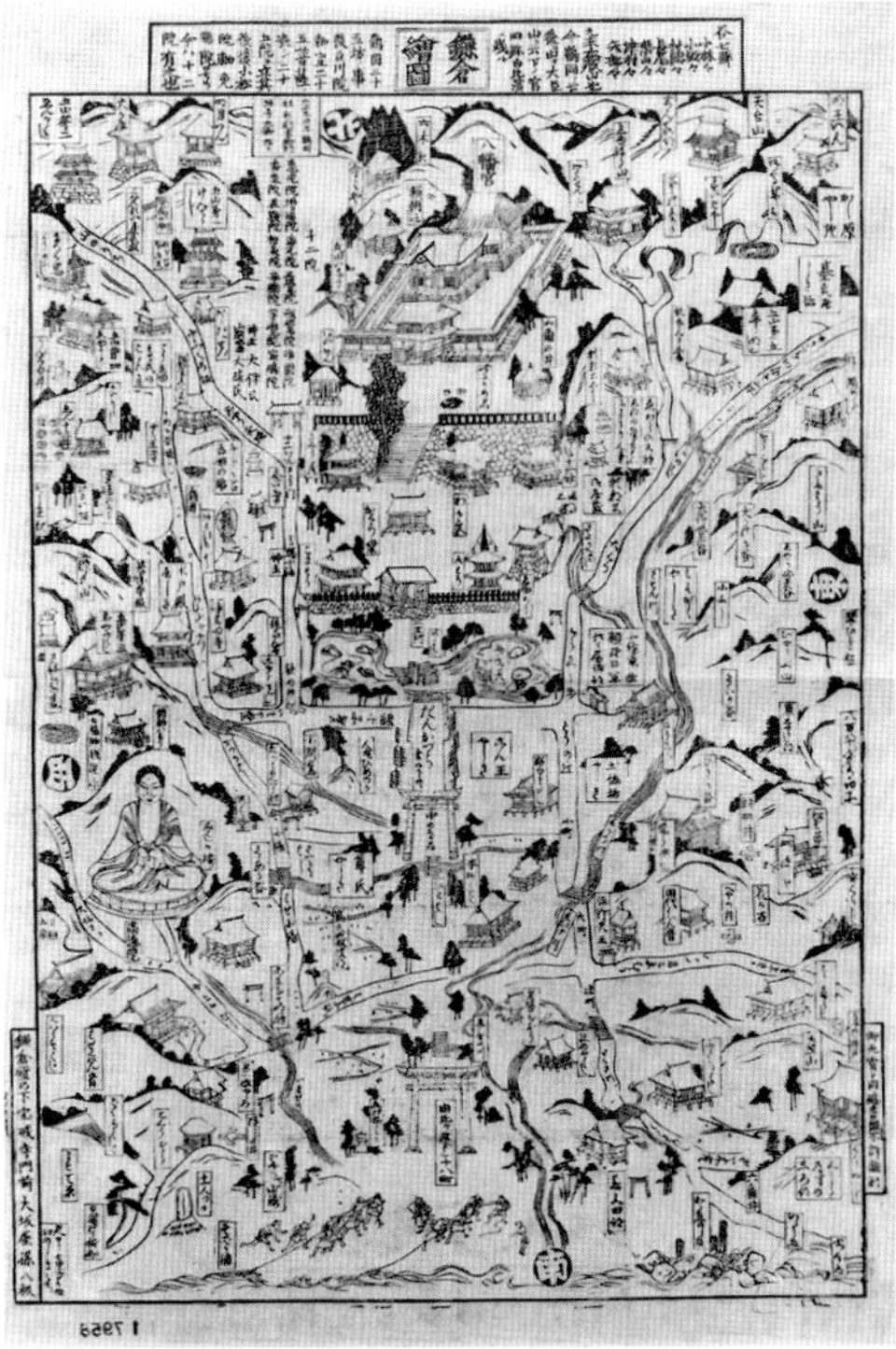

鎌倉絵図　大坂屋孫八板　神奈川県立金沢文庫所蔵

▽参考文献


・鎌倉市『鎌倉市史』近世史料編第二　吉川弘文館　一九八七年
・白石克「江戸時代の鎌倉絵図」（『三浦古文化』三四号　一九八四年
・沢寿郎他『鎌倉古絵図・紀行』東京美術　一九七六年

# ［37］誠拙周樗（一七四五—一八二〇）——円覚寺を復興した名僧

**◆伊予宇和島の生まれ**

北条時宗を開基とし、無学祖元を開山として建立された円覚寺は、禅の宗風をわが国に根付かせる大きな役割を果たした。しかし、江戸時代も中期になると、禅林の風儀も沈滞し、また、同寺の諸伽藍は老朽化し、座禅を行なう満足な僧堂もないありさまであったという。このような状況におかれていた円覚寺をあるべき禅寺の姿に復興すべく邁進した僧が誠《せい》拙周樗《せつしゅうちょ》であった。

誠拙は円覚寺第一八九世で、実際法如と並ぶ、江戸時代の円覚寺の中興僧。諡は大用《だいゆう》国師。延享二年（一七四五）伊予国（愛媛県）宇和島に生まれた。七歳で出家して仏海寺に入り、以後海岸寺・龍山寺に入寺するなどして修行したという。二十歳で武蔵国永田村の東輝庵（戸塚区宝林寺中）で月船禅慧《ぜんね》（一七〇二—一七八一）について、師から悟道熟達の証明として印可を受け、実際法如の推挙によって、明和八年（一七七一）頃に円覚寺に入った。

**◆僧堂の整備に務める**

天明元年（一七八一）三十七歳のとき、室町時代以来、雲衲の修行の場である僧堂がながらく途絶えていたのを再開するに際して、初代前版職（僧堂の師家の意）に挙げられ、僧堂の整備に務めた。さらに同三年頃の山門再興に深く関わり、同四年には開山無学祖元の塔所である正続院の客殿である宿龍殿を再建した。山門棟札には実際法如らとともに誠拙の名があり、宿龍殿棟札には「日本天明四年辰四月十日　瑞峰前版小比丘誠拙周樗謹誌（花押）」とある。宿龍殿の棟札によれば、それ以前に小僧堂は建立されたが、庫裡がないため修行に不便で賓客を接待する場所もないので、四方を勧進して宿龍殿など二堂を百余日で再建したことが知られる。またこの年、鎌倉十刹の一つ、長勝寺の住持になっている。さらに同五年、正続院の中に前版寮を新築、一撃斎と名づけた。これは今日の師家老師の居所となったはじめである。

**◆円覚寺住持に就任**

誠拙は僧堂の前版職に就任してから僧堂の教化に務め、のちに円覚寺第一九〇世住持となった睦州周古や同寺第一九一世の清蔭音竺ら高僧を輩出した。寛政五年（一七九三）には京都南禅寺僧堂で、無準師範（一一七七—一二四九）の語録を論評し、文化三年（一八〇六）には八王子広園寺の開山法光円融禅師の四百遠忌の導師として当地に赴き、翌四年足利義満の四百回忌に際して、京都相国寺で夢窓録を講じた。円覚寺僧堂で教育したにとどまらず、諸方から法会や法事の師家として招かれる等、活躍した。

さらに、文化十一年（一八一四）には円覚寺の公帖をうけて再住開堂し、住持となった。正続院僧堂を完備し、名実ともに同寺の専門道場を創立した名僧である。師は面相よりも頭の切れが鋭かったので禅林では「鉄閻魔」などと呼ばれ、門下を大喝叱咤したという。住持就任以前から境内整備に尽力し、文化八年（一八一一）開基北条時宗の廟である仏日庵を改築し、住持に就任してからは文化十二年に方丈を再建、庫裡の再建にも着手した。

誠拙画像　鎌倉市・円覚寺所蔵

誠拙は栄達を望まず、金井村（戸塚区）の玉泉寺に不顧庵、さらに忘路亭と名付けた庵を構えて、隠居を望んだ。しかし、周囲はこれを許さず、南禅寺や天竜寺などから招聘が相次いだため上洛、文政三年（一八二〇）、京都・相国寺に没した。七十六歳であった。玉泉寺に残る爪牙塔は、金井村の村民が京都に発つ誠拙を引き止めた際に、誠拙が自らの歯と爪を入れて与えた壷が収められていると伝えている。

また、誠拙は文人的気質をもち、書画はいうまでもなく、詩、和歌、茶など多趣味で、当時の多くの文化人とも交際があった。和歌は香川景樹の門人で十哲の一人に数えられ、『誠拙禅師歌集』がある。茶では、出雲松江藩主の松平治郷（不昧）を友とした。

誠拙によって再建された円覚寺の庫裡と方丈は、大正十二年の関東大震災で倒壊した。しかし、正続院宿龍院は存続し、平成十八年には屋根が葺き替えられるなど、その法灯は現在も大切に受け継がれている。

（浪川幹夫）

▽参考文献


・『近世禅林僧宝伝』一八九〇年
・『円覚寺史』　春秋社　一九六四年
・鎌倉市教育委員会『鎌倉市文化財総合目録』建造物編　一九八七年

## 38 青木友八（一七六一―一八二九）
### ―戸塚宿の富裕な趣味人

**◆庶民文化の隆盛**

寛政―文政期、戸塚宿は富裕な宿民を中心に庶民文化の隆盛期を迎えていた。享和三年（一八〇三）刊行の『東海道人物志』には、「狩野家画」として秋山栄隆、「古銭」として三浦徳兵衛、「医学・狂歌」として長阪玄節の名があがっている。この他、蜀山人など江戸の文人が、戸塚宿通過の際には必ず訪ねた歌人鈴木長温もこの時期の人である。戸塚宿の趣味人たちは彼らを中心に集い、戸塚の文化サークルを形成していた。

宿の字天王町に住む青木友八は、このサークルに属した絵描きで、本業は紺屋であった。友八は、文政十二年（一八二九）の香典帳に「俗名青木友八安芳行年六十九歳没ス」とあり、戸塚の文化隆盛期を生きた人である。友八の師匠は、近所に住む先の『東海道人物志』登載の秋山栄隆であり、この関係で青木家には栄隆の絵が伝来する。友八の諱は安芳、号は青亀斎、また師の一字をもらい栄千を名乗ったという。子の友八安恭（青亀斎、桃渓）も絵を描き、このため青木家には二代の友八の作品・模写絵が多く残った。

**◆伊勢参宮など西国への旅日記**

青木友八は、六十四歳を迎えた文政七年（一八二四）正月五日から四月九日まで、伊勢、讃岐金比羅、大坂、奈良、京都などの西国を中心に、さらには信濃善光寺や下野日光山等を旅し、旅日記を残している。近世後期、とりわけ文化・文政期以降には庶民の旅が流行するが、その多くが伊勢参詣を目的としていた。

友八の旅も、日記の冒頭に「伊勢参宮出立」とあり、基本的には伊勢参詣が旅の目的であった。当時の伊勢参詣は、旅人の経済力等の条件により、旅の行程に差があり多様であった。友八の行程は、京都での二週間の滞在や讃岐金比羅・日光への訪問など、贅沢な部類に含まれる。日記には、絵描きの旅日記らしく彩色の挿画が一八あり、そのすべてが風景画である。

友八の同行人は宿場の趣味人であった。同行人の内、金子小四郎は、諱が宜胤、号名真幸、富之屋を名乗り、旅籠屋藤屋を営んでいた。小四郎は歌人であり、燕栗園千穎撰の天保四年（一八三三）「癸巳秋興集」および同人撰同六年「若芝月並甲午集」に歌が入集されている。また、彼は戸塚宿八坂神社の祭歌碑（前出長阪玄節の追悼記念碑）の勧奨者でもあった。代田八郎兵衛は、諱が豊昌、号名時春を名乗る。八郎兵衛も歌人であり、先の「若芝月並甲午集」に歌が入集されている。彼も八坂神社の祭歌碑の勧奨者である。堤銀次郎はやはり祭歌碑の拠金者として名があり、長阪玄節の弟子として歌の心得がある人物であった。

つまり、友八も含めこの旅の一行は宿の富裕な旦那衆でもあり、この旅は、今風に言えば、戸塚趣味人のサークル旅行であった。

京都嵐山（『友八西国旅日記』の挿し絵）　横浜市歴史博物館所蔵

### ◆名所と古歌に関する多彩な記事

日記には、当然ながら絵描き友八に係わる記事が多く、景勝地では「この所絶景なり」「よき彩色にて、筆につく（尽）しがたし」「古今名筆にありといへども、今筆取てこれを図す」などとあり、友八はそのいくつかを挿画として残している。風景だけでなく神社仏閣に残る絵画への興味も深く、神社仏閣の絵馬舎・絵馬堂を訪れれば、詳しく絵馬の題材と作者を記している。また、歌人たちの旅であるから、歌碑類の記事は多く、中には歌碑のスケッチもある。とりわけ一行には、古歌の名所《などころ》を探るという志向が強く、名所と古歌に関する記事は多彩で、ある名所地では同行人が俳句を詠み、友八が絵を描いている。そのほか、一行は大坂や姫路、京都で骨董屋に立ち寄っており、戸塚の趣味人たちにとって、旅先での古画骨董の購入は、旅の目的の一つであった。

日記を読んでいると、友八の古歌や歴史に関する見識なり素養が随所にうかがえる。この旅行時、友八は亡くなる五年前の晩年であったことを考えると、日記記事の内容には、彼が戸塚の地で長年培った素養が下地にあると思われる。このような観点から日記を評価すると、この日記は、この時期の戸塚宿趣味人の文化水準を示しているといえよう。

（井上攻）

▽参考文献

・戸塚区史刊行委員会編『戸塚区史』一九九一年
・茂木堯秀「八坂神社祭歌碑長歌一——一〇」（『とみづか』八～二〇）一九八二年—一九九三年
・井上攻「『戸塚宿紺屋友八西国旅日記』について」（『横浜市歴史博物館紀要』5）二〇〇一年

# ［39］河内久右衛門（一七七九―一八五二）

## ――建長寺法堂を再建した棟梁

**◆鎌倉大工・河内家**

河内久右衛門は、建長寺法堂の棟梁の称をもつ人物。同寺の記録『福山常住日記』には、文化三年（一八〇六）十一月に家督を相続し、その年の十二月同寺から「当山大工所棟梁職」を拝命したと書かれている。

また、河内家は、円覚寺大工高階《たかしな》家や二階堂の大村家などと並ぶ寺社の建築に携わった近世鎌倉大工の家柄である。その由緒は古く、慶長十四年（一六〇九）に建長寺の惣門を再興した「河内宗左衛門尉」を、同寺が「内匠助《たくみのすけ》」に任じた史料がある。

さらに、同家には江戸初期から大正初期にわたる約一一〇〇点にも及ぶ「河内家文書」が伝わる。これらの文書より、同家が江戸時代中期から英勝寺の建物の修繕や新築・改築等に携わったこと、鎌倉郡・三浦郡一帯で広く寺社造営に活躍したことなどを知ることができる。

ところで、鎌倉に現存する寺社建築は円覚寺舎利殿（室町初期）や鶴岡八幡宮丸山稲荷社本殿（応永五年（一三九八））、荏柄天神社本殿（十四世紀）等がわずかにのこる中世建築である。それらを除けば、そのほとんどが江戸時代以降に造られた。ことに、建長寺の法堂や山門を始めとして、わかっているだけでも十二、三棟ほどの建物が河内家によって新築あるいは再建されたようである。そして、棟札や古文書など寺社建築の造営関係史料の中に書かれた大工として「大工河内匠助（河内内匠助）」「鎌倉河内久右衛門」など、同家の内でもとくに河内久右衛門、あるいはそれと推定される人名が散見する。

**◆建長寺山門や法堂を再建**

建長寺は鎌倉五山の第一位。正式には巨福山建長興国禅寺という、臨済宗の寺院である。開山は宋僧の大覚禅師蘭渓道隆、開基は鎌倉幕府の執権北条時頼。伽藍は永仁元年（一二九三）の大地震を始めとして数度の火災によって焼失したが、そのたびごとに再興された。

現存する建長寺法堂の再建は安永四年（一七七五）の山門再建につぐ復興であった。着工は文化五年（一八〇八）で、同寺は棟梁に河内久右衛門、脇棟梁に親類の河内長左衛門（一七五七―一八三三）を任じ、八月五日に「法堂新始」を執行した。上棟は文化十一年十月二十八日で、上棟式には棟梁の河内内匠

建長寺法堂（奥）と仏殿（手前）　明治期　鎌倉市・八雲神社所蔵

介（久右衛門）と脇棟梁の長左衛門の他に、河内伝兵衛、大村源助等の大工をはじめ、木挽や江戸の人足請負、仕事師、雪ノ下・扇ヶ谷の人足らが祝儀をうけた。さらに施工中、久右衛門が須弥壇の制作のために京都の東福寺と相国寺に赴いて、実測するなど調査をしたという記録も残っている。

このほか、建長寺における久右衛門の業績と目されるものとしては、文化十三年建立の同寺西来庵禅堂（大徹堂・現在の建物は関東大震災後の再建）、天保二年（一八三一）建立の同寺四方鎮守第六天社本殿（現存）などがある。

建長寺での作事以外にも、天保九年の妙本寺祖師堂再建の棟札に「鎌倉河内久右衛門」とあり、嘉永元年（一八四八）頃の建立とされる同寺の鐘楼と、大形の二天門にも同じくその名がある。とくに妙本寺祖師堂は、久右衛門らが再建した建長寺法堂のほか、鶴岡八幡宮上宮、光明寺山門などとともに、鎌倉地方の重要な近世寺社建築のひとつに挙げられている。

河内久右衛門については、棟札やごくわずかな古文書以外に史料がないのでこれ以上の事蹟はたどれない。また、人物の詳細についても未解明の部分が多くのこされている。しかし、少なくともこれらの史料から、鎌倉に現存する江戸後期の代表的な寺社建築の再建あるいは新築に深く関わっていたことは確かである。

（浪川幹夫）

▽参考文献
・鎌倉市教育委員会『鎌倉市文化財総合目録』建造物篇　一九八七年
・大本山建長寺『巨福山建長寺』一九七七年
・横浜市役所『横浜市史稿』仏寺編　一九三一年

# ［40］早川村お町（一七八三—一八六二）

## ——渡辺崋山が訪れた田原藩主の側室

**◆農家の子女の行儀見習**

江戸時代後期、ある程度裕福な家の親たちにとって、子女を都市へ奉公に出すことはしごく当たり前のこととなっていた。娘に行儀見習いをさせ、少しでも良い縁を得させようというのである。相模国は江戸に近かったため、武家屋敷に奥勤めをした娘も多く、中には大奥に勤めた者もいたのである。

高座郡早川村（綾瀬市）のお町もまた、こうした女性の一人であった。

**◆お町の前半生**

お町は天明三年（一七八三）、早川村の旧家佐藤幾右衛門の長女として生まれた。お町が生まれた頃はちょうど、浅間山の噴火に天明の大飢饉が続くという、全国的に厳しい時代であった。お町は無事に成長し、江戸に女中奉公にあがった。

お町の奉公先は、譜代田原藩三宅氏一万二〇〇〇石の上屋敷であった。田原藩の上屋敷は麹町半蔵門外（千代田区）にあり、ここに「お銀」という名で勤めたのである。屋敷では藩主に近侍していた少年たちにも好かれていたという。勤めはじめて幾ばくか後、お町に大きな転機が訪れる。藩主康友の手がつき、文化三年（一八〇六）に男の子を産んだのである。ところがその数か月後、実家の母が突然亡くなってしまった。お町は佐藤家の長女であったため、こんどは実家にもどらざるをえなくなったのである。生まれたばかりの一人子を残しての帰郷だったから、さぞ悲しい別れであっただろう。藩も心を尽くしてくれた。早川村に帰郷した時には、花かざりをし錦を着ていたことが伝えられている。

帰郷後しばらくして、お町は近隣の小園村に住む大川清蔵のもとに嫁いだ。佐藤家にはお町の他に三人の子供があったがいずれも女子であった。そのため小園村の草分け百姓だった大川家から長右衛門を養子に迎え、かわりにお町が長右衛門の兄清蔵のもとに嫁いだのである。その後お町は清蔵との間に四男一女をもうけ、四十五歳を過ぎるまで、つつましい生活を送っていた。

**◆崋山の来訪**

四十六歳となった文政十二年（一八二九）八月二十二日、お町は突然一人の来訪者を得る。蘭学者で当時田原藩の家老を勤めていた渡辺崋山が訪ねてきたのである。

崋山が来相したのは、三宅家系図を選集するため康友の妻妾だった「お銀」の出自を調べることと、厚木の町と浦賀を見分するためだった。そしてこの旅の様子を記したのが紀行文の名著『游相日記』である。

この日、お町は二人の息子と娘と共に家にいた。夫清蔵は長く煩っている叔母の見舞いに出かけ、長男の清吉は厚木町へ出かけていた。そこへ三男栄次郎が一人の侍をつれて帰ってきたのである。

渡辺崋山肖像　椿椿山画　田原市博物館所蔵

恐る恐る「いずれよりにや」と問うたお町に、この侍は「昔憐みをいただいた者です」と答えた。思いもあたらず、「人まちがいではございませんか」と問うて見たところ、今度は「『お銀』という名前だったことはありませんか」というではないか。お町は懐旧の念とともに驚くばかりだった。とにかく奥へ招き入れたものの、しばらくはお互いに涙にむせんで問い合うこともできなかった。

その後、心ばかりの御馳走で崋山をもてなし、途中からは父幾右衛門が早川村から駆けつけて、時には涙をおさえながら今昔の物語を語り合って、日が傾くまで時を過ごした。

夕刻、崋山はお町たちが見送るなか長男清吉の案内で厚木町へ向かった。崋山の出立にあたっては話を聞いた村人達が門前に出て見送ったという。

### ◆二人のその後

崋山はこの日厚木町に宿をとり、お町の話を聞いてかけつけた夫清蔵や土地の名士たちと交流して酒宴を楽しんだ。この時人々の求めに応じて画いたのが有名な「厚木六勝」の図である。崋山はその後浦賀をまわって江戸に帰っていった。蛮社の獄で罪に落とされた崋山が田原で自害するのは十二年後のことである。

お町は天保七年に夫を亡くした後も長命を保ち、文久二年（一八六二）、七十八歳でなくなった。お町が江戸に残した子どもは長じて三宅友信と名乗り、蘭学者としてその名を知られ、その子康和は最後の田原藩主として明治維新の難局を乗り切ることとなった。

（加瀬大）

▽参考文献
・吉沢忠『渡辺崋山』東京大学出版会　一九七二年
・芳賀徹『渡辺崋山　優しい旅びと』朝日新聞社　一九八六年
・『游相日記』厚木市教育委員会　一九九〇年

## ［41］福原高峯（一七九二―一八六八）――『相中留恩記略』を編纂した名主

### ◆家康の相州巡見を案内した家柄

福原家は応永年間（一三九四―一四二八）に三浦から鎌倉郡渡内村に移り住んだとの伝承をもつ。小田原北条氏時代には玉縄衆のひとりとして活躍したと考えられ、江戸時代になると代々左平太を名乗り、峯渡内村（峯は渡内村の小名）の名主役を務めた。

高峯は寛政四年（一七九二）の生まれで、幼名は亀吉。文政六年（一八二三）に家督を継いで左平太を名乗り、翌年名主役に就いた。

福原家の先祖は天正十八年（一五九〇）に徳川家康が相州を巡見し、玉縄に至った際、その馬先役を務め道案内をしたという伝承がある。高峯の父高行は天下泰平の世をもたらした家康への報恩として、相模国における家康の事績をまとめようと企図していたが果たせず（文政五年没）、高峯は家督を継ぐとともに、その遺志をつぐべく調査を始めた。

この頃、幕府は各地の地誌編纂事業を開始していたが、ちょうど高峯が調査を始めたばかりの文政七年（一八二四）、相模国の調査が始まり、調査の役人が福原家を訪れるということがあった。高峯にとっては、このことはまさに渡りに船で、調査に協力する一方、彼らに知己を得たことでその後の大きな発展の端緒をつかんだ。

調査に訪れた役人のうちで地誌の編纂主任であった間宮士信とは、特に親密な関係を築いたが、間宮氏はこの村岡を含む玉縄地域と因縁浅からず、先祖が小田原北条氏の時代の玉縄衆のひとりで、福原家の先祖とともに合戦に参加している。そのこともあってか、文政八年に高峯らが「玉縄首塚碑」を建立した際に、碑の撰文を引き受けている。また、間宮氏は高峯の地域調査を見、学問に対する熱意をかって、彼を林家門人に推薦している。

### ◆長谷川雪堤の豊富な挿絵を収録

高峯は五年間の研鑽ののち、いよいよ本格的な調査を開始するが、そこで相棒とでも言うべき画家長谷川雪堤と出会い、調査をともにするようになった。こうして、天保十年（一八三九）、『相中留恩記略』全二五巻が完成した。天保九年に大学頭に就いた林棲宇（就、林述斎の子で昌平坂学問所を嗣ぐ）の弁言（はしがき）、儒者成島司直（柳北の父）の序文、校閲を賜った間宮士信の跋文を得、豊富な挿絵は長谷川雪堤の手による。雪堤の画と合わせて、高い史料的価値を有する地誌である。高峯はこの書を幕府昌平坂学問所その他へ献上し、銀子七枚を賜っている。また領主旗本の加藤氏からも褒美として熨斗目着用を許され、用人格となっている。

**◆苗字帯刀を許され、準藩士となる**

一方、高峯の居住した峯渡内村をふくむ村岡五か村は鎌倉郡に属し、現在の藤沢市の東端に位置するが、幕末期のこの地域は江戸湾の海防の影響で三浦半島に海防役の諸藩の陣屋が置かれたため、当該藩の預かり所となっていた。嘉永五年（一八五二）九月、海防役を命ぜられた彦根藩がこの地を預かり所として領有し、翌六年十二月より熊本藩預かり所となった。また安政三年（一八五六）十二月には佐倉藩の預かり所に変わるなど、めまぐるしく領主が交替したが、高峯は、彦根藩預かり地となった翌年の十一月には改めて苗字帯刀を許され、熊本藩の預かり所支配下にあっては、安政二年（一八五五）十月に準藩士の格式に列せられ、郡中人足差配役頭取を務めている。また佐倉藩政下にあっても取締役を命ぜられるなど、動乱の時代にあって、絶えず要職を任されている。

福原高峯画像　長谷川雪堤画　福原新一氏所蔵

天保初期に建てられた屋敷は『相中留恩記略』の挿図に取り上げられ、また長谷川雪旦（雪堤の父）によって「四季耕作図屏風」（天保九年筆、佐賀県立博物館蔵）にも描かれているが、そのうちの長屋門については現存し、平成十八年に藤沢市の重要文化財（建造物）に指定された。

慶応三年（一八六七）、老衰につき御役御免となり、翌明治元年（一八六八）十一月十七日没。享年七十七歳。

（細井守）

▽参考文献
・相中留恩記略刊行会編『相中留恩記略 全』有隣堂　一九六七年
・石井修「東海道沿いの文化人」（横浜近世史研究会編『幕末の農民群像―東海道と江戸湾をめぐって―』）横浜開港資料館　一九八八年

## ［42］藤間柳庵（一八〇一―一八八三）

### ――文人としても活躍した回船問屋

**◆祖母に育てられ、名主役を継承**

　享和元年（一八〇一）五月五日、高座郡柳島村（茅ケ崎市）名主藤間《とうま》善左衛門の子として誕生。実名善五郎、号は柳庵。三歳のとき母つるが離縁となり、祖母とめによって育てられた。自著「家脈弔祭記」には「三歳ニシテ阿母ニ棄テラレ、祖母ノ愛恤ヲ受テ何レノ日カ人ト成コトヲ得タリ」、「数え年九歳にして筆学に入り、一一歳にして伯母に属し、師を需めて経書を読み、文章を試みるなり」と母との離別、祖母の愛、教育、学問などについて回顧している。

　なお、伯母は父の妹ミツ、師の秦星池は江戸生まれの漢学者で菊如斎と号し、清の書風を長崎で学び、これを江戸で広めた当時の流行書家であった。秦星池は文政六年（一八二三）三月八日、六十一歳で亡くなったが、柳庵は後に師にあやかり、星潭などと称している。

　文政五年（一八二二）高座郡岡田村（寒川町）三留家のつる（十九歳）と結婚。同年娘たつが生まれたが、翌年祖母とめが他界した。このころから柳庵は名主役を継承。文政十三年には当時全国的に大流行したおかげ参りに参加し、伊勢・大和を巡遊、途中大和五条外栄山寺で小野道風書といわれる道澄寺鐘銘の拓本を求め、持ち帰っている。書道に通じた柳庵ならではの嗜好である。また道中で耳にした霊験奇譚を「御影霊験伊勢道中見聞記」に書き残している。

**◆農業や回船業の家業も順調**

　天保五年（一八三四）一之宮村から村田作左衛門の三男欣三（十七歳）を婿養子に迎える。天保飢饉時の凶作と物価高騰に際しては、金銭や米穀を村の困窮者に施行した。天保十年（一八四〇）には娘たつと養子欣三の間に孫瓊太郎が誕生した。

　この頃の藤間家は農業や回船業の家業も順調であった。弘化三年（一八四六）頃には、観音丸・不動丸ともに四〇〇石積みの回船を所持しており、相模川舟運の玄関口の一つである柳島湊を拠点に、浦賀や江戸などとの回船輸送に大きな役割を担っていた。すなわち、周辺農村の米穀や津久井や丹沢などから相模川を通じて柳島湊に集まる材木・薪炭などの林産物を江戸・浦賀などに運び、江戸・浦賀からは肥料や塩などの物資を運んでいた。

観音丸の図　藤間雄蔵氏所蔵

**◆さまざまな著作を残す**

天保十一年（一八四一）孫せいが生まれるが、娘のたつが翌年九月、二十歳で亡くなる。柳庵はこの時の悲しみを「最愛宛《あたか》も庭園ノ牡丹ノ如シ、風有り雨ノ為ニ齢二十ニシテ落下スこれが棺椁《かんかく》衣衾《いきん》をなし」と記している。柳庵はこの後文筆活動に一段と勢力を注ぐようになり、さまざまな記録を編述するとともに、回船業を通して得た炭の専売策を仙台藩に建言するなど、文人としての活動だけでなく実業家としての才覚も示している。

柳庵の著作物は、藤間家の出来事や柳庵自身の事績、和歌・俳句などを記した「雨窓雑書」、大塩の乱など天保六―八年に起こった諸事件を記した「春雪水泡談」、藤間家家系記録の「家脈弔祭記」、幕府触書などを写した「年中公触録」、公事方御定書百箇条を写した「不老国政爺」（天保十三年）、回船のための暴風雨時の対応を記した「霖雨天成録」（弘化三年）、政治事件などを年代順にまとめた「太平年表録」などがある。

これらの編著には当時としては最先端、最新のさまざまな情報が記録されている。これは回船業をつうじて頻繁に浦賀や江戸に出入りし、各地の情報を取得することができたことによろう。さらに幕末開港期には異国船を「遠めがね」で実地見聞しており、対外的危機を肌で感じていたに相違ない。

また、書に秀でていたが故に、周辺農村から揮毫を依頼され、いくつかの碑文を認めている。安政四年（一八五七）子孫のために「身代は預かりものとこころえて富《ふ》やすよりへらさぬがよし」との家訓碑が藤間家に残されている。回船業の経験から得た教訓であった。

明治十四年「八十齢をこえてうれしや今朝の春これより八十八の餅つきをまつ」と詠み、二年後の明治十六年四月十日逝去した。八十二歳であった。

（石井修）

▽参考文献
・『茅ケ崎市史』4通史編　一九八一年
・『茅ケ崎市史』5概説編　一九八二年
・川城三千雄「藤間柳庵の足跡」（『藤間柳庵『年中公触録』茅ヶ崎市史史料集第二集）一九九三年

## [43] 大矢弥市（一八〇四―一八六二）

### ――大名貸しで財をなした豪商

◆関東にて二、三番通りの物持ち

関東取締出役といえば、関東農村全般の治安・警察を担当し、村々の風俗や慣習に目を光らせる幕府きっての機動部隊である。ここにその関東取締出役関畝四郎から出された一通の身元調査命令書がある。日付は文久二年（一八六二）正月六日、対象者は栗原村（座間市）の大矢弥市、調査を命じられたのは深谷村寄場組合の大物代彦右衛門であった。

さて、その大矢弥市（七代泰臨）であるが、彦右衛門の報告によれば、何でも「関東にて二、三番通りの物持ち」であるという。しかも親子ともに苗字・帯刀を許されていて、先年は浦賀表に大砲を献上し、江戸表には金子一〇万両を貸し出したとある。江戸表はおそらく幕府のことであろう。それにしてもたいそうな羽振りである。ただし、親弥市（五代泰寿）は旧冬に出府して、帰村のころに頓死したという。事実、弥市はこの前年の十一月十三日に死去しており、息子の貞吉が弥市を襲名したばかりであった。

大矢家は、栗原村の三人の領主のうち、江戸城寄合医師山田氏の支配下にある百姓で、当時とくに村役人を勤めているというわけではなかった。とはいえ、そのころの持高は三〇〇石余もあり、もちろん村一番の大地主であった。ちなみに栗原村の村高は五八三石余（『天保郷帳』）で、うち山田氏の領地は三〇一石余に過ぎなかった。

◆浦賀に進出、苗字帯刀を許される

関東取締出役が身元調査を命じた理由はわからないが、この先代の弥市はなかなかのやり手だったようである。嘉永三年（一八五〇）には西浦賀（横須賀市）の蛇畠町に店を構えて穀物渡世をはじめ

大矢稲太郎邸宅（稲太郎は七代弥市の弟・大矢弥七の長男）
『日本博覧』 明治 27 年（1894） 伊東久子氏所蔵

ている。また、その実態は不明ながら、のちには横浜にも進出を果している。とくに、江戸という一大消費地とその近郊地域を背後にかかえた浦賀湊には、諸国から大量の米が流れ込んでおり、弥市もここで肥前米や紀州米、松山米、桑名米、柳川米などを扱っていたことが確認できる。また、在所周辺の相模平野から産出される「相州小麦」は、とくに良質であったことから野田や銚子の醤油の原料として、さらには遙か尾張や紀州の醤油・味噌醸造用として珍重されたのであった。そして何より浦賀は、江戸に入る船舶と積み荷の臨検が行なわれた重要拠点である。それだけに西浦賀で米穀商を営む意味は大きかったのである。

西浦賀に出店を構えた弥市はここで浦賀奉行所に対し、海防のための御備場貯蔵用として御用米一〇〇〇俵を上納すること、御用船蒼隼丸の築造と米蔵建築にかかる費用を負担することを願い出ている。弥市はその功績によって、時の老中阿部正弘から浦賀表非常御囲米御用達を命じられるとともに、一代限り苗字御免と非常の際の帯刀を許される身分となったのであった。

◆大名貸しと扶持米

これだけでも弥市がただ者でないことは明らかであるが、大矢家がそれだけの財をなしたのは、いわゆる大名貸しによるところが大であった。確認できるだけでも下総国佐倉藩堀田家、近江国彦根藩井伊家、陸奥国会津藩松平家、丹後国舞鶴藩牧野家、そして相模国小田原藩大久保家などの名前をあげることができる。

このうち佐倉藩では、借金のほかにも、相模国内の領地三郡一七か村の年貢米の差配を任されていたことが確認できる。御用達商人の役割を果たしていたわけである。そうした功績によって安政五年（一八五八）には先の貞吉が扶持米として十人扶持を、父の弥市が四十人扶持を佐倉藩から与えられていた。また、小田原藩では明治四年（一八七一）の段階で、安政四年からの調達金の総額が一万七六〇〇両にまでふくらんでいた。もちろん、それ以前から小田原藩と大矢家の関係は深く、すでに弥市には天保四年（一八三三）の段階で十八人扶持が与えられていた。これは三都の商人たちを除くと、小田原城下の商人たちをさえしのぐものであった。

「相模の弥市」に「栗原御大尽」と、大矢弥市家の繁栄ぶりを形容する称号はさまざまである。その実態はまだまだ明らかではないが、江戸時代関東の経済の核を担う相州人の、それも極めて重要な一人であったことは間違いない。

（馬場弘臣）

▽参考文献
・大谷之彦「大谷弥市について―五代泰寿・七代泰臨を中心に―」（『座間むかしむかし』第十八集）座間市教育委員会　一九九六年
・『座間市史』２近世資料編　一九九一年
・『新横須賀市史』資料編近世Ⅱ　二〇〇五年

# [44] 萩原安右衛門（一八一四—一八七一）——長州征討に参加した千人同心

**◆農家の二男から千人同心へ**

八王子千人同心は、八王子周辺農村で高持百姓として農耕に携わり、半農半士の生活を営んだ郷士の集団である。八王子市の中心部に程近い相模原市域でも、江戸時代後期から幕末の記録によって、五家（ほかに中途退身者二家）の八王子千人同心の存在が確認できる。譲渡や売買によって同心株を得たものが多いと想像されるが、詳細は不明である。その一人に、小山村（相模原市）の岡本安右衛門がいた。

岡本安右衛門は文化十一年（一八一四）、田名村（相模原市）の金子家に生まれ、定次郎と称した。幼少から聡明で、書をよくし、画に巧みだったという。天保四年（一八三三）二十歳のとき、下九沢村名主で千人同心の小泉茂兵衛（天然理心流初代近藤内蔵之助高弟）の道場に入門、剣術を学んだ。二十六歳で極意奥伝を受け、天保十二年（一八四一）二十七歳のとき、小泉茂兵衛と親交があった小山村の千人同心岡本武右衛門（千人同心としては「萩原」姓を名乗る）の娘婿となり、安右衛門と改名した。そして、安政元年（一八五四）四十歳のときに家督を相続し、千人同心となった。

**◆召集され農業に勤しむ暇もなく**

家督を継いだ安右衛門は、小山村の百姓として農業に携わる一方、「萩原」安右衛門として千人同心の務めを果たした。幕末の激動期になると、安右衛門にも次々と召集がかかり、文久三年（一八六三）二月—六月には十四代将軍家茂上洛御供、元治元年（一八六四）七月には甲州街道駒木野警衛、同年十一月には甲府にて賊徒（天狗党）追討、慶応元年（一八六五）五月—翌二年十一月第二次長州征討御供、慶応三年（一八六七）十一月—十二月には横浜警衛、同年十二月には八王子にて賊徒（荻野山中藩陣屋襲撃浪士）取押え、と出番が続いた。まさに、農業に勤しむ暇もないほどの忙しさであったろう。安右衛門五十歳から五十四歳にかけてのことである。

その後、慶応四年（一八六八）六月に千人同心（千人隊）は解散、安右衛門は士分を捨て小山村で農業専一の生活に戻った。そして、明治四年（一八七一）五月二十八日、五十八歳で死去した。

**◆将軍上洛や長州征討の日記を残す**

筆まめで勉強熱心な安右衛門は、いく

つもの書き物を残した。現存するのは、金子定次郎名のある写本四点、萩原安右衛門名のある写本三点、そして千人同心関連の古文書二十点である。千人同心関連の古文書には、千人同心成立のいわれを記した記録、安右衛門が所属した十八番組の申し合わせ、月番からの通達の控、維新後に自らの任務をまとめた由緒書などがあるが、最も多いのは長期の任務に就いた際の日記である。中でも十四代将軍家茂上洛随行の際と、第二次長州征討従軍の際に書き留められた日記は興味深い。

安右衛門着用と伝える鎖帷子と鎖兜　笹野邦一氏所蔵

将軍上洛の折には、砲術方四番の一員として随行し、二月六日に村を発ち、七月十九日に帰郷するまでの半年を四冊の日記に記している。第二次長州征討の折には、六番組砲術方の一員として随行し、五月九日に村を発ち、大坂―広島―小倉―松山―大坂を経て、翌二年十一月十六日に八王子へ帰着するまでの約一年半を、五冊の日記に記している。

日記には毎日の天候や出来事が連綿と綴られて、安右衛門が、将軍警護や市中巡邏、砲術の調練・上覧など、千人同心としての勤務をこなすかたわら、道中では名所・旧跡に立ち寄り、休日には名所見物や新地（遊郭）通いを楽しんでいた様子が知られる。また、折にふれて得意の筆を振るい、名所・旧跡の図や、移動中の船からみた風景などを日記にスケッチした。

一方、長州征討の折に安右衛門が着用したと伝える鎖帷子と鎖兜が残る。兜の裏には「千人組砲術六番　萩原（以下欠損）」と記された布が縫い付けられている。周辺の警備が主務であった千人同心は、戦による被害は少なかったというが、それでも、安右衛門は、長州勢・小倉勢両兵士の死を身近に感じる場に居合わせていたことが日記の記述からうかがえる。時代が慌しく変化する最前線に、一農村の百姓が立っていたのである。

（草薙由美）

▽参考文献


・笹野邦一『或る千人同心の生涯　相州小山村岡本安右衛門』私家版　一九九〇年
・笹野邦一『千人同心岡本安右衛門と小泉茂兵衛』私家版　一九九一年
・長田かな子「相模原の千人同心」（『相模原市立図書館古文書室紀要』一三―一五号）一九九〇年―一九九二年

# ［45］堀内悠久（一八二七—一九〇五）

## ——文武にすぐれた幕末の藤沢宿名主

### ◆篠山藩から堀内家に入籍

藤沢宿の名主、堀内家は同家の家譜等によると、先祖は小田原北条氏に仕えたが、小田原北条氏の滅亡とともに、藤沢に土着した系統と、丹波国（京都府）篠山に移っていった系統とがあった。篠山に移った堀内氏は同藩の藩士となるが、墓碑銘によると、悠久《とおひさ》は実はその篠山藩士堀内正教の弟の四男で、弘化四年（一八四七）、藤沢宿堀内家の第十二代久雅の養女千恵子（千恵子は堀内家十一代久睦の長女であったが、幼くして父を失い、久雅の養女となった）と結婚して、これを嗣いだという。

悠久は字は士緩、篁舎と号し、七郎左衛門、のちに立雄と称した。文政十年（一八二七）八月二十四日の生まれで、藤沢宿堀内家を嗣ぎ、鉄砲場見廻り役に就いたのは嘉永三年（一八五〇）、数えで二十二歳のことであった（墓碑銘及び『藤沢沿革考』）。

その後、安政五年（一八五八）には藤沢宿大久保町の問屋役に就き、元治元年（一八六四）には名主役に就いている。さらに、明治を迎えても、同町の名主兼元締役を務め（明治四年「姓名録」『藤沢市史料集（一）』）、大区小区制下にあっては、第十八大区一小区（藤沢町）の戸長を務めている（明治六年）。また、明治二十二年の町村制施行に際しては、藤沢大坂町の初代町長に就任している。

墓碑銘は彼を評して「温恭有徳望」としているが、幕末維新から明治初期の激動の時代を、約三十年にわたり宿場地域を代表する役職に就き続けたことは、この評を裏付けるものであろう。

### ◆長男久文は東征軍を描く

悠久は千恵子との間に三男一女（長男久文、長女喜美、次男松麿、三男修三）を得たが、長男の久文（号郁堂、通称郁之助）は幼くして画に才をあらわし、弱冠十二—三歳にして、藤沢宿で実見した長州攻撃の徳川家茂軍（幕府軍）ならびに官軍（東征軍）の行進の様子（「徳川家茂防長行軍之図」「大総督東下之図」）や、悠久の詞書きにあわせて描いた藤沢宿における「ええじゃないか」の様子（「神仏御影降臨之景況」）といった画作を遺している。「ええじゃないか」とは、幕末に起こった大衆的な狂乱で、「ええじゃないか」の囃子を持った唄を高唱しながら乱舞したもの。同画には幕末の風俗が描き込まれている。

しかし、惜しむらくは久文は明治四

堀内久文画「神仏御影降臨之景況」部分　慶応４年（1868）　堀内久幸氏所蔵

年（一八七一）に十八歳で亡くなっている。また、次男の松麿は歴史に造詣が深く、明治二十九年（一八九六）に藤沢の郷土史を編纂した『藤沢沿革考』を若くして上梓している。三男修三は明治六年の生まれだが、翌年死亡している。

悠久は、先述のように地域の政治的、行政的なリーダーとしてあっただけでなく、文武にすぐれ、地域文化のリーダーとしても活躍をしていた。地元藤沢宿、陣屋小路の稲荷社（御殿稲荷）の幟旗への揮毫（元治二年）などにその一端をうかがい知ることができる。

**◆地域の歌界の中心的人物**

武術では丹波篠山時代に京都・三十三間堂の弓道競技で名を馳せており、歌人としても井上文雄（幕末期の歌人、田安藩の侍医で『古今集序考』『調鶴集』などの著者）に師事し、慶応三年（一八六七）に上梓された「類題新竹集」（武蔵国府中六所神社の宮司猿渡容盛が慶応三年に江戸市中を除く武相両国の読歌を撰集した歌集）に妻の千恵子とともに名を連ねるなど、地域の歌界の中心的人物でもあった。生涯数千の歌を詠んだといわれ、その「塞舎歌集」は七巻に及んでいる（墓碑銘）。また、明治二十二年には『鎌倉江之島金沢名所柴折』を著してもいる。

明治三十八年（一九〇五）二月二日没。享年は数えで八十歳を迎えた。

辞世の歌に「うき船も八十島をへて浦安の　みなとに今日は着にける哉」とある。

（細井守）

▽参考文献
・藤沢市教育委員会編『藤沢市文化財総合調査報告書　第八集』一九九三年
・石井修「東海道沿いの文化人」（横浜近世史研究会編『幕末の農民群像—東海道と江戸湾をめぐって—』）横浜開港資料館　一九八八年

# [46] 萩原連之助（一八二八―一九〇四）
## ――剣術道場の師範

◆幕末の軍事的緊張と剣術の流行

萩原連之助は、鎌倉郡平戸村（横浜市戸塚区）に剣術道場を開いた人物である。彼が剣術家として活躍していた幕末という時代は、諸外国との軍事的な緊張が高まったことに加え、幕府と西国雄藩との対立が激化した時代でもあった。さらに、農民の中から武術を学ぶ者が増加し、その中から武士身分を獲得し、さまざまな活躍をする者があらわれるようになった時代でもある。

そうした時代の中で、連之助の道場には多くの農民たちが剣術を学びにきたと伝えられる。現在、彼の子孫の家（萩原充家）には道場の「門人帳」が残されているが、この中には、現在の横浜市から藤沢市や横須賀市にかけての一帯に住んでいた農民たちが門人として名を連ねている。

残念ながら、門人ひとりひとりについて、剣術を習得したいと考えるようになった理由は分からない。しかし、なかには川越藩から沿岸警備にあたることを命じられたことをきっかけに道場に通うようになった農民もいたから、彼らが西洋諸国の進出に危機感を持ったことが剣術習得の背景にあったようである。

◆旗本の家臣として

連之助については、横浜開港資料館に伝記の写本が残されている。この写本によれば、彼は文政十一年（一八二八）七月八日に生まれている。父弥太郎は旗本杉浦氏に仕える武士であり、萩原家は祖父の代に杉浦氏の家臣になった。また、杉浦氏は、現在の神奈川県下でいくつかの村を支配しており、連之助が生まれた頃、父弥太郎は、これらの村を支配する代官として平戸村に派遣されていた。

当時、平戸村には代官所が置かれ、萩原家は代官として代官所に居住した。連之助も代官所で育ったと伝えられ、旗本の家臣でありながら、江戸から遠く離れた村で少年時代を過ごすことになった。また、連之助が本格的に剣術を学び始めたのは十代半ばのことで、江戸に出た連之助は早田真太郎から直真影流を学び、その後、長沼庄兵衛・団野源之進・庄司弁吉・伊庭軍兵衛・桃井春蔵の道場にも通ったといわれている。

◆平戸村に道場を開設

こうして剣術家として奥義を極めた連之助は、弘化三年（一八四六）に平戸村

萩原家道場　萩原充氏所蔵

の代官所の一角に萩原道場を開設した。その後の道場の隆盛ぶりは、先に述べた通りであるが、興味深い点は、萩原道場が農民と武士との交流の場所になっていたことである。萩原家には、「門人帳」のほかに、他流試合の記録が残されているが、記録には東海道を行き交う諸藩の藩士が道場を訪れ、門人たちと試合をしたと記されている。

また、後に新選組局長となった近藤勇も道場に顔を出している。はたして、彼らが試合の合間になにを話したのか、興味は尽きない。幕末という時代は、さまざまな身分の人々が交流を繰り広げながら、新しい時代を作り上げていった時代であるが、萩原道場がそうした交流の場所であったことは間違いない。また、彼の門人の中には、明治維新後、各村の中心人物として地域で活躍した人も多い。

連之助自身は、戊辰戦争を代官所で迎え、その後、浦和県（埼玉県）に勤務した。さらに、明治初年に郷里に戻り、戸長や地租改正総代人、学区取締や医務取締を歴任した。そのかたわら、道場主としても活躍し、県警巡査の剣術指導も行なったといわれている。その活動は明治三十七年（一九〇四）まで続き、平戸村で七十七歳の生涯を終えることになった。また、明治四十五年（一九一二）には門人たちが集まり、道場近くに連之助の事績を刻んだ石碑を建てている。

（西川武臣）

▽参考文献
・西川武臣「萩原連之助の記録」（『横浜開港資料館館報』二六号）一九八九年

# ［47］高橋治右衛門（一八一二―一八八六）

## ――領主の御家騒動を解決した名主

### ◆荒れる領主神尾家

幕末に杉久保村（海老名市）の名主を勤めていた高橋治右衛門は、俳句や短歌をたしなみ、厚い信仰心をもつ、当地の文化人の一人である。平穏な日々を過ごしていた治右衛門は、慶応元年（一八六五）、五十四歳の頃、思いがけない事件に巻き込まれる。領主神尾家の御家騒動（神尾騒動）を発端とした嘆願・告発、領民の江戸での門訴と逮捕という一連の事件である。治右衛門はこの解決のため、江戸を舞台として大活躍することとなる。

神尾家は、相模国の杉久保村・本郷村（海老名市）・寺尾村（綾瀬市）・赤羽根村（茅ケ崎市）などに四〇〇石の所領を持つ旗本である。神尾騒動の元凶は、当主稲三郎教久の妾加与《かよ》の存在と、その悪辣な行為である。

推定万延元年（一八六〇）におきた「専心院（稲三郎の大伯母）毒殺未遂事件」は、加与が赤飯に毒を盛った事件である。さらに、文久三年（一八六三）の「稲三郎の奥方志希《しき》の不審な逝去」と、元治二年（一八六五）二月の「養女多満（奥方志希の妹）の投身自殺未遂事件」にも、背後に加与の影が見え隠れしている。

加与は心根の悪い女性であるが、稲三郎はすっかり骨抜きにされていたようで、家中は加与のなすがままであった。押さえのきかない当主のもと、家中は奢侈を極め、仏事・追善は疎かとなり、親類相互の仲も悪くなった。さらに、悪用人が幅をきかせ、雇用人が長く居着かないなど、退廃した空気が家中に満ち満ちていたのである。

### ◆名主治右衛門の奔走

領主家中の問題を領民が知ったのは、加与から非情な扱いをうけ続けていた多満が、当家の所用のため神尾家の休息所に宿泊していた治右衛門に窮状を訴えたことによる。

治右衛門は神尾領の四か村で相談の上、慶応元年四月に、稲三郎の実家である旗本福村家へ加与の行状を訴え、多満を治右衛門が預かる旨を懇願した。幸いにも、多満は福村家に引き取られることになる。さらに治右衛門らは、神尾家の荒廃ぶりを福村家に訴え、その改善と加与を神尾家から追い払う旨を願い出たが、これらは了承されなかった。

治右衛門ら領民の行動は、神尾家の逆鱗に触れた。寺尾村の名主彦右衛門は、神尾家に身柄を拘束され折檻をうけ、折しも暑気あたりが重なり衰弱するに至った。非道な仕打ちに対し、同年七月に杉久保村・本郷村・寺尾村の村民総勢四八名が、江戸神田橋（神田錦町）の神尾家の門前に集結し門訴するが、翌日、町奉行所側に、一同は身柄を拘束された。

門訴の一団に、治右衛門は加わっていなかった。体調を崩し寝込んでいた折に、領民らが江戸に向かってしまったからである。治右衛門は追って江戸に出かけ、領民の解放に向けて奔走する。その過程で、治右衛門も神尾家に身柄を拘束され折檻をうけるなど過酷な仕打ちにあうが、機を見て出奔、江戸に潜伏して、助力者の援助を仰ぎつつ奉行所の門前に訴状を張りつける張訴《はりそ》を試みて、神尾家から加与や悪用人を追い出すよう訴えた。

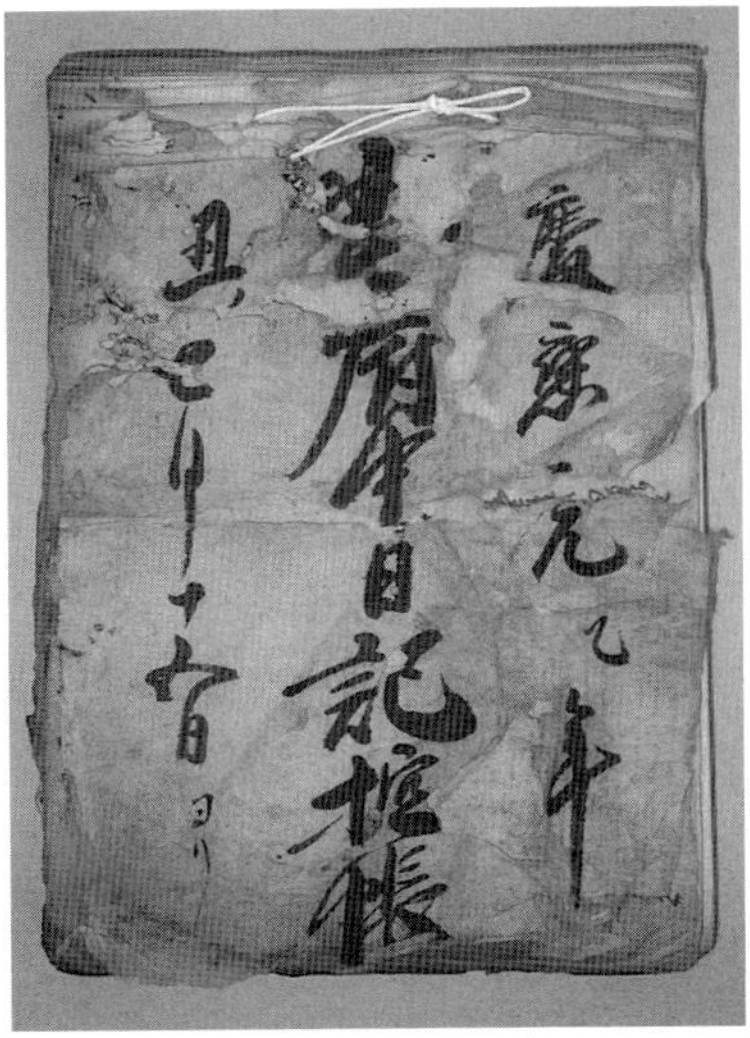

「出府中日記控帳」慶応元年（1865）
海老名市所蔵・高橋正浩家文書

## ◆一件落着―嵐の後に―

さて、その結果である。神尾家側は稲三郎は隠居、加与や悪用人らは永《なが》の暇となる。一方、門訴をした領民らは過料、治右衛門は名主退役となるが、事実上は名主としての任務を引き続き果たしている。一件落着とはいえ、村側はこの事件の解決に至るまでに、関係者の江戸滞在費用、および援助者へのお礼などで、多額の出費も余儀なくされた。金銭的負担の後始末に、さぞかし苦慮したことであろう。

治右衛門は、同年十一月に帰村した。四か月間の江戸滞在中の動向を、治右衛門は「出府中日記控帳」に克明に記している。江戸で神尾家の目から逃れつつ、潜伏して張訴を行なう日々は、彼の人生における大試練であった。

大騒動があったものの、幕府瓦解・王政復古を経た後も、高橋家は旧領主である神尾家を尊重し、神尾家は高橋家を頼りとして、親しい交流を継続した。

（神崎直美）

▽参考文献
・神崎直美「江戸時代の海老名」（1）―杉久保村高橋正浩家文書整理から―（『えびなの歴史―海老名市史研究』第三号）一九九二年
・神崎直美「江戸時代の海老名」（6）―神尾騒動追記―（『えびなの歴史―海老名市史研究』第八号）一九九六年
・『神尾騒動』（海老名市史叢書）二〇〇六年

# ［48］彦左衛門女房とみ——夫と対等に争った農村女性

（一八二一—一八四六）

**◆夫婦喧嘩のあとに入水**

村の古文書の中に女性の名前を見つけようとすると、なかなか苦労する。しかし、宗門人別帳や人別送状、奉公人請状、往来手形等人の移動に関するものや、訴訟や事件に関するものなどに、断片的ではあるが女性の名を見出すことができる。ここでは、その中から、村で起きたある入水事件について紹介しよう。

弘化三年（一八四六）三月六日、上溝村（相模原市）の百姓彦左衛門は、昼過ぎから家を留守にしていた。夜、帰宅すると、女房のとみがいない。ようやく帰ってきたが、どこへ行っていたかと尋ねても取り付くしまがなく、これがきっかけで夫婦喧嘩に発展した。騒ぎを聞きつけた組合が駆けつけると、とみは表へ飛び出す。皆で手分けして探したところ、川の堰でとみを発見、引き上げたがすでに死亡していた。

事を知った村役人は、相給の村役人とも相談し、直ちに江戸の地頭所へ届け出る。地頭所からは検使が派遣され、現場検証の結果、とみの頭部に二箇所の切り傷が認められた。また、検使は彦左衛門、彦左衛門の父、とみの実家、組合、村役人から事情を聞いた。彦左衛門とその父は、とみは数日前から「血の道」のせいか、いつもと様子が違ったこと、頭の傷は彦左衛門がとみから刃物をとりあげようとした際に誤ってできたと思うこと、夫婦仲は悪くなかったこと、などを供述した。他の者は、現場に居合わせたわけではないので詳しい事情はわからないが、夫婦仲は悪くなかった、と証言した。

彦左衛門は手鎖にかけて江戸へ連行されるところを、村役人の計らいで猶予が与えられる。村では彦左衛門を助けようと、組合や村役人らが嘆願書の署名集めに奔走した。間もなく彦左衛門は村役人らと地頭所へ出頭、村役人は嘆願書を提出した。結局、とみは「血の道」逆上にて発作的に入水変死したもので彦左衛門は沙汰に及ばず、として一件落着した。

**◆たくましく生きた女性たち**

事件発生から解決まで半月あまりを費やしたが、この間にやりとりした文書を、名主栄左衛門が「彦左衛門一条控」と題する文書にまとめた。後日別の事件が起こったとき、参考とするために控えておいたものだろう。

この控には、事件の届出書、死骸見分書、関係者の口書（供述書）、嘆願書等々、村方で作成された文書が書き留められ、事件のあらましや事件解決までの経過を知ることができる。また、彦左衛門が地頭所へ出頭する前後の日々の出来事を箇条書きで綴った覚書もある。ここでは公事宿平川屋清兵衛がたびたび登場し、届出書文案の修正、事件を穏便に解決するための助言、江戸在府中の彦左衛門の身柄預り、地頭所出頭時の付き添いなどを行なっており、公事宿の具体的な役割を示す。

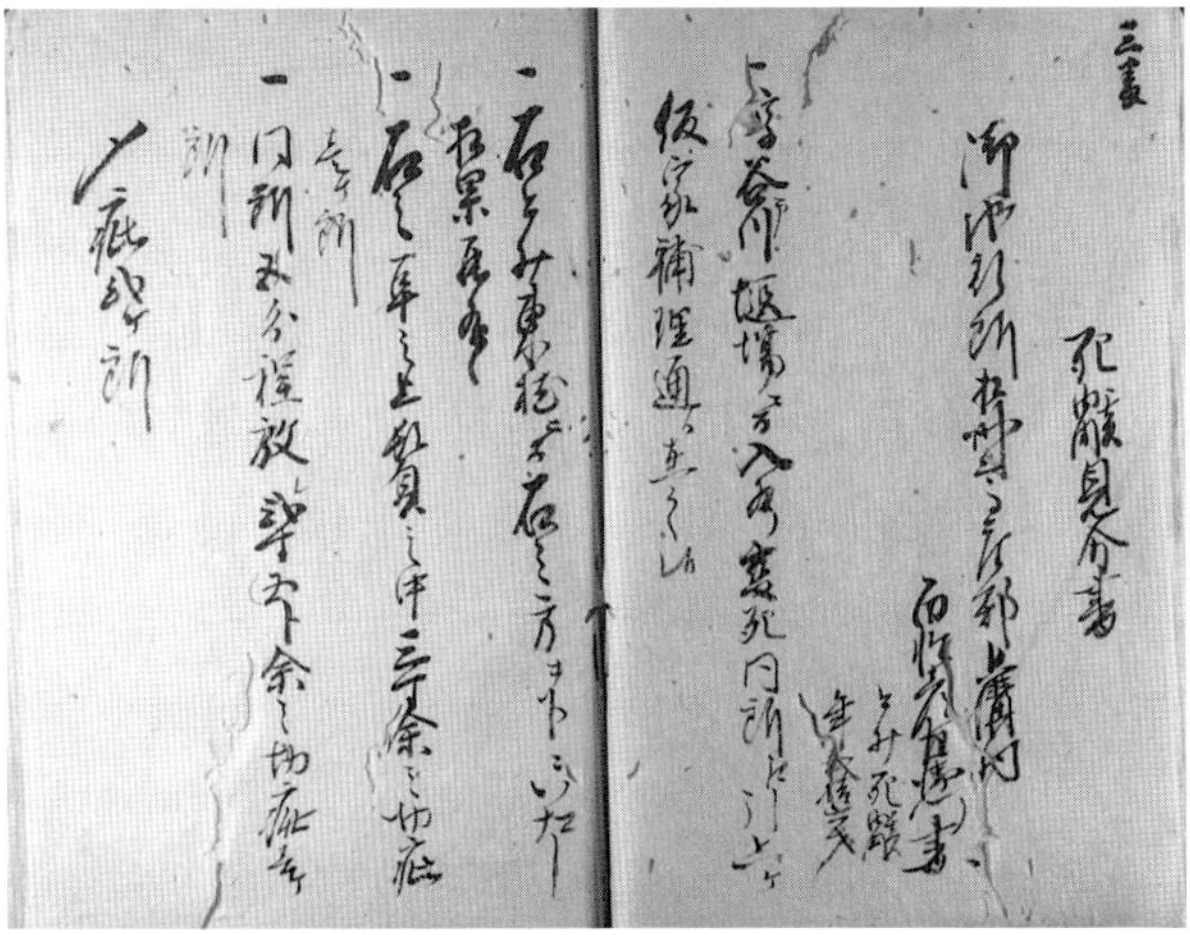

「彦左衛門一条控」　小山浩二氏所蔵

　そうした内容の一つひとつは勿論だが、何よりも、この事件にみられる一人の農村女性としての有り様が実に興味深い。とみは事件の前々年に一粒種を亡くしてから「気分不揃い」で、さらに数日前からは「血の道」逆上気味だったという。この点は同情にも値しようが、しかし、髪に簪と笄をさし、夜になっても帰宅せず、声高になって夫と言い争ったというとみの行動は、『女大学』に示されるような慎み深く夫に従う女性の姿とはかけ離れている。そうした女房をもったことに同情したから、組合や村役人は彦左衛門を助けようとしたのだろうか。

　このように、さまざまな古文書を紐解いていくと、とみのほかにも、駆け落ちする者あり、不倫して居直る者あり、女性だけで長旅に出る者あり、実にたくましく生き生きとした女性たちの姿がみえる。

　当時、相模原市周辺には「相模野」という広大な原野が広がり、水利に乏しく、畑勝ちな村が多かった。そのため、現金収入源である養蚕・糸取り・機織りが「女稼」として広範に行なわれ、農家の家計を支えていた。そうした女性の働きを男性も認めていたからこそ、女性たちは思いのほか強くしたたかに、そしてのびのびと生きていたのかもしれない。

（草薙由美）

▽参考文献
・長田かな子「上溝村彦左衛門女房とみ入水一件」（『相模原市立図書館古文書室紀要』四号）一九八一年
・長田かな子『相模野に生きた女たち―古文書にみる江戸時代の農村』有隣堂二〇〇一年

## ［49］和田篤太郎（一八三二―一九〇二）――囲碁棋士を夢見た村役人

**◆囲碁棋士をめざして**

本因坊秀策といえば、囲碁界にあって一人、「棋聖」と称えられた人物である。その秀策の三歳年下の弟弟子に和田篤太郎という人物がいた。この篤太郎、相州は高座郡萩園村（茅ヶ崎市）の生まれで、棋士になることを夢見て本因坊の門をたたいたのであった。二人の師匠である十四世本因坊秀和もまた、「碁聖」と謳われた人物である。

篤太郎は、天保三年（一八三二）正月十八日に和田清右衛門の長男として生まれた。生家のある萩園村は旗本遠山氏・本多氏と幕府領の三給の村で、和田家は幕府領分の村役人を勤める家柄であり、篤太郎はその十二代目として和田家を相続する立場にあった。幼名は忠吉、ついで金太郎と名乗り、俳号を一敬といった。篤太郎が秀和の元に入門した正確な年代ははっきりしないが、嘉永元年（一八四八）には十七歳で初段の段位を受けたことが確認できる。まだ金太郎と名乗っていた時代である。

いずれにしても篤太郎が、師匠秀和の期待する愛弟子の一人であったことは確かで、この嘉永元年から二年にかけて、秀和や秀策と対局を行なった記録が多く残っている。秀策が江戸城中で行なわれる御城碁において前人未踏、無敵の一九連勝を飾るのは嘉永二年からのことであった。

**◆篤太郎、萩園村に帰る**

本因坊の屋敷は当時、江戸本所相生町二丁目（墨田区）にあり、これとは別に一般門人用の道場が上野車坂下（台東区）にあった。この本因坊のもとには、篤太郎のように今でいうプロの棋士をめざす門人たちが、それこそ全国から集まっていた。その一方で、優秀な弟子は全国をまわって囲碁の指導や修行にあたっている。篤太郎もまた、嘉永三年頃からそうした修行の旅に出ることが多くなっていた。

嘉永七年（一八五四）も正月は大垣（岐阜県）の城下にあって修行に明け暮れる毎日を過ごしていた。ところが、四月の半ばに大垣に届いた一通の手紙によって篤太郎の人生は急展開をみせる。国元の父清右衛門が病気になったために、帰郷を余儀なくされたのである。それは本因坊での修行をあきらめて和田家を継ぐことを意味していた。

## ◆在村文化と江戸文化

晩年の回想によると、さすがに心残りの思いは隠せなかったようである。だが、囲碁そのものをやめたわけではなく、帰村してからも本因坊家や秀策との交流は続いていた。また、いくらか弟子もできて、篤太郎が対局するとなると近隣から大勢の人が見物に訪れるほどであった。地元では押しも押されもしない囲碁の名士である。それどころか、帰郷してからの篤太郎の、とくに文化的な活動には目を見張るものがある。

晩年の和田篤太郎　和田治彦氏提供

俳人の一敬としては、大磯の鴫立庵を中心に活躍を続けている。そのほかにも剣道に書画会に生花に、あるいは儒学の勉強等々その好奇心はとどまるところを知らない。それはこの地域の在村文化人たちの一般的な姿であり、そうした営みを可能とする土壌があった。

相州の村々には、さまざまな分野で篤太郎のように本格的な修行を積んだ専門家が少なからずいて、それぞれに地域の文化を担っていたのである。篤太郎の関係者だけでも剣道は天然理心流の師匠である厚木村の高部太吉に万田村（平塚市）の真壁平左衛門、儒家は朴処に小林晋斎、書画は小田原慈眼寺の隠居雲鶴といった人々である。注目すべきは、こうした人々を目当てに江戸からも師匠や修行者がやって来て稽古をつけたり、技や知識を伝授したり、手合いなどが行なわれていたことである。また、江戸鉄砲使いの人形浄瑠璃や江戸相撲の開催など、近隣の町村で江戸仕込みの本格的な興行もみられた。

このような興行が行なわれた場所は、東海道の藤沢宿・平塚宿・大磯宿といった宿場町に、矢倉沢往還沿いの厚木村・伊勢原村・曽屋村（秦野市）などの在郷町、それに大山麓の蓑毛村（秦野市）、渡し場にかかる一之宮村（寒川町）・田村（平塚市）といった大山沿いの繁華の地であった。これらはまた、篤太郎の行動範囲であり、そのまま一つの経済圏・文化圏を形づくっていたのである

後には村役人にもなる篤太郎のような人物は、こうした中にあってさまざまな文化の理解者であり、実践者であり、伝承者であった。江戸時代後期の江戸文化はこうした土壌に支えられて発展していったのである。

（馬場弘臣）

▽参考文献
・茅ヶ崎市史史料集　第四集『和田篤太郎日記』二〇〇二年

# 〔第四章〕 大住郡・愛甲郡・淘綾郡

（平塚市・伊勢原市・秦野市・厚木市・大磯町）

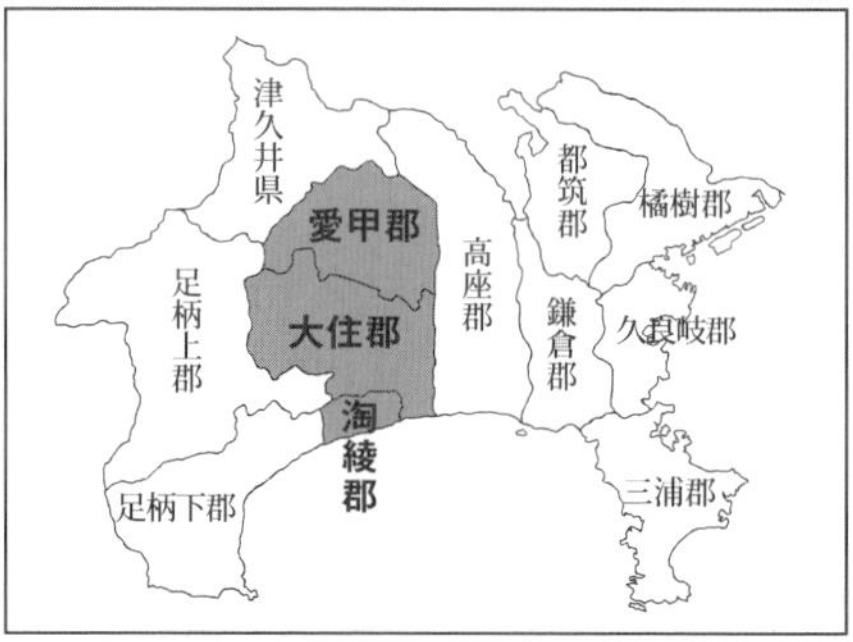


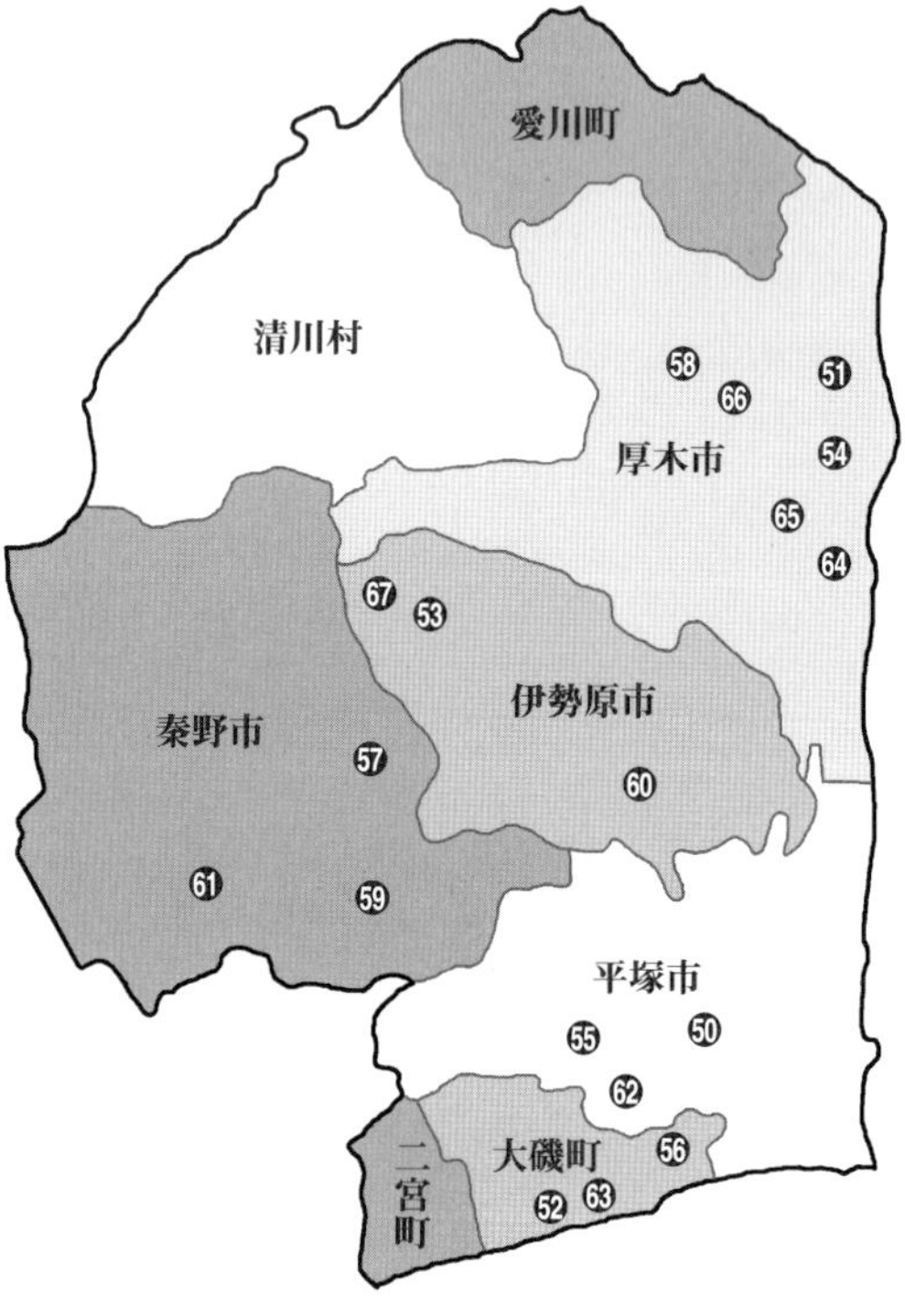


50 小川庄左衛門
51 小幡景憲
52 崇雪
53 手中明王太郎
54 坂東彦三郎
55 花昌亭百亀
56 高麗寺慧歓
57 安居院庄七
58 井上五川
59 原久胤
60 加藤宗兵衛
61 草山貞胤
62 真壁平左衛門・平之丞
63 川崎屋孫右衛門
64 溝呂木九左衛門
65 霜島久太郎
66 大久保教義
67 大山と御師たち

大住《おおすみ》・愛甲《あいこう》・淘綾《よろぎ》の三郡は相模国の中央部、相模川中下流域の右岸に沿った平坦部と丹沢山塊の南面内ふところに位置していた。

大住郡は、現在の行政区画では秦野市・平塚市・伊勢原市・厚木市の一部がその範囲である。郡域の村々は、家康の江戸入封期の所領構成で見ると、徳川氏直轄地が大半を占め、若干の旗本領とそれらの相給地であった。その後直轄地の旗本領化が進み、また諸藩の大名領も設定された。郡域の南端には、東海道平塚宿、中原往還の終着地に中原御殿、相模川水運の物資集積地である須賀湊があった。郡域の北部は大山丹沢山塊が連なり、矢倉沢往還に沿って伊勢原の町場が形成され、大山参詣の登山口ともなっていた。

愛甲郡はほぼ丹沢・大山の山地で占められ、現在の行政区画では厚木市の一部、清川村、愛川町がその範囲である。郡内の村々は、家康の関東入封期の所領構成で見ると、大半が徳川氏直轄領、残余が旗本領と幕領の相給地であった。その後、幕府領の旗本領化が進み、諸藩領も設定された。また、山地の一部村々は御林に定められていた。厚木村（町）は相模川中流域の水運の拠点であるとともに、八王子道、矢倉沢往還等の交差する要所で、小江戸とも称された。荻野村に荻野山中藩の陣屋、厚木村に下野烏山《からすやま》藩の陣屋があった。

淘綾郡の郡域は小さく、現在の行政区画では大磯町、二宮町、平塚市の一部がその範囲にあたる。郡域の村々は、家康の関東入封期の所領構成で見ると、全域ほぼ徳川氏直轄領で占められ、その後旗本領や小田原藩をはじめ諸藩の大名領が設定された。他に高麗寺、郡の総鎮守六所神社の朱印寺社領があった。郡域南部には東海道大磯宿があり、同茶屋町に西行法師の旧跡鴫立庵があった。

# ［50］小川庄左衛門（生没年未詳）

## ――中原御殿の建設に尽力

**◆御殿は大名などの休泊施設**

江戸時代前期、将軍や諸大名が参勤交代や上洛、領内巡検などの際に利用する休泊施設として、各地に御殿や茶屋が設けられた。幕府でも慶長期以降、主要な往還や鷹場の近辺にこうした施設を建設した。神奈川県内では東海道筋に藤沢御殿など五か所、将軍専用道とされていた中原往還には中原御殿と小杉御殿、そして下川井村（横浜市）に茶屋が設けられている。

このうち最も早い時期に建設されたのが、大住郡中原村（平塚市）の中原御殿である。

**◆代官頭伊奈忠次に造営を命じられる**

中原御殿造営の経緯を記した資料に「御林守小川氏由緒書」がある。それによると、徳川家康は関東入国後たびたび当地を訪れ、豊田本郷（平塚市）の清雲寺を御茶屋として利用していた。ところが、文禄四年（一五九五）の大水で御茶屋まで水につかり、近隣の台地上に御殿を造営することになったのだという。御殿造営は代官頭伊奈忠次に命じられ、翌慶長元年に完成した。

御殿の規模は東西七八間（一四〇・四メートル）、南北五六間（一〇〇・八メートル）で、構内には御主殿・御賄・うまやが並び、他に御鷹部屋と御殿番屋敷があった。御殿の周囲には土堤がありその上には松を植え、外周には幅六間（約一〇・九メートル）の堀が築かれて城郭としての機能も兼ね備えていた。村内には代官の陣屋も併設され、中原は愛甲郡・大住郡・淘綾郡の幕領支配の拠点となっていた。

伊奈忠次のもとで、実際に御殿の造営にあたったのが玉井帯刀《たてわき》である。彼の先祖は後北条氏に仕え、田原城主（秦野市）の大藤氏配下の御足軽衆に属して豊田郷に領地を与えられていた。前出の「由緒書」によれば、帯刀自身も中郡郡代触頭を勤め、後北条氏滅亡後は豊田郷で牢人をしていたという。それゆえ近在の地理にも詳しく、由緒の故もあって、伊奈忠次に見出されたのである。

帯刀は御殿周辺の町割りも行なって、中原上宿の基礎を築いた。これらの功により家康が御殿を訪れた際に御前に召されて改名を命じられ、以後母方の姓である小川を称し、名も庄左衛門と名乗ったという。

慶長六年（一六〇一）には、御殿の目

隠しとして御林の設置を建議して認められ、豊田本郷の有力者であった佐藤郷左衛門とともに一部の住民を引き連れて中原へ移住し、御林への松の植え付けを行ないながら田畑を開発していった。

中原御殿跡図（長谷川雪堤画「中原御宮記」から）　天保 14 年（1843）
平塚市博物館所蔵

また中郡（大住・愛甲・淘綾郡）の触頭役と御林守に任じられて、幕府の廻状を村々へ伝達する役目を負いながら御林の管理を行ない、幕府からは給分として一五石分の年貢が免除されていた。

### ◆家康が中原御殿に宿泊

徳川家康は鷹狩りを好んだ。『徳川実紀』にも家康の鷹狩り好きは天性のもので、暇さえあれば出かけていたと記されている。中原でも関東入国直後から何度か鷹狩りを行なっていたが、本格的に中原御殿を利用するようになったのは慶長十二年（一六〇七）からである。

家康はこの二年前に将軍職を秀忠に譲って自らは大御所となり、この年駿府城を完成させて以後の居所とした。これ以降、家康は江戸と駿府を往復する途中にたびたび御殿を訪れて鷹狩りを行なうとともに、近隣の土豪や鎌倉の僧侶を引見するなど政治の拠点としても利用していった。

『中原御宮記』には、家康と中原の関係の深さを物語る逸話が記されている。元和二年（一六一六）家康が没すると、その遺体は久能山に葬られたが、翌年日光の東照宮に改葬された。その途次の三月二十日、家康の棺は中原御殿に一泊している。その夜更け、棺から後光がさし、このとき家康は神になったのだという。

しかし家康の没後、中原御殿はほとんど利用されなくなり、明暦三年（一六五七）に廃止された。その建材は明暦の大火で焼けた江戸城の再建に用いられたという。一方で庄左衛門の子孫達は長く彼の役目を受け継ぎ、地方に重きをなしていった。

（加瀬大）

▽参考文献

・『平塚市史』9通史編　古代・中世・近世　一九九〇年
・平塚市教育委員会『大野誌』一九五八年
・国史大系編修会編『徳川実紀』吉川弘文館

# [51] 小幡景憲（一五七二―一六六三）
## ――『甲陽軍鑑』を大成した軍学者

◆『甲陽軍鑑』は武田兵法の集大成

戦国時代、大名たちは集団戦を軸とする新たな戦闘法を生み出す一方で、領主としての地位を正当化し支配を円滑化するために、あらたな行動規範を作り出していった。江戸時代にはこうした戦法や行動規範を体系化する形で数多くの兵学が生み出され、その数は百を超えたとも言われている。このうちもっとも早い時期に成立したのが、小幡景憲《おばたかげのり》によって大成された甲州流兵学であった。

その甲州流兵学で伝書の一つとして用いられたのが『甲陽軍鑑』である。原作者は武田信玄の重臣高坂昌信で、彼の残した古本を昌信の甥春日惣次郎・大蔵彦十郎らが書き継ぎ、元和七年（一六二一）以前に小幡景憲が完成させたといわれている。その内容は、武田信玄・勝頼の時代の武田家と家臣達の事績や軍法及び当時の社会状況など幅広い。そこには正直・慈悲・知謀を兼ね備えた武士を尊び、剛胆さと分別を合わせ持つ人物を真の武士とする世界が展開され、その理想像として武田信玄が位置づけられている。

『甲陽軍鑑』は明暦元年（一六五五）に最初の版本が発売された。その後も江戸時代を通じて二〇種類近い版本が売り出され、その思想は『葉隠』を著した山本常朝など、江戸時代の武士たちに大きな影響を与えた。

◆関ヶ原の戦いで戦功を挙げる

小幡景憲は、元亀三年（一五七二）に武田家の武将小幡昌盛の三男として生まれた。天正十年（一五八二）に武田家が滅亡すると、徳川家に仕えて秀忠の小姓となったが、文禄四年（一五九五）に突然出奔し、以後旧武田家の旧跡や古書・旧記を探すとともに同家の旧臣を訪ねて武田家の軍法や作法などを調査して歩いた。また軍配を上泉流の岡本宣就に、軍法を武田家の旧臣広瀬景房から、城取縄張の法を同じく旧臣の早川幸豊から学んだ。その一方で剣術を小野忠明に学び、一刀流の印可を受けている。関ヶ原の戦いと大坂冬の陣では、浪人として徳川方に属して戦功をあげた。

冬の陣の後、元和元年（一六一五）一月、豊臣家の重臣大野治房から景憲に大坂方への誘いの書状が届いた。それをうけた景憲は徳川家の家臣板倉勝重らに相談した上で大坂城に入り、大坂城内で諜報活動を行なう一方、知略を駆使して大坂方の行動を遅らせるなどして、形勢を徳川方有利にみちびいたといわれている。

**◆軍学者として門人二千人を輩出**

同年五月の大坂城落城後再び秀忠に仕えることになった景憲は、愛甲郡中依知村・大住郡坪之内村・陶綾郡西久保村などで領地を与えられて軍学者として本格的な活動を始めた。門人の数も次第に増加し、その数は二〇〇〇人に達したといわれている。門人からは北条流の祖北条氏長や山鹿流の祖となった山鹿素行らが輩出し、熊本藩主細川忠尚や三次藩主浅野長治といった諸大名も景憲の下で学んだ。その後九十二歳まで生きた景憲は、寛文三年（一六六三）二月二十五日に没し、愛甲郡中依村（厚木市）の蓮生寺に葬られた。

小幡景憲木像　厚木市・蓮生寺所蔵

蓮生寺には小幡景憲の木像が残されている。この像は景憲が九十歳をすぎた頃に自ら刻ませたもので、「旦暮《たんぼ》先生に咫《し》尺《せき》して刻する所毫釐《ごうり》も違る事」ないものであったという。現在は頭部が残っているだけだが、かつては坐像であった。弘化三年（一八四六）に豊前（大分県）中津藩士が記した『丙午《へいご》紀行』という紀行文には、その姿が「着衣色黒く、上に道服を着く。色黄にして襟黒し。頭巾を戴き、脇差を帯ひ、左手扇を持右手念珠を爪繰りたり」と記されている。

景憲の死後、小幡家本流は甥の憲行に引き継がれ、その道統は明治維新まで守られた。また甲州流は門人達によって全国的に広められ、江戸時代を通じて隆盛を誇った。

（加瀬大）

▽参考文献
・古川哲史『武士道の思想とその周辺』一九五七年
・石岡久夫『日本兵法史』（上・下）雄山閣　一九七二年
・飯田孝『相模人国記』市民かわら版社　二〇〇〇年

# ［52］崇雪（生没年未詳）——鴫立庵を創建した俳人

◆西行ゆかりの地

大磯町を東西に貫く国道1号線、多くの車が行き交うその傍らに鴫立庵《しぎたつあん》が寂然とたたずんでいる。ここは江戸時代、旧東海道は大磯宿八か町の内、茶屋町の入口にあたっていて、小田原方面から来て、字鴫立の石橋を渡ってすぐの路地を右に折れると、その奥まった場所に鴫立庵があった。

「心なき　身にも哀れは　知られけり
　鴫立沢の　秋の夕暮れ」

平安時代末期から鎌倉時代初期にかけて活躍した放浪の歌僧西行が、この地を訪れて詠んだとされる歌で、『新古今和歌集』の「三夕の和歌」のひとつとしてとくに知られた名歌である。それから降ること四五〇年あまり、この歌に因んで寛文四年（一六六四）に崇雪《そうせつ》という人物が五智如来の石仏を造立し、その古跡を知らしめんと刻んだ標石を建て、「鴫立沢」と刻んだ標石を建て、その古跡を知らしめた。これが鴫立庵の始まりである。

とはいうものの、鴫立庵が俳諧道場として知られる画期となったのは元禄期のことであった。元禄八年（一六九五）五月、西行の五百回忌を機として、俳人大淀三千風《みちかぜ》が江戸からこの地に移り住み、鴫立沢を売買禁止として除地とすること、地福寺を旦那とすることなどを取り決め、西行の古像を安置した。そして、同十三年（一七〇〇）二月には鴫立碑を建立して俳諧道場として中興したのである。これ以降、鴫立庵における俳諧活動は歴代庵主によって引き継がれ、とくに三世庵主鳥酔、五世庵主白雄の時に隆盛を極めていく。

現在では、京都の落柿舎、滋賀の無名庵とならぶ日本三大俳諧道場として、庶民文化普及の一大拠点となっており、毎年三月には西行の事蹟を偲んで俳句や短歌の大会が開催されている。

◆謎多き人物・崇雪

それでは、鴫立庵を創建した崇雪とは一体如何なる人物であったのか。寛文六年（一六六六）の「大磯村検地帳」によると、崇雪はその名で畑地・屋敷地合計一反六歩を名請けしており、大磯宿に居住していたことが確認できる。しかし、その生い立ちには不明な点が多い。

一説によると、崇雪は小田原町宿老として伝家の丸薬透頂香《とうちんこう》を売った、小田原外郎《ういろう》こと宇野氏の八代目藤右衛門光治の次男であるという。『陳外郎家譜』によって宇野氏の来歴をみると、室町時代初期、日本に亡命した中国台州の人、医師陳順祖の四代目の子孫が小田原北条氏に招かれて宇野氏の養子となり、以後陳姓を改めて宇野を称したとある。光治の長子九代宇野藤右衛門英治は、寛文十年（一六七〇）に八十一歳で没したということから、崇雪と英治がほぼ同年代に生きたことは事実であろう。

鴫立庵　大磯町

宇野氏代々の当主は「ういろう薬」を商うかたわら俳諧にも精を出し、文芸を通じて様々な人的ネットワークを構築していた。例えば、六代当主藤右衛門相治《すけはる》は俳号を意仙と称し、江戸の名優二世市川団十郎と親交が厚く、歌舞伎を通じて自家の薬を宣伝してほしいと依頼している。これを契機として、歌舞伎狂言に「外郎売り」という一名物が誕生し、歌舞伎十八番の一つとして現在まで演じられている。こうした環境に影響を受けつつ、崇雪は自然と俳諧の世界へと導かれていったのではないだろうか。

## ◆「湘南」の地名発祥に深い関わり

この崇雪、実は「湘南」という地名と深い関わりを持つ人物なのである。崇雪が寛文四年に建てたという「鴫立沢」の標石の裏面には、さらに「看盡湘南清絶地」と刻まれており、これがこの地を「湘南」の地名発祥の地とするゆえんとなっている。

そもそも「湘南」という地名は、中国湖南省を流れる湘江の南部を指したものである。崇雪は、先祖の地、中国湖南省湘南の風景を大磯の地に重ね合わせ、万感の思いでこの碑文を刻んだのかも知れない。現在、「湘南」という地名の範囲をめぐって様々な議論が起っている。それは、ともすれば都市開発、地域振興の名の下に新たな「湘南」のイメージが次々と生み出されていった結果ともいえる。崇雪の碑文は、そんな現況に何かを語りかけているようでもある。

（神谷大介）

▽参考文献
・土井浩「『湘南』はどこか」（『有鄰』第三八九号）二〇〇〇年
・『大磯町史』6通史編　古代・中世・近世　大磯町　二〇〇四年
・『小田原市史』通史編近世　小田原市　一九九九年

# ［53］手中明王太郎

景直（一七二九—一七八六）・景元（一八一九—一九〇六）

## ——大山の宮大工棟梁

### ◆明王太郎景直

江戸時代、関東における庶民信仰の聖地である相州大山人気を陰で支えたのは宮大工棟梁の手《て》中《なか》明《みよう》王《おう》太《た》郎《ろう》家であった。『新編相模国風土記稿』には、工匠・師職（御師）兼帯の旧家として手中家の由緒を書き記している。神奈川県立公文書館寄託の手中明王太郎家文書にも江戸中期以降の大山寺や山頂の石尊社の普請に際し、当家が代々その中心にあったことを示す記述を多く見い出すことができる。

宝暦—天明期（十八世紀中頃—後半）に活躍をした明王太郎景直《かげなお》の活動は多彩で、徳川幕府の要請を受けて江戸城や京都御所の造営に関わったり、金丸彦五郎影直の変名をつかって、後にロングセラーとなる『分間江戸大絵図』（明和八年＝一七七一年刊）を江戸日本橋の須原屋から出版したりもしている。

また、明和八年（一七七一）相州大山の大火事により焼失した山頂の石尊社の再建にあたっては、幕府の援助を期待できなかったため、この景直を中心に幾多の試練を乗り越えて、安永七年（一七七八）には、大山信仰の要である石尊社を見事な姿で甦らせることに成功した。

### ◆明王太郎景元

幕末維新期の名棟梁景元《かげもと》は、相州鎌倉郡平戸村（横浜市戸塚区）出身で名を田中定吉といった。定吉十二歳の天保三年（一八三二）に明王太郎敏景の弟子となった。弘化二年（一八四五）には師匠敏景の娘婿となり、その後、明王太郎の名跡を継ぐ。明王太郎景元は八十六歳までの長命を得たため、明治の大山寺本堂の再建をはじめ、数多くの神社仏閣や神輿が彼の手によって造られることとなる。

このほか景元は安政元年（一八五四）から明治三十六年（一九〇三）の四十八年間に、百冊をこえる『手控』の類を書き残している。この『手控』を総称して『明王太郎日記』と呼ぶが、この史料からは、宮大工の周到な下準備や作業の裏話をはじめ、幕末維新期の大山や相模国の世相を読み取ることもできるため、その公刊が待たれている。

### ◆ペリー来航と景元の大型軍船案

嘉永六年（一八五三）ペリーの浦賀来航は、徳川幕府のみならず、宮大工の景元にとっても一大関心事となった。

ペリーの来航を重くみた幕府は、それ

までの祖法であった大船建造禁止の解禁に踏み切り、幕府自身急拠、洋式軍艦鳳凰丸の建造に取り掛かっていく。景元は、この鳳凰丸が完成した安政元年（一八五四）五月までに浦賀を訪れ、いち早く鳳凰丸を見学の上、この船の内部略図を写し取っている。また、鳳凰丸の建造に触発され、同年の十二月には、自ら海上移動式の大型要塞船の設計もしている。

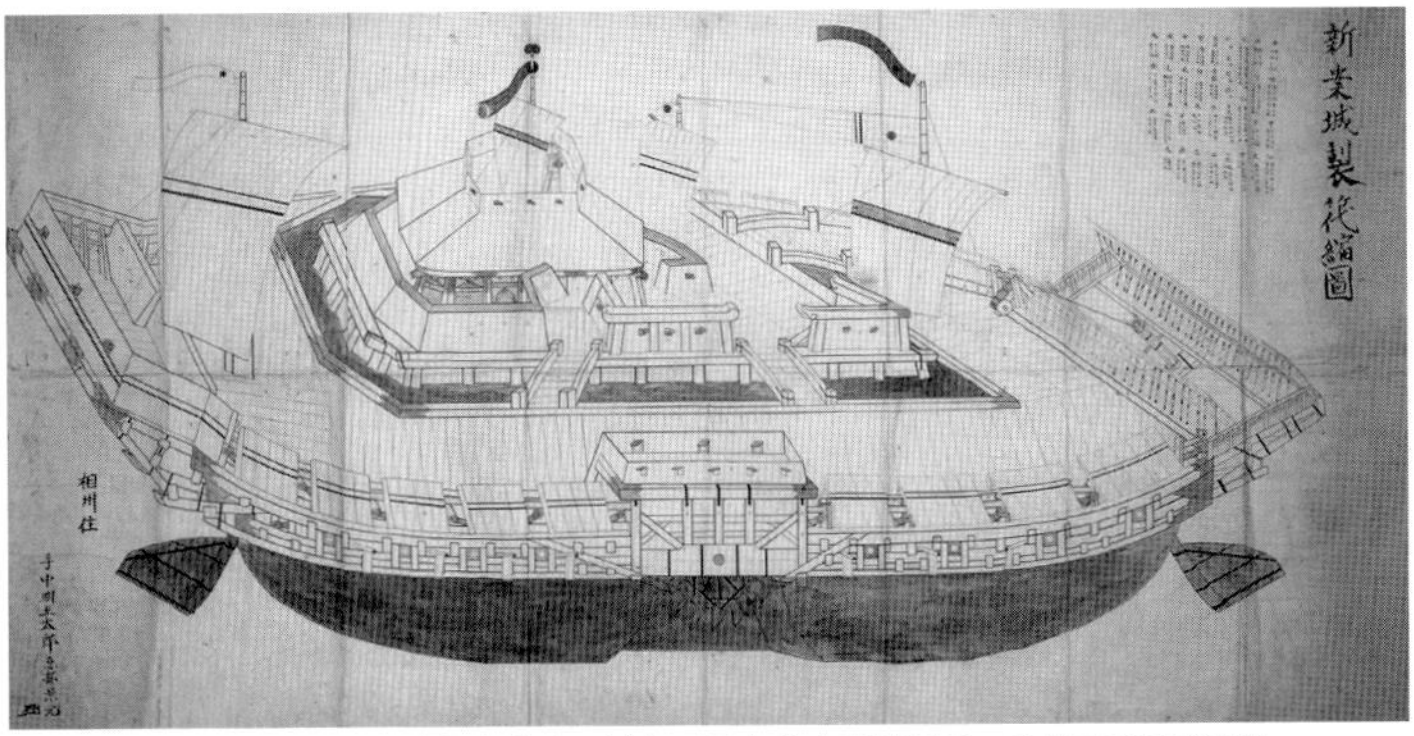

新案城製筏縮図　手中明王太郎家文書・神奈川県立公文書館寄託　手中正氏撮影提供

写真の「新案城製筏縮図」が景元考案の大型要塞船である。全長九一メートル、幅四五メートル。三本マストの帆と人力回転式の外輪と櫂を動力とし、前後二つの舵によって小回りの効いた器用な方向転換を可能とした。さらに櫓や見張台・防壁・内堀まで備えていて、火器も大小あわせて六九門を搭載、重要なところは鉄板で装甲されている。あたかも近世初期に海上の城として恐れられた大型戦闘艦大安宅船が幕末に甦り、さらに進化を遂げたような軍船の姿がその図に描かれている。

この当時幕府が異国船撃退策を広く募集したことは知られているが、神職を兼ねた景元にしてみれば、夷狄による国難到来に対して、神風をも頼む気持ちでこの軍船案を考案したのであろう。この軍船建造案は計画だけで終わってしまったが、単なる宮大工の発想に止まらない景元の才能の豊かさには大いに驚かされる。

（武井達夫）

▽参考文献

・神奈川県立公文書館寄託・手中明王太郎家文書
・手中正「安永の石尊宮普請」（『伊勢原の歴史』一〇号）一九九五年
・手中正『宮大工の伝統と技　神輿と明王太郎』東京美術　一九九六年
・手中正「大山の神仏分離」（地方史研究協議会編『都市・近郊の信仰と遊山・観光』雄山閣）一九九九年
・西和夫編『伊勢道中日記』平凡社　一九九九年
・武井達夫「黒船来航直後における一民間人の軍船建造案」（『神奈川県立館公文書館紀要』二号）一九九九年

## ［54］坂東彦三郎（一七五四―一八二八）―厚木に芸能を根付かせた歌舞伎役者

**◆日蓮の「星降り伝承」**

厚木市金田の妙純寺には、江戸歌舞伎役者四天王の一人、坂東彦三郎の建碑になる題目塔が存在する。

享保十六年（一七三一）、日蓮四五〇遠忌、初代彦三郎によって題目塔が建立された理由については、妙純寺、妙傳寺（上依知）、蓮生寺（中依知）の日蓮宗三か寺に伝わる「星降り伝承」を説明する必要がある。

星降り伝承とは、『新編相模国風土記稿』によれば、日蓮上人が佐渡へ流される途中、「文永八年（一二七一）九月十三日、（本間）重連の弟三郎左衛門直重宗祖日蓮を龍ノ口より当所に伴い来たり重連が邸中観音堂」に置かれた際、「其夜日蓮明月に向て法楽をなせしに、堂前の梅樹に大星降りて化益を助く」というものだ。そして、日蓮上人の奇跡譚と江戸時代の歌舞伎役者をつなぐのが、日蓮四五〇遠忌を二年後にひかえた享保十四年（一七二九）、江戸中村座で演じられた「日蓮上人明星名木」であり、この上演によって妙純寺と初代彦三郎との縁が生まれたと考えられている。

**◆三代彦三郎が妙純寺に初代の墓を建立**

星降りの伝承を持つ寺院が江戸庶民に知られるようになったのは、星が降ったという「梅樹」などの宝物が展示された「出開帳」である。『武江年表』によれば、星降り寺院の出開帳は、延享二年（一七四五）「牛込円福寺にて、相州妙傳寺星降の梅、日蓮上人像開帳」が最も古い。歌舞伎で知られた「星降り」伝承が出開帳の売り物になると考えられたのだろうか。しかし、すでに正徳五年（一七一五）には『和漢三才図絵』が妙傳寺の「丈六釈迦像」を記載しているので、歌舞伎の題材となる前から出開帳の機は熟していたのかも知れない。妙傳寺の出開帳は初代が五十二歳の年のことであった。日蓮宗の信仰をもつ初代だが、題目塔を建立した妙純寺ではなく妙傳寺の出開帳にも足を運んだのであろうか。

そして、二十七年という短い生涯を送った二代彦三郎が十八の年、宝暦九年（一七五九）、浅草玉泉寺において「相州星降天拝祖師開帳」が行なわれている。「龍口法難」で日蓮の斬首の際、折れて用をなさなかった「竜の口三段折の太刀」が供覧された妙純寺の出開帳だ。二代彦三郎もまた、熱心な日蓮宗の信者で、しかも父親が題目塔を建立した妙純寺の出

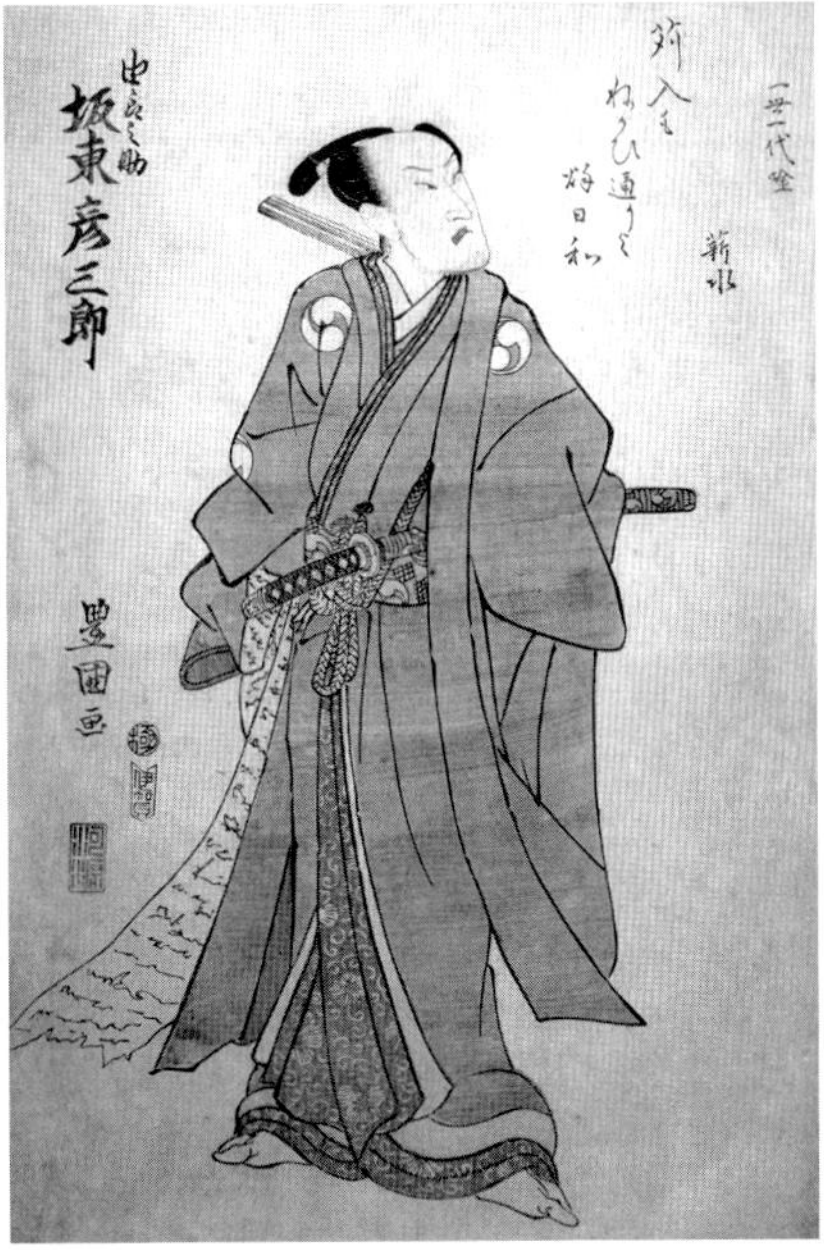


初代豊国画「三代坂東彦三郎」　厚木市教育委員会所蔵

開帳である。出向いたと考えるのが当然であろう。

また妙純寺には寛政六年（一七九四）、「惣巻軸至上々吉」と役者として最高位に近い地位にあった三代彦三郎が造立した初代彦三郎の墓もある。上方出身とも相州足柄出身ともいわれる初代の墓石を、何故この地に造立したのかは判然としない。しかも「元祖坂東彦三郎墓」の右側面「享保十六年辛亥九月十三日営再」は、初代の没年ではなく、日蓮上人四五〇遠忌題目碑建立の年月日で、星降りの日でもある。

飯田孝氏は墓石の造立に際し、初代の没年を刻銘しなかった理由を「全く血のつながりのない三代の心の中には、初代の没年月日さえも記憶に残っていなかった」と推測し、「その名跡の元祖としての『坂東彦三郎』の役者名こそが大切なものだった」のであろうと述べている。

## ◆厚木で江戸芝居を興行

厚木の芸能といえば、国の重要無形民俗文化財である相模人形芝居が有名。大谷津早苗氏は、人形芝居の首《かしら》調査から、三人遣いの人形における小猿式から引栓式という変遷が、より写実的演技の可能な首を求めた結果であり、その先に人間が演じる地芝居という道筋が考えられるとし、神奈川県央地区もあてはまると推察する。明治二年（一八六九）、「厚木村大芝居在之、猿若町千両役者来ル」「金田村大芝居在之、千両役者来ル」（『重兵衛日記』）と、彦三郎の追善公演ともいわれている江戸芝居興行の記述がみられる。名跡目当てだったにせよ、三代彦三郎のおかげで厚木の人々は早い時期から高度な演劇にふれられたのかも知れない。

（大野一郎）

▽参考文献
・飯田孝「展示にあたって」（『坂東彦三郎と厚木』）厚木市教育委員会　一九九四年
・『厚木市史』近世資料編（1）社寺　一九八六年
・綾瀬町教育委員会『重兵衛日記』一九七四年
・大谷津早苗「人形芝居〈三人遣い〉の操り方の変遷—地方人形のかしらから—」『芸能5』一九九九年

## ［55］花昌亭百亀（一七七六―一八三二）
### ――鳴立庵庵主となった南金目村名主

**◆百亀は南金目村の名主**

寛文四年（一六六四）崇雪が大磯に開いた鳴立庵《しぎたつあん》は秋暮亭・東往舎とも呼ばれ、俳諧普及の拠点として、現在まで多くの俳人を世に送り出している。その中の一人、花昌亭百亀が活躍したのは庶民文化華やかなりし文化・文政期（一八〇四―三〇）のことであった。

花昌亭百亀こと森文右衛門は安永五年（一七七六）、相州大住郡南金目村（平塚市）に生まれ、森家六代目を継いで同村のうち旗本中条氏知行所の名主を勤めるかたわら、鳴立庵で俳諧を学び、また宏道流の挿花もたしなむというような多芸の地方文人であった。相模国はまた、そうした文化人たちを多数輩出した国柄でもある。

彼に俳諧を指導したのは葛三という人物で、もともと江戸本石町鉄砲町の俳諧道場春秋庵三世庵主であった。ところが、寛政六年（一七九四）に鳴立庵六世庵主柴居《しおり》が没すると、遺言によって鳴立庵七世庵主となり、活動拠点を春秋庵から鳴立庵に移して俳諧普及に努めることとなった。

**◆鳴立庵の俳諧活動を支える**

当時の鳴立庵は相当に荒廃していたため、葛三の転住に際し、鳴立庵の修復が企図されている。寛政十二年（一八〇〇）七月二十二日付の「秋暮亭再建寄附并諸入用紙」によると、大住郡片岡村（平塚市）宮河源吾らが発起人となって寄付金三二両三分二朱が集められている。その中には百亀の名も見える。また、享和元年（一八〇一）に修復完成した際の披露集『風やらい』には、百亀の「いつ迄もおしむ秋なれ月ひと夜」といった句が寄せられている。

百亀と葛三の交流がいつごろ始ったのか正確に知ることはできないが、寛政九年（一七九七）にまとめられた葛三編『春秋稿』第七篇塊に、百亀の初出となる「燈籠に遠くの見ゆる雨夜哉」という句が収められていることから、葛三が鳴立庵七世庵主となった寛政六年から同九年『春秋稿』第七篇塊完成までの間と考えられる。

百亀をはじめ多くの地方文人を育てた葛三は文政元年（一八一八）六月に五十七歳で没してしまうが、その活動基盤は鳴立庵八世庵主の雉啄《ちたく》に引き継がれていった。

雉啄は文政四年（一八二一）葛三の三

回忌に『まつかせ集』を出版して、越後国（新潟県）から筑前国（福岡県）に至るまで多くの入集者を得ている。なお、この跋文は百亀が手がけており、鳴立庵の俳諧活動において百亀が特別な位置にあったことを窺い知ることができる。

**◆幅広い交遊を示す『遺芳集』**

鳴立庵の活動を支え続けた花昌亭百亀も、天保三年（一八三二）八月に永遠の眠りについた。その死を惜しみ、天保五年（一八三四）の百亀三回忌には子息の閑美らが中心となって追善句集『遺芳集』がまとめられた。

花昌亭百亀画像　平塚郷土文庫蔵

この内容をみると、市川遂庵による題字、鈴木其一による百亀肖像、春木南湖による菊画が描かれ、序は雉啄、跋は大山在住の松年庵宇良々《うらら》が記しており、構成は以下の通りである。

まず百亀の句を春夏秋冬のテーマごとにまとめ、これに「花昌亭法筵脇起俳諧」、「居士か結縁の古人達を」、さらに「別して交り深き」もの達の句が集められており、これらによって百亀の交遊関係を知ることができる。例えば葛三や雉啄、子息の閑美はもちろん、百亀と同郷の南金目村で旗本船橋氏知行所の村役人を勤めた玉壷こと宮田文左衛門をはじめ、平塚・秦野・伊勢原・大磯・二宮一帯の俳人の名がみえる。

これに続いて、相模・江戸・京都・大坂さらに長崎などにも及ぶ全国各地の同門俳人による句、百亀が生前に雉琢と行なった連句の続きを詠んだもの、「父の三回忌をまつるとて」として閑美・文貫・雉琢が詠んだ句などが収められており、百亀が俳諧活動を通じて多くの歌人と交流をもっていた様子を知ることができる。

百亀の墓は平塚市南金目の日蓮宗宗信寺にあり、金目川の流れを穏やかに見守り続けている．その墓石には百亀の次のような辞世の句が刻まれている。

四五日の今を大事と菊の花　百亀

（神谷大介）

▽参考文献
・『平塚市史』４資料編近世（３）一九八四年
・『平塚市史』９通史編　古代・中世・近世　一九九〇年
・清水瓢左編著『葛三全集』葛三顕彰会　一九六七年

# [56] 高麗寺慧歓（?―一八一八）――寺を再興し、寺領再建

◆**高麗寺村は一村寺領の村**

相模国淘綾郡高麗寺村（大磯町）は、その名前に由来するように、一村寺領の村である。村民からみれば、高麗寺自体が大名や旗本と同じように領主でもあった。実際、高麗寺は「地頭」と呼ばれ、その役所を「地頭所」と称していた。地頭は、当時旗本などの領主を指す用語である。

天台宗鶏足山高麗寺は、上野寛永寺の末寺で、天正十九年（一五九一）に徳川家康より寺領一〇〇石の判物を受け、それがそのまま村高となっている。ほかに相模国内で一〇〇石の朱印地を与えられた寺社といえば、鎌倉郡の寺社を除けば、相模国一の宮である寒川神社（寒川町）、遊行寺として知られている清浄光寺（藤沢市）、大山参りで有名な大山寺（伊勢原市）の三つしかない。

高麗寺領は当初、大磯宿の中に朱印地として与えられたが、近世も早い時期から実質的に寺領の村として独立していた。だが、高麗寺村が一つの独立した村として認められるのは、寛政期（一七八九―一八〇一）のことで、これに大きく関与したと思われるのが、四十一世住職の慧《え》歓《かん》である。

◆**天明の飢饉に村民を救済**

慧歓は、天明五年（一七八五）五月に高麗寺四十一世として入院し、享和二年（一八〇二）七月までの十八年間、住職の地位にあった。また、その墓から文化十五年（一八一八）に没したことが確認できるが、それ以外の出自や経歴など、一切不明である。ただ、高麗寺村に残された史料から、住職であった時期の事績を垣間見ることができるだけである。

慧歓が高麗寺に入院した天明五年は、いわゆる天明の飢饉のまっただ中にあった。この年、とくに関東地方では各地で洪水の被害が頻発していた。入院したばかりの慧歓は早速、夫食や救済金の貸付など村民の救済にあたるいっぽうで、決壊した花水川の川除土手の修復に追われることになる。それは、慧歓が手がけた一連の寺領「改革」の始まりであった。

慧歓の悲願は、まず何より、入院当時大破していた高麗寺の修復と再建であった。入院した年から早速自坊の修復に取り掛かると、寛政六年（一六二九）から翌年にかけて土蔵一棟を建て、同十二年には本堂の再建をはじめ、仏像・厨子および荘厳具・諸道具の新造・再興に着手

高来神社（旧高麗寺境内）　大磯町

するなど、二年の歳月をかけて、この大改築を成就させたのである。それは寺院としての高麗寺の権威を再興するための要件であったが、これらと並行して慧歓は寺領の整備にも心血を注ぐことになる。

**◆寺領を確定し、財政再建に努める**

天明八年（一七八八）には、大磯宿や平塚宿をはじめとする近隣の村々に流れていた質地田畑三〇石―一〇町余をすべて請戻して、以後、朱印地が他村に移動することを堅く禁止した。また、寛政四年（一七九二）には、「高割附帳」と「山林田畑惣絵図面」を作成して、寺領とその土地所持の確定に努めている。この間にはさらに、検見の際に使用する坪竿や、坪苅仕法の改正を命じるなど、年貢体系の整備を進めるいっぽうで、村民に村の財政についての議定を結ばせるなど、多方面にわたって寺領の行財政的な側面にメスを入れていったのである。

　隣村の山下村と高根村との間で村境の問題が表面化したのは、そうした中、寛政二年（一七九〇）のことであった。そもそもの発端は、幕府の寺社奉行から寺領の絵図の作成を命じられたことにあって、これを契機に両村と村境をめぐって争論となったのである。訴訟の過程で慧歓は、高麗権現勧請の由緒や徳川家康による寺領寄附の由来などを持ち出して寛永寺に取りなしを依頼するなど、それこそ村境の確定に向けて奔走することになる。さらに、寛政十二年には、今度は大磯宿と榜示杭の位置をめぐって争いとなった。榜示杭の位置は、そのまま境の問題となるが、それは最終的には高麗寺村の村としての自立の可否についての論争へと発展していく。

　結局高麗寺側は、慧歓の奔走が功を奏したのか、それぞれほぼ希望通りの結果を導き出すことに成功し、文字通り一村寺領の「高麗寺村」として自立を果たしたのであった。

（馬場弘臣）

▽参考文献


・馬場弘臣「相模国高麗寺領の寺領『改革』と慧歓」（『大磯町史研究』第五号）一九九七年
・『大磯町史』1資料編　古代・中世・近世(1)　一九九六年
・『大磯町史』6通史編　古代・中世・近世　二〇〇四年

## ［57］安居院庄七（一七八九—一八六三）——報徳仕法を伝え、農業技術を指導

**◆破産した「磯屋」を再興**

安居院《あぐい》庄七《しょうしち》（諱は義道）は寛政元年（一七八九）、相模国大住郡蓑毛村（秦野市）の修験密正院第六代藤原秀峰の二男として生まれた。長じて同郡曾屋村十日市場（秦野市）の安居院家に入婿し、米穀商「磯屋」を営む同家を継いだ。安居院家に入った経緯等は不明であるが、商いでの庄七は一攫千金を夢見て米相場に手を出し、失敗を繰り返して破産状態になってしまったという。

庄七が二宮金次郎を知ったのは、金次郎が小田原藩領の曽比村・竹松村の仕法を行なっていた頃だと思われる。金次郎が低利で金を貸し、窮民を救済していることを聞いた庄七は、金を借りるため野州（栃木県）桜町陣屋を訪ねた。天保十三年（一八四二）七月二日のことで、「桜町陣屋日記」（『二宮尊徳全集』）によれば、庄七は金次郎の弟子であった足柄下郡中沼村（南足柄市）の名主田蔵を頼って、桜町を訪れたとある。

しかし、各地の仕法に多忙を極めていた尊徳にはなかなか面会できず、風呂番などをしながら機会を待ったが果たされなかったため、尊徳と門人との講話をもれ聞いたり、仕法の書物を書き写すことを通して報徳の思想に目覚めていったとされている。

その後、金次郎の江戸出府に同行して郷里に帰った庄七は、玄米を搗き白米にし、玄米の仕入れ値段で白米を売る商売をはじめた。これを「元値商」と称して薄利多売を実践し、傾きかけた磯屋を再興させたのである。

**◆遠江に報徳仕法を伝える**

磯屋を再興した後、庄七は弟の浅田勇次郎とともに旅に出た。その具体的な行動は明らかではないが、上方方面を放浪して、後に河内国（大阪府）の杉沢作兵衛が組織した万人講の熱心な活動家となったようである。万人講は伊勢神宮、石清水八幡宮、春日大社の三社に大灯籠を献じ、毎年太々神楽を奉納する等の活動をする集団であった。この時期に庄七は、上方の進んだ農業技術を見聞し習得していったと思われる。

弘化三年（一八四六）万人講の勧誘のため遠江に入った勇次郎は、長上郡下石田村（浜松市）の神谷与平治に会い、万人講と報徳について講じた。この時与平治は、水害と天候不順に苦しむ村民たちを救うために、報徳仕法に大きな関心を

安居院義道画像　大日本報徳社所蔵

示したという。翌四年には庄七自身が訪れ、与平治たちに報徳仕法による救済方法と新しい農業技術を伝え、これを契機として同年三月「下石田報徳連中」が結成された。翌嘉永元年（一八四八）には佐野郡倉真《くらみ》村（静岡県掛川市）の岡田佐平治に報徳仕法を説き、「牛岡組報徳連中」が結成されている。佐平治はこの地方の有力者で、この後掛川藩、明治になってからは静岡藩の命により報徳仕法を実施した。そして明治八年（一八七五）に「遠州国報徳社」をつくり、その後の報徳運動の普及・発展の基礎を築いていくこととなったのである。

**◆先進的農業技術を指導**

庄七が報徳仕法とともに遠江に伝えた農業技術の一端は、彼の著した『報徳作大益細伝記』によって知ることができる。主なものに「正条植」、「苗代の薄まき」、「株まき」、「客土・土肥」等がある。

「正条植」は磁石を用いて東西南北に縄を張り、定規で一寸五分ずつの間をとって植える方法で、肥料の均一化や除草や害虫駆除がしやすいことなどが利点であった。「苗代の薄まき」について庄七は、一反当たり二升から二升五合撒くと良いとしている。「株まき」は直まき栽培のことであり、「客土・土肥」はともに土地改良の方法である。これら先進的農業技術はなかなか普及しなかったが、以後の報徳運動の展開に伴い明治以降に普及していった。

庄七の報徳指導は、豪農を中心に農民たちが自発的に報徳社を結成したことに特徴がある。これは尊徳自身の仕法との際だった違いであり、遠江での活動の成功は、彼の伝えた先進の農業技術が大きな要因になったと考えられる。

庄七は遠江、駿河を中心に相模などにも報徳の普及に努め、文久三年（一八六三）浜松宿の門人田中五郎七宅で病死した。享年七十五歳であった。

（山口克彦）

▽参考文献

・井上静男「安居院庄七と報徳」（『秦野市史研究』第一号）一九八一年
・同『安居院庄七』秦野市教育委員会　一九八九年
・『日本農書全集』六三〈農村復興〉農山漁村文化協会　一九九五年

## ［58］井上五川（一七九二―一八七五）

### ――「龍」を得意とした狩野派地方絵師

◆師相沢五流との出会い

井上五川《ごせん》は本名を定八といい、寛政四年（一七九二）、愛甲郡上荻野村（厚木市）生まれの絵師である。絵の修養は、相沢五流という絵師について学んだと伝えられている。この五流は、蜀山人・太田南畝とも親交のある武州関戸村（多摩市）在で法眼位をもつ狩野派絵師であった。

厚木市域に一〇点ほど残されている五流の作品から五川との接点を考えると、上荻野村の高瀬家蔵になる文化八年（一八一一）「玄宗皇帝図」があげられる。この時に五流と定八が出会ったのか否かは定かでないが、定八が最初に「五川」と名乗るのは、翌年の文化九年中依知村蓮生寺の天井絵においてである。

五流門下には、平井村（あきるの市）森田五水、柚木村（八王子市）五迷のように師五流の「五」を画号に用いた者もいるが、そうでない者もいる。五川が五流の弟子であることを示す記録としては、五川とその弟子五勇が模写した「法眼五流先生作庭の図」（天利庸氏蔵）一点だけで、他には狩野派絵師の作品を模写したものが数点残されているのみである。

その後、二人の足取りが交わったと考えられるのは、板戸（六枚、裏表）と格天井の絵を描いた文政四年（一八二一）、上荻野村松石寺においてである。七十歳を超えた五流にとって「一門挙げての大事業」の場に、五川が加わっていたかどうかは分からないが、五川と名乗り始めてすでに十年を経ており、何らかの関わりがあったのではないか。

同門の森田五水のように正規の法眼、法橋位を取得することはなかった五川が、落款に記すのは「偶言」という文字である。五川には「江戸駿河台の狩野洞白愛心に弟子入りした」という伝承もある。しかし江戸での絵画修行は費用もかかり、松薪販売によって大きな財を蓄えたという師五流のようなことは五川には難しかっただろう。偶言という文字にはどのような思いが込められているのだろうか。

◆「雨降りの龍」を画く

五川が絵師を志すのは、五流を知る文化八年以前からである。定八は十八歳の頃より上荻野村近くの半原塩川滝（愛川町）に祀られている飛龍権現に祈願し、機会ある毎にこの滝にうたれて心身の練磨につとめたという。

二十三歳の時に龍神の石祠を建立した五川の描く龍の絵は「雨降りの龍」とし

井上五川画「龍図」 明治5年（1872）『井上五川とその門弟』厚木市文化財調査報告書第17集・厚木市教育委員会発行から

て珍重された。下荻野村子合にある地蔵尊の義太夫掛舞台の両袖、襖には昇龍・降龍が五川によって描かれているが、旱天の際にはこの舞台をかけて降雨を祈ったといわれている。

五川の作品リストをみると、天井絵、軸、絵馬に紙本と多様な形態に、画題もお得意な「龍」だけではなく、庚申図、地神図、白澤図など信仰に関する図柄も多い。

文久二年（一八六二）、八菅神社（愛川町）に奉納された大絵馬もその一つだ。誤って井戸に落ちた馬が八菅山七社権現から発せられる数条の光、つまり八菅修験の法力により、無事跳ね出した様子、驚き喜ぶ人たちの姿を描いた図柄には、五川の宗教者的側面も感じられる。

江戸期の絵画が、上層農民の間にも普及してきた「床の間」を必要とする文化であることには違いない。しかし、五川の弟子に「提灯屋」の屋号を持つ五勇がいるように、掛軸、屏風だけでなく、凧絵、提灯、地口行灯に至るまで絵画に対する需要は高まっていた。このことを五川の墓碑に刻まれた弟子十九人は教えてくれるのではないだろうか。文化の底辺は現代人が考える以上に広いものとなっていたのだろう。

（大野一郎）

▽参考文献


・厚木市教育委員会『井上五川とその門弟』一九七五年
・多摩市史編集委員会『相沢五流』一九九八年
・飯田孝『相模人国記―厚木・愛甲の歴史を彩った百人―』市民かわら版社二〇〇〇年

## ［59］原久胤——江戸で和歌を指導した歌人

（一七九二―一八四四）

### ◆江戸で和歌を研究し、国学者と交流

原久胤は寛政四年（一七九二）大住郡下大槻村（秦野市）に生まれた。通称を和輔または新左右衛門といい、号は契月、桂月あるいは五十槻舎と称した。

江戸時代の和歌の特質として、和歌（作品）よりも歌論に重点を置く傾向が強いといわれている。古典研究が進み、賀茂真淵とその門下（県門）は万葉風の和歌の復興に力を入れていた。真淵門下の中でも加藤美樹《うまき》、橘千蔭、村田春海、楫取魚彦《なひこ》の四名は県門の四天王と称された。

久胤はこれら四天王のうち、千蔭門下清原雄風の門人小川伴鹿に師事したとされている。和歌や万葉集について研究を重ね、とくに万葉集については、「東歌地名考」「万葉集巻十四の考」（ともに久胤述、石川依平記）等の著作をものにしている。

また、国学者として知られる清水浜臣《はまおみ》の家で僧義門と会い仮名遣いの研究を志し、文政七年（一八二四）には本居春庭（宣長の長男）に入門。その成果として「音韻仮名」をまとめている。

さらに伊豆、駿河、遠江方面を旅した久胤は、本居大平（宣長の養子）、加納諸平（国学者、医師、紀州藩の「紀伊続風土記」等を編纂）、高林方朗（庄屋、水野忠邦の国学の師）、石川依平、竹村茂雄等、本居門下の国学者とも交流したといわれる。

こうした幅広い活動がその礎となったのであろう。久胤は江戸において、千葉葛野、吉岡信之、日善、日明等とともに国学の研究を行ない、多くの門人を育てた。さらに幕府の要人や旗本をはじめ羽

### ◆発見された久胤の歌碑

平成五年（一九九三）七月、品川区の長応寺境内地から一基の歌碑が発見された。歌碑の表には「我庵は　盛も人のとはぬかな　をしまれてちる　花もあるように　平久胤」とあり、裏の中央には久胤《ひさたね》の法名「久遠院契月日胤居士」と、没年「天保十五甲辰歳九月十九日」が、そしてその左右には「本よりの　仏としらで　今更に　我身のなると　おもひつるかな　門人中　造立之」と刻まれてあった。相模国大住郡出身の歌人原久胤を慕って、江戸の門弟たちが建てた歌碑である。

なおこの歌碑は、平成八年（一九九六）に、子孫にあたられる原孝郎氏から秦野市に寄贈され、現在、秦野を一望できる弘法山山頂に移設されている。

黒藩主、出石藩主等の諸侯にも歌道を指導したとされる。先の歌碑もまた、そうした久胤の活動が実を結んだものであるといえよう。

**◆故郷への深い思いを詠んだ遺稿集**

久胤の歌集「五十槻掻葉集《いつきかきはしゅう》」は、親交のあった本妙寺の日善上人が久胤の没後に編纂したもので、上・中・下三巻より成る。類別に、巻一・春部／巻二・夏部／巻三・秋部／巻四・冬部／巻五・恋部／巻六・雑部／巻七・長歌の部・反歌／巻八・文書の部に分け、合計七八五首の歌を収めている。なお、この序文を執筆した藤原忠寛について、従来は本多忠寛とされてきたが、近年の研究により大久保忠寛（号、一翁）であることがつきとめられた。

ここで「五十槻掻葉集」からいくつかの作品を紹介しておく。

「ふる郷の　霞む柳を　きてみれば
　昔わかねし　柳なりけり
月みれば　昔ながらの　ふる里に
　人さへすみて　ころも打也
足柄や　筥根にたてる　みやま杉
　冬は嵐の　やとり也けり
雨により　みの毛の里に　宿かりて
　雨降に　澄る月をみる哉　」

旅や江戸を活動の場とした久胤ではあったが、郷里や箱根・大山等、相模に関する歌が多く収められ、故郷に対する深い思いを感じ取ることができよう。長応寺で発見された久胤の歌碑は今、その故郷を静かに見守っている。

（山口克彦）

▽参考文献


・原孝郎「原久胤の研究について」（『秦野市史研究』十四号）一九九四年
・同「原久胤の研究について（二）」（『秦野市史研究』十五号）一九九五年
・神奈川県図書館協会郷土資料編集委員会編『神奈川県郷土資料集成』第八輯「相模の歌集（和歌篇）」一九七五年

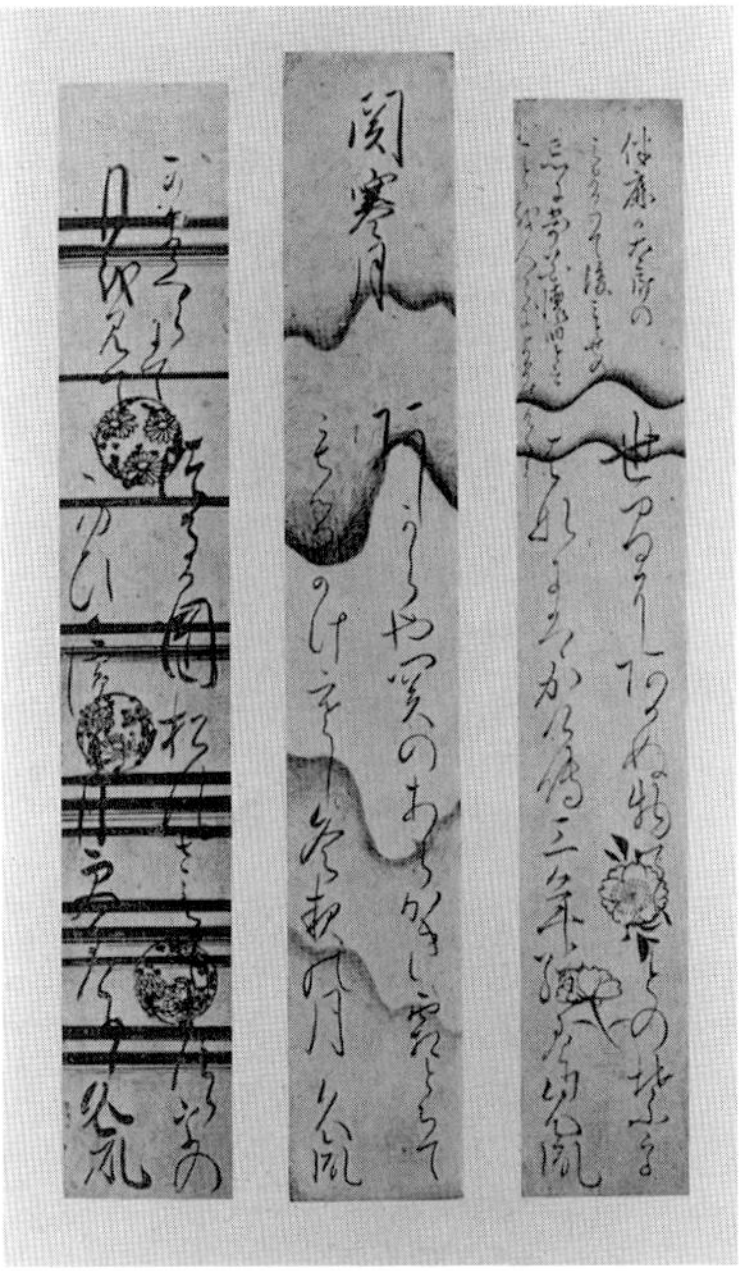

原久胤の短冊　石井光太郎氏旧蔵
（有隣堂所蔵写真から）

# 〔60〕加藤宗兵衛（一八一〇—一八六五）

## ——「茶加藤」を中興した四代目

◆**茶加藤の創業は享保十三年**

伊勢原を本拠とする茶商加藤宗兵衛《そうべえ》商店、通称「茶加藤」は神奈川県下でも有数の老舗茶商である。創業は享保十三年（一七二八）に遡るといわれ、当主は代々宗兵衛を名乗っている。この享保十三年という年は、初代の宗兵衛が「店卸勘定書」をつけはじめた年にあたるという。

大山の麓の村として賑わう伊勢原村はまた、一方で毎月三と八の日に市が立つなど、厚木村（厚木市）・曽屋村（秦野市）とならぶ矢倉沢往還沿いの在郷町として発展していった。加藤家は当時すでに茶のほかにも穀物や薪炭などを商い、村内では金融業なども営んでいた。「店卸帳勘定書」はそれらの貴重な記録であるが、現在加藤家に残る「勘定書」は、四代目の宗兵衛が清書したものであるという。

四代目加藤宗兵衛は、文化七年（一八一〇）に三代目宗兵衛の次男として生まれ、文政九年（一八二六）に十七歳で大磯宿の川崎屋孫右衛門の妹を娶り、家督を相続している。没年は慶応元年（一八六五）、五十六歳であった。

◆**報徳仕法普及に指導的役割**

四代目宗兵衛が家督を相続した頃、加藤家の家政は次第に傾きつつあり、これに天保の飢饉が大きな打撃を与えた。危機感をもった宗兵衛は、天保九年（一八三八）の春に実質的な身代調べを行なって、その打開策を模索していた。その時、心学仲間であった駿州駿東郡御厨竈新田（御殿場市）の平兵衛を通じて二宮金次郎を知り、その教諭を受けることとなる。

当時宗兵衛は、商売関係の一切を弟の為蔵に譲り、自らは分家として農業のみに従事しようと考えていた。親類もこれには一応賛同して準備も進めていたのであるが、金次郎の返答は意外なものであった。それでは一家滅亡の典型であるという。聞けば兄の芳輔も困窮しているというのに手はさしのべないのか。何より今は分家など考えるべきではなく、三人で協力して家政を再建することが肝要であると説いた。

結局宗兵衛は兄芳輔に本家を譲り、自らと為蔵は小商いで生計を立てることとなった。これらの資金源として金次郎の報徳金が用いられたことはいうまでもない。

ここで特筆すべきは、宗兵衛が相模国における報徳仕法普及の発端として、その指導的な立場を果たしていったことである。片岡村（平塚市）・真田村（同）・大磯宿・三浦郡の浦賀（横須賀市）に三崎（三崎市）等で行なわれた報徳仕法の指導者は、いずれも加藤家と姻戚関係があって、商人仲間のネットワークで結ばれており、しかも元は石門心学を信奉する仲間集団でもあった。ことに妻の実家である大磯宿の孫右衛門家は、打ちこわしの被害や火事の類焼で退転寸前であったが、私財をなげうってこれを救うのみならず、孫右衛門自身が仕法に目覚めていくきっかけとなったのであった。

江戸時代の伊勢原（北斎「鎌倉、江ノ島、大山新板往来双六」部分）　神奈川県立歴史博物館所蔵

## ◆茶商として横浜に進出

さて、兄芳輔に本家を譲った宗兵衛ではあったが、その後芳輔が地方取締兼名主役に任じられたことが発端となって村民と対立し、隠居させられたことから、再度本家を継ぐこととなる。嘉永五年（一八五二）のことである。この翌年にペリーが来航して日本は開国への道を歩み始めるのであるが、それは加藤家にとっても大きな転機となっていった。

安政五年（一八五八）の五か国条約締結によって横浜が開港場となったことで、海外との貿易が開けてきたのである。その中で日本茶は、生糸とならぶ主要な輸出品であった。加藤家もまた、そうした波に乗り、とくに文久二年（一八六二）頃から大量の茶を静岡方面から仕入れては、横浜の輸出業者に卸すようになっていく。そのために弟の為蔵や手代の藤兵衛はもとより、宗兵衛自身が駿河や遠江まで茶の仕入れに出かけ、一気に経営規模を拡大させようとした。ただ残念ながら、慶応元年に宗兵衛が死去したために、この計画も三年で頓挫してしまう。

とはいえ、この横浜貿易への志向と報徳仕法の実践こそが、四代目宗兵衛をして茶加藤中興の祖といわしめるゆえんである。

（馬場弘臣）

▽参考文献


・株式会社茶加藤『風雪二百五十年』一九七九年
・『伊勢原市史』資料編　近世1　一九九二年
・『大磯町史』2資料編　近世(2)　一九九九年
・『大磯町史』6通史編　古代・中世・近世　二〇〇四年

# 【61】草山貞胤――たばこ栽培に賭けた生涯

（一八二三―一九〇五）

**◆富士山噴火後、たばこ栽培が増加**

秦野地方のたばこ栽培を示す最も古い史料は、寛文六年（一六六六）渋沢村（秦野市）土屋領の年貢皆済証文である。この史料から当時年貢として銀三〇匁、大豆二石五斗とたばこ五〇斤が上納されていたことがわかる。そして、宝永四年（一七〇七）の富士山の噴火以降、火山灰に覆われた土でも栽培が可能なたばこ栽培が当地で増加していったとされる。栽培の増加とともにたばこを売買する商人も増え、天明六年（一七八七）には「仲間」を結成したことを示す史料が残されている。

天保十二年（一八四一）成立の『新編相模国風土記稿』の大住郡の土産の項に「波多野庄村々の産を、波多野煙草と称し、佳品なり」とある。天保期には江戸のたばこ商人との関係もでき、これ以降、幕末から明治前期にかけて秦野のたばこ栽培は発展を遂げていった。

**◆栽培技術の研究と改良に努める**

秦野地方におけるたばこ栽培技術の発展をみていく上で欠かせないのが、草山貞胤《さだたね》である。貞胤は文政六年（一八二三）五月に大住郡平沢村（秦野市）に生まれた。生家は代々御嶽蔵王社（御嶽神社）の神主を務めており、父和泉に習字と素読を、小田原藩士で歌人・国学者としても著名な吉岡信之に国学を、さらに二宮金次郎の高弟で箱根の旅籠屋福住の主人福住正兄から尊徳仕法と国学を学んでいる。

安政五年（一八五八）に神主職を継ぎ、これ以降周辺の村々十数社の神主を兼務しながら、自らたばこ耕作を行ない、栽培技術の研究と改良に努めていった。そして、その研究成果を耕作者に伝授し、品質の安定を図ることにより「秦野たばこは技術で作る」といわれた当地の名声を確立させることになったのである。

貞胤の主な研究についてみると、まず苗床の改良があげられる。貞胤は「アゲ伏《ぶせ》」と方言名で紹介しているが、これは一尺五寸の高さで四隅に杭を立て、藁または粟・稗で囲み、底に落葉を敷き、その上に厩肥、一番上に乾いた土を敷いたものを苗床としたものである。発酵熱を利用した方法で、この改良により苗の生育時期を速めることが可能となった。

次に苗植付け時の正条密植法がある。江戸時代には苗を一反当たり二五〇〇本程度植えていたが、貞胤は苗床で育苗し

草山貞胤　報徳博物館提供

た苗を麦畑の作間に五〇〇〇本植えた。麦畑の中は病虫害が少なく、肥料や日照を適度に与えることができ、この結果、たばこの良質化と収穫量の増大化に成功した。

　さらに、たばこの乾燥方法についても研究を行なっている。貞胤の考案した「木枯し法」（幹干）は、たばこの葉を幹の根元から切り、そのまま屋内の屋根裏に吊し、家の中の火を用いて乾燥させる方法で、これも秦野たばこの品質向上に大きな力となった。

　また、たばこ製造に関する研究として、たばこ刻み器械の動力に水車の利用を考えたことがあげられる。この考えを弟子の石塚重太郎に示したところ、重太郎が研究を加え、明治二十年すぎに水車によるたばこ刻み器械を完成させ、たばこ製造にかかる手間賃の大幅な節減を実現した。

### ◆門下生を全国に派遣

　重太郎以外にも貞胤の門下生には、「秦野式改良揚床」と呼ばれる苗床の改良事業や、「煙草種子精選器」および「煙草種子点播器」等を考案した関野作次郎らがおり、貞胤を支えて明治以降の秦野たばこの発展に大いに寄与した。

　貞胤は技術指導のため、自身が県下をはじめ栃木県、埼玉県ほか各地に出張する一方で、これらの門下生を育成して耕作指導員として全国に派遣したのである。

　明治三十八年（一九〇五）、貞胤は福住正兄とともに建設に尽力した小田原報徳二宮神社において、たばこ栽培の研究に捧げたその八十三年の生涯を閉じた。

（山口克彦）

▽参考文献
・『秦野市史』別巻たばこ編　一九八四年
・草山貞胤『草山貞胤翁』出雲大社相模分祠　一九九一年
・井上卓三『秦野たばこ史』専売弘済会文化事業部　一九七八年

## ［62］真壁平左衛門・平之丞（一七七四—一八五九）

### ——天然理心流の剣術者

**◆相模国にも広まった天然理心流**

時代劇や歴史小説の中で、新選組局長近藤勇が剣を振るって活躍するシーンはおなじみである。近藤勇は天保五年（一八三四）十月五日、武州多摩郡の農家の三男として生まれたが、その資質を認められ、嘉永二年（一八四九）十月、剣術天然理心流宗家の近藤周助邦武の養子となった。養父周助の門人には、土方歳三・沖田総司・永倉新八といった後に新選組のメンバーとして勇を支えるものたちがいた。

彼らが研鑽に励んだ天然理心流とは、重く太い握りの木刀を使用して、小技を余り駆使せず、気合で相手を圧倒する実戦的な剣法で、柔術・棒術・気合術などをも含んだ総合武術であったといわれている。伝法の段階は、切紙—目録—中極意目録—免許—印可—指南免許の順である。

開祖の近藤内蔵之助長裕は遠江（静岡県）の出身であったともいわれ、寛政期（一七八九—一八〇一）頃江戸に進出して両国薬研堀（中央区）に道場を構え、必要に応じて近郊農村への出稽古も行ない、流派の普及に努めた。寛政期は、竹刀打ち込み稽古の一般的な普及と老中松平定信が主導した寛政の改革による文武奨励策によって、近世剣術が一大発展を遂げた時期である。宝暦年間（一七五一—六四）頃から多くの新流派が起って活況を呈していくが、天然理心流もまた、こうした新流派の一つであり、長裕の後、二代三助方昌・三代周助邦武、そして四代勇昌宜へと継承され、武州多摩地方や相州の村々へと次第に普及していった。

幕末における天然理心流の普及状況は、万延元年（一八六〇）北辰一刀流真田玉川と無双刀流江川英山が編纂した「武術英名録」からおおむね明らかにできる。この書は訪問先での試合に際して貰った署名を集めたもので、流派名・出身地・剣術者名が記されている。天然理心流門人の出身地をみると、六四名中四六名が武蔵、一六名が相模となっており、武州多摩地方を中心に、西は相州淘綾郡万田村（平塚市）まで広がっていたことが確認できる。

**◆奥義を学び、道場を開く**

天然理心流普及の西端、相州淘綾郡万田村の剣術者とは真壁平左衛門孝氏のことである。平左衛門は安永三年（一七七四）大住郡広川村（平塚市）名主飯田新左衛門の四男として生まれ、後に万田村の真壁家の養子となった。彼がいつ頃天然理心流の門下になったか明らかでないが、初代内蔵之助に学んで奥義を極め、寛政五年（一七九三）自らの邸内に「習場」を開いて剣術稽古を行なったという。天保六年（一八三五）には平左衛門の門人であった大住郡上吉沢村の浜田吉兵衛に免許状が与えられており、真壁道場の盛況ぶりを窺い知ることができる。

真壁氏記念碑　明治 17 年建立　平塚市万田・湘南平

安政六年（一八五九）平左衛門が没すると、後は広川村久保田三左衛門次男で孝氏の養子となっていた平之丞孝義（のち義徳と改称）が継承した。彼の弟子の中には平左衛門の実家である広川村飯田家の伊之助がおり、慶応四年（一八六八）三月に初歩の段階である「初伝」が許可されている。このように真壁父子の手によって天然理心流の一つの流れが形づくられていったのである。

慶応四年（一八六八）鳥羽・伏見の戦に敗れた近藤勇は甲陽鎮撫隊を組織して新政府軍に抵抗したが、同年四月板橋庚申塚で斬首され、壮絶な最期を遂げた。

一方、真壁道場の活動は明治維新を迎えても衰えることはなかったようで、明治十七年（一八八四）六月、平之丞の喜寿に際して「真壁氏記念碑」が高座郡羽鳥村耕余塾主小笠原東陽の揮毫によって万田村集会所に建立された。

現在、この碑は湘南平（平塚市・大磯町）の展望台下に移され、真壁父子の業績を静かに伝えている。

（神谷大介）

▽参考文献


・『平塚市史』4資料編　近世(3)　一九八四年
・渡辺一郎『幕末関東剣術英名録の研究』渡辺書店　一九六七年
・小島政孝『武術・天然理心流』上　小島資料館　一九七八年

## ［63］川崎屋孫右衛門（？—一八六七）

### ——報徳仕法を実践し、大磯宿を復興

**◆打ちこわし騒動で被害**

天保七年（一八三六）といえば、いわゆる天保の飢饉の最盛期にあたる。この年の大磯宿はまさに受難の年であった。飢饉の影響もさることながら、天災・人災が次々と大磯宿を襲い、とくに九月五日に起きた大火事は、宿内家数六六六軒の内五〇一軒が焼失するという未曾有の被害をもたらし、その復興が長い間宿を苦しめることになる。これはまさにとどめともいうべきもので、これ以前にも七月十八日に全壊・半壊あわせて五五軒に及ぶという大きな台風に襲われ、それから二〇日後の七月二十九日には、大磯宿を揺るがせた大規模な打ちこわし騒動が発生している。

のちに打ちこわしにかかわったとして処罰された者の総数は五六三名。これは総人口の二割程度にあたる。また、この時、打ちこわしの対象となった家は六軒で、その端緒となったのが、北下町で穀屋渡世に四〇〇石の廻船問屋を営んでいた川崎屋孫右衛門であった。

**◆入牢とたび重なる不幸**

実は打ちこわしのあった当日、孫右衛門は自宅にはいなかった。今年は飢饉になりそうだということで、米穀を大量に買い込むために江戸に出ていたのである。留守は親類の利右衛門と別家の伊三郎に任せていたのだが、ここで米価の引き下げ交渉に来た小前百姓たちと対立して結局、打ちこわしへと発展したのであった。いずれにしても孫右衛門が事件の当事者であることは間違いなく、その後韮山の江川代官所に呼び出され、そのまま翌年の三月まで入牢を命じられることになる。

その間も、孫右衛門家の不幸は続く。九月五日の大火事は、北下町が火元で、孫右衛門家もまた類焼の被害を逃れることができなかった。さらに当時身重であった女房は、産後の肥立ちが悪くて亡くなってしまい、生まれたばかりの子どもも翌年春の流行病にかかって他界してしまう。生きる望みをなくした孫右衛門は、もはや大磯には住みたくないといい、隣村高麗寺村の酒造蔵へ移住することを決意する。

**◆二宮金次郎のもとで修行**

孫右衛門はこの相談を妹の嫁ぎ先である伊勢原村の加藤宗兵衛に持ちかけるのだが、ここで事態は急展開をみせる。宗兵衛を通じて二宮金次郎を知るところと

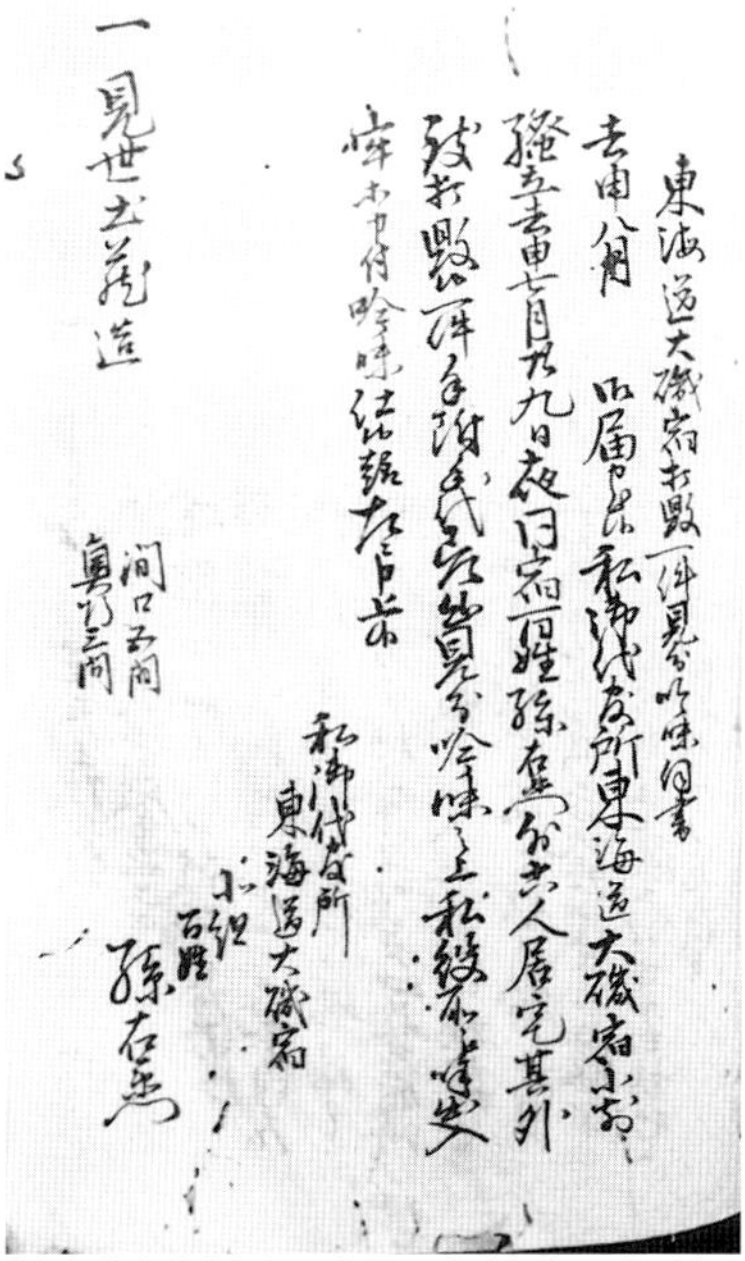
東海道大磯宿打毀一件見分吟味伺書

「東海道大磯宿打毀一件見分吟味伺書」財団法人
江川文庫所蔵　大磯町立図書館提供

なり、金次郎の教諭を受けて報徳仕法の実践に目覚めていくこととなったのである。天保九年（一八三八）六月のことである。

　金次郎は孫右衛門に、有り金を全部出しなさい。その善種をもって家業を再興させるのだという。その教えに従って米穀や質物等、その財産のすべてを精算してみると七五〇両余で、このうち二五〇両余を商売の元手金として手元に残し、五〇〇両を無利息一〇か年賦の報徳金として大磯宿に差し出すこととなった。ただし、商売は伊三郎に任せて、孫右衛門本人は金次郎のいる下野国桜町（栃木県二宮町）に修行の旅に出ることになる。

　さらに、天保十一年には韮山の江川代官所の指揮で宿の立て直しが計画され、この際にも残りの家財等が五〇〇両程あるということで、四七〇両を同じく無利息一〇か年賦で差し出している。これらの報徳金はまず、大磯宿の人馬差配の単位である南組と北組の両組に貸し付けられ、両組以外には旅籠屋や親類などに若干の貸付金が廻されているに過ぎない。何よりも人馬の調達という宿としての機能の再建のために投じられたのであった。

　それでは孫右衛門の報徳仕法は順調に推移したかというと、必ずしもそうではなかったようである。嘉永五年（一八五二）に金次郎の指示で仕法の現状について調べていると、貸し捨てとなっている報徳金がある上に、多額の借金があることがわかった。管理の不行届を悔いた孫右衛門は、報徳金の返納金を、当時金次郎が幕命によって進めていた日光神領の復興仕法や窮民の撫育金として提供することとする。これによって孫右衛門の仕法は、大磯宿を越えてさらに大きな広がりを見せていくことになるのであった。

（馬場弘臣）


▽参考文献
・『大磯町史』2資料編　近世⑵　一九九九年
・『大磯町史』6通史編　古代・中世・近世　二〇〇四年

# 〔64〕溝呂木九左衛門

## ——相模川の渡船の権利を継承

### ◆中世末期に土着した家柄

溝呂木氏は中世末期に土着し厚木郷の名主的な存在だったといわれ、近世初期には相模川の渡船権を獲得し、大地主的な家柄であった。商業を営み、江戸後期に厚木第一の商人と称されるようになった。屋号は「ヤマク」である。

『新編相模国風土記稿』では「溝呂木家の祖溝呂木式部大輔氏重は足利左兵衛督高基の次子にて当国溝呂木に居住し、在名を氏とする」と記されている。しかし、厚木近辺に溝呂木の地名は見当たらず、戦国時代に成立したといわれる『鎌倉大草紙』には、「文明九年（一四七七）この地において長尾景春が被官人、溝呂木の城に立て籠もり大田左衛門入道によって攻落した」と記され、溝呂木氏が護った城、あるいは屋敷は厚木付近とされている。

溝呂木の地名は厚木近辺には存在しないが、足利左兵衛督高基の御所があった古河（茨城県）から七〇キロほどのところに地名として残されおり、この地名に由来した一族だったと考えられる。

### ◆家康を祀る東照宮を勧請

徳川家康が鷹狩のために中原街道をとおって中原御殿に通っていたことは知られている。この中原街道は別名「相州街道」とも呼ばれ、駿府との往来のために家康が整備・造営し、休息や宿泊するために中原御殿が造営された。この付近は鳥類も多く、鷹狩を好んだ家康にとっては格好の狩り場であった。

この中原御殿での鷹狩の際に家康が厚木まで足を伸ばし、たびたび溝呂木の邸宅で休息している。そのため宅地に御仮屋を設置し、後年使用されなくなってからは壊して、その後に東照宮を勧請している。御棟札と家康にお茶を出すための茶臼の絵が、文政九年（一八二六）に行なわれた幕府による地誌調査の資料として孫右衛門によって提出された。

### ◆相模川の渡船で収益を得る

江戸時代に川を渡るというと、輦台や肩車といった東海道の「大井川」の風景が思い浮かぶが、「相模川」の厚木の渡しでは、船によって川を渡ることになる。ただし、冬期は水が少ないので土橋が架けられた。矢倉沢往還の渡船場である厚木の渡しは、東海道にかかる馬入の渡しについで大きな渡船場で、馬船一艘を含む五艘の船が常備された。安政五年

幕末・明治初期の厚木　ベアト撮影　厚木市教育委員会所蔵

（一八五八）の記録によると、厚木の渡船賃は、人が一二文で、馬と荷物は一八文となっている。この相模川の渡船の権利を厚木側は溝呂木家が代々受け継ぎ、海老名側は中新田村と河原口村の二つの村が権利を持ち、収益の半分は溝呂木家へ、そして残った半分を中新田村と河原口村が分けていた。この渡船の権利がいつごろから溝呂木家に与えられたかは定かではないが、厚木側では渡守船頭屋敷の除地（除地は幕府あるいは藩などから年貢を許された土地）が一畝あって、溝呂木家の屋敷内に置かれたようある。

また、渡辺崋山が記した『游相日記』には厚木を代表する商人として、溝呂木彦右衛門（孫右衛門）と高部満兵衛（源兵衛）を挙げている。溝呂木家は豪商として郷用金を領主に用立て、天保十一年（一八四〇）に金千両を献上して三〇人扶持を支給され、士分となっている。

溝呂木家が商家を営むようになったのは、意外にも江戸後期、溝呂木九左衛門好明の代になってからで、特にその養子として迎えられた金纉が中興とされている。金纉は八王子の豪商、成内市郎右衛門の子で実家で収得した商法を加えて厚木で一の商人と呼ばれるようになり、天保十一年の金千両を差し出したのが金纉である。そして、金纉の曾孫にあたる環《たまき》は明治十二年に厚木村の戸長となり、翌年十三年には県会議員に選出されている。

（増田裕彦）

▽参考文献
・『神奈川県史』別編1人物　一九八三年
・鈴村茂『厚木の商人』神奈川情報社　一九八〇年

# ［65］霜島久太郎（一八三六―一九一九）

## ――将軍家茂の上洛に随行した名主

### ◆戸室村の名主の家に生まれる

霜島久太郎は、天保七年（一八三六）に愛甲郡戸室村（厚木市）で生まれた。父の名は甚之丞で、霜島家は戸室村の領主の一人である旗本興津氏の名主を代々勤めていた家柄である。久太郎はこの家の十一代目として生まれ、のちに久右衛門、さらに久円と改名している。没年は大正八年（一九一九）四月十二日で、八十四歳であった。

この霜島久円はまた、神奈川県会議員に自由民権運動家、さらには地方行政や教育・農業改良事業など、その後半生を当地方の近代化に尽力したことでつとに知られた人物である。とくに明治十三年（一八八〇）六月に元老院に提出された国会開設要求請願書では、総代一四名の一人としてその名を連ねている。第一回目の神奈川県議会議員に選出された翌年のことで、相州五五九町村、二万三五〇〇名余の人民を代表したものであった。

その久円がまだ久太郎と名乗っていた時代、文久三年（一八六三）のことである。当時二十九歳であった久太郎は、領主の興津氏に従って、十四代将軍徳川家茂とともに上洛するという稀有な体験をすることとなる。

### ◆旗本興津氏の御供として上洛

家茂が上洛を決行したのは、公武合体を推進することで幕府権力の回復をはかるためであった。将軍の上洛自体、三代将軍家光以来実に二二九年ぶりのことであった。だが、この時の朝廷との交渉では、尊王攘夷運動の攻勢に押されて、攘夷決行の期限を五月十日と奉答する結果となってしまう。

この家茂の上洛に、旗本興津氏の当主孝治郎は、講武所の剣術方として子息の船越錦三郎とともに付き従ったのであった。講武所は、幕府が旗本や御家人に剣術・槍術・砲術などを修練させるために、安政三年（一八五六）に江戸築地（のち神田小川町）に開校した武芸操練所である。

当時久太郎は、興津氏の「御地頭所御用」を勤めており、そのために孝治郎の御供をすることになったと思われる。この時の上洛および還御の詳細については、久太郎自身が記した「日記帳」「御上洛御供御入用遣払控帳」「人足継立帳」の三冊の帳面によって、克明に知ることができる。上洛に際して久太郎は、渡辺

徳川家茂長防行軍之図　堀内久文画　元治元年（1864）　堀内久幸氏所蔵

豊蔵とともに「道中御賄方」に任じられており、これらの帳面もその役目の一端として作成されたものであろう。とくに「日記帳」は、休泊の宿駅についてはもとより、その時々の家茂の様子なども克明に記録していて貴重である。

この「日記帳」によれば、久太郎は二月十二日の夜四つ時（午後一〇時頃）に興津氏の屋敷から講武所に移動して夜を明かし、翌十三日の七つ時（午前四時頃）に講武所を出立、晴天の中、大手前を出立したのは明六つ（午前六時頃）であったという。京都に到着したのは、三月四日の朝五つ時（午前八時頃）であった。京都では同心の村山富五郎宅を旅宿としている。還御のために村山宅を後にしたのが三月十日九つ時（午前〇時頃）で、二十一日の夜五つ時（午後八時頃）に興津氏の屋敷に帰着した。ちなみにこの時、将軍家茂は幕府の軍艦で蒸気船の翔鶴丸で江戸に帰っている。

**◆村民から表彰状を贈られる**

興味深いのは、この上洛御用を勤めた後に、村民から久太郎に宛ててその「職務勉励」を誉めたたえた表彰状が贈られていることである。ただ、当時戸室村の興津知行所では畑成田年貢を永納(金納)とする改正が進められており、久太郎がそれに尽力したことから、これとセットとして表彰されたのであった。畑成田は畑地を田地に造成したものである。いずれにしても、領主がそうした功績を表彰することはよくある話しであるが、村民から表彰される事例は珍しい。

久太郎、すなわち久円はその後、これら一連の体験については何も語ってはいない。だが、久円のその後の活躍を見ていくにつれ、それが一つの原体験となったと言えるのではないであろうか。

（馬場弘臣）

▽参考文献

・飯田孝『相模人国記―厚木・愛甲の歴史を彩った百人―』市民かわら版社　二〇〇〇年
・『厚木市史』近世資料編（2）村落1　一九九三年

# 〔66〕大久保教義（一八二五—一八八五）
## ——荻野山中藩の最後の藩主

**◆荻野山中藩は小田原の支藩**

荻野山中藩の藩祖は、小田原大久保家七代加賀守忠朝《ただとも》の二男教寛《のりひろ》である。二代藩主長男教端《のりまさ》のときに、弟の教平《のりひら》に三〇〇〇石を分け与えたために、領地は一万三〇〇〇石となった。

当初は駿河国駿東郡松永村（沼津市）に陣屋を構えたが、天明三年（一七八三）五代藩主教翅《のりのぶ》のとき、中荻野村字山中（厚木市）、通称荻野山中に陣屋を移し、以後七代藩主教義に至り、明治を迎える。

**◆藩全体の借財は六万両**

江戸幕末期の大名は、参勤交代や江戸での生活費用などのため財政が圧迫され、荻野山中藩でも、家臣や領内の豪農から御用金を献上させている。豪農が献上した金額は安政五年（一八五八）に五千両にもなり、荻野山中藩全体の借財は六万両にも達した。藩では家中に対して扶持米を減らし、そのため藩士は房楊枝《ふさようじ》を作るなどの内職で生活を維持するといったありさまであった。

そのような中で、五代藩主教翅は荻野山中に陣屋を移し、一泊を要した松永村からの参勤の費用を倹約しようと考えたようである。六代藩主教孝《のりたか》は文化二年（一八〇五）二月に「養蚕要略」を制定して養蚕を奨励している。安政七年（一八六〇）最後の藩主教義が登場するが、藩主であった期間はわずか六年ほどにすぎず、破綻した藩財政を立て直すには短すぎる期間であった。

**◆倒幕派が陣屋を焼き討ち**

嘉永六年（一八五三）のペリー来航以後、幕末の騒乱はいよいよ激しく、幕府の権威は失墜し、倒幕の激流は、ついに慶応三年（一八六七）十月、徳川慶喜に大政の奉還を決意させ、十二月七日、朝廷が王政復古を宣言するにいたる。しかし、武力による倒幕を目標とした倒幕派は幕府を挑発しつづけ、荻野山中陣屋がその一つの標的となった。王政復古の八日後の十五日、薩摩藩邸浪士を中心とした浪士隊およそ三〇人による襲撃を受け、陣屋は一夜のうちに灰燼に帰したのである。

これが幕末三大挙兵の一つに数えられる薩摩藩の荻野山中陣屋焼打ち事件で、この一件が鳥羽・伏見の戦いの遠因となり、以後、戊辰戦争へと突き進むことになる。

## ◆廃藩置県後、旧藩士をねぎらう

荻野山中藩は、焼打ちのあと陣屋を建て直し、領地替えや版籍奉還に対応し、大久保教義は明治元年（一八六八）十一月藩知事となり、荻野村山中に在住となった。この年、藩校「興譲館」が設立された。この校名は大久保教義が儒学を尊崇していたのに由来し、藩の士族卒族の子弟は必ず入学し、藩校ながら一般民の入学も許した。明治四年（一八七一）には地元民の要望にこたえ、郷学校の静学館、淳風館が開校され、授業料を負担できる一部の裕福な子女が通った。一部といえども一般庶民が学校教育を受ける機会を得たことは、その後の地域教育に大きな影響を与えたものと思われる。

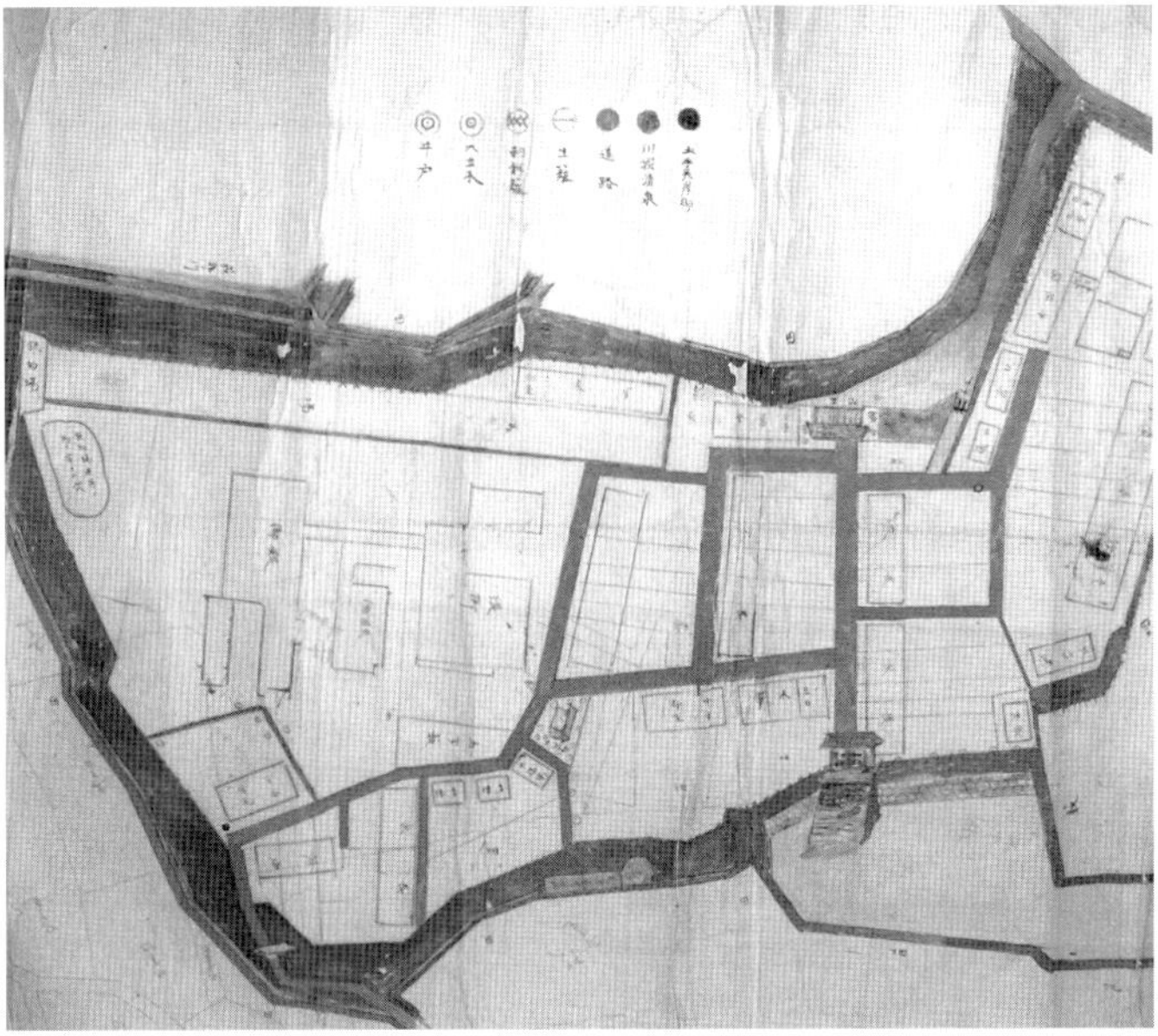
大久保教義陣屋　難波栄一氏所蔵

　教義は藩財政を立て直すことはできなかったが、教育という芽を荻野山中の地に残し、太政官より明治四年七月に藩知事、十一月に荻野山中県令の職を免ぜられ、荻野山中での勤めを終え、東京へ移住した。そのとき、旧藩士たちの前途を思う添え書きとともに旧藩庁に残されていた予備金数千円を旧藩士の家格に応じて分配した。添え書きには一〇年に及ぶ藩政改革のため俸禄を減らされたうえ、ここに新たな道を探さねばならない旧藩士たちに対する労いの言葉が記されていた。

　いまでは荻野山中陣屋の跡地は公園に整備され、陣屋を記念する石碑が荻野の地を静かに見守っている。

（増田裕彦）


▽参考文献

・厚木市文化財調査報告書第十一集『荻野山中藩』厚木市教育委員会　一九六九年

・『神奈川県史』資料編5　近世(2)　一九七二年

## ［67］大山の御師たち
### ——草莽隊を結成し、新政府軍に協力

**◆檀廻りで、大山信仰を普及**

丹沢山麓の東端には、標高一二五一・七メートルの大山が雄々しくそびえ立っている。大山は別名「雨降山」、「阿夫利山」とも呼ばれ、古くから信仰の山として崇敬され、鎌倉時代には源頼朝、室町時代には足利尊氏から寺領を寄進されており、江戸時代には大山講が組織された。その信仰の内容は、水の恵みや商売繁盛、病気平癒に至るまで、実に多種である。

現在でも大山には阿夫利神社が鎮座し、山上に本殿の上社、中腹には拝殿の下社が置かれ、下社を少し下ったところに雨降山大山寺があり、毎年多くの登拝者・観光客で賑わっている。鈴川を眼下に眺めつつ、さくら坂・良弁坂・とうふ坂・こま参道と続く坂道を歩くその道すがら、「先導師」と記された看板を目にすることができる。

先導師とは、江戸時代には御師《おし》と呼ばれ、参詣者を自己の所属する社寺に誘導して祈祷・宿泊などの差配をした宗教者である。元来、大山はさまざまな宗教者の居住するところであったが、徳川家康のいわゆる「慶長の山内改革」が推進されると、清僧に限り居住できる結界が設定され、それ以外の宗教者は下山を命じられた。このとき下山した宗教者が山麓の坂本村（大山町）・蓑毛村に居住して、のちに大山御師へと転身していったのである。

御師の重要な活動のひとつに各地への檀廻りがある。いかに多くの人々を大山講に加入させるかは生活に関わる重大事であり、御師にとって檀家は財産そのものであった。御師は農閑期になると定期的に特定の檀家を訪問して廻り、寺社発行の札や薬・茶・菓子などの土産物を配ったり、家相・人相占いや「狐放し」などの祈祷を行ない、その見返りとして初穂や賽銭などの寄進を受けたのである。このような御師の檀廻りを通じて、大山信仰が各地に普及していったのである。

**◆有栖川宮の武運長久を祈祷**

幕末期、伯家《はっけ》神道の白川家や国学の平田家へ入門する大山御師が現れる。この入門を通じて、大山御師たちの中に、自己の進むべき方向を見定めようとする政治意識が形成されていったことは想像に難くない。それは鳥羽伏見の戦いに勝利した新政府軍の東征に際して、彼らの多くが神祇隊（のち徽胡隊）という草莽《そうもう》隊に参加していることからも窺い知ること

歌川貞秀「相模国大隅郡大山寺雨降神社真景」 安政５年（1858） 神奈川県立歴史博物館所蔵

ができる。

　慶応四年（一八六八）四月、駿府城に宿陣していた大総督有栖川宮熾仁《たるひと》親王のもとへ、大山御師の総代として成田庄太郎・山田平馬・内海式部太夫が出張して武運長久の祈祷を行ない、神爾を献上した。このとき、参謀方林玖十郎・西郷吉之助から三〇〇〇人の兵士差し出しを命じられた成田・山田・内海は、早速神祇隊を組織して「先供」を勤めたのである。さらに、大総督府守衛を命ぜられると、一八名の隊員が江戸城西の丸警備の任に就いている。彼等は檀廻りで得た地理感覚や情報ネットワークを活用して、新政府軍による治安維持に貢献したものと考えられる。

### ◆神仏分離により衰退

　とはいえ、明治政府によって神仏分離が断行されると、大山御師の活動は次第に衰退していった。天保十二年（一八四一）に成立した『新編相模国風土記稿』では坂本村（大山町）・蓑毛村合わせて一六六軒の御師を確認できるが、明治初期成立の『開導記』では一二〇軒、明治後期の『相州大山案内記』では八一軒と漸減していった様子がわかる。

　近代を迎えた大山御師たちはさまざまな苦難に直面しつつも先導師へと転身し、現在も大山信仰を支える存在であり続けている。

（神谷大介）

▽参考文献

・『伊勢原市史』資料編大山　一九九二年
・圭室文雄編『大山信仰』雄山閣出版　一九九二年
・日本山岳修験学会『山岳修験』第一八号（相模大山特集）一九九六年
・池上真由美『江戸時代の信仰と行楽』同成社　二〇〇二年

# 〔第五章〕足柄上郡・足柄下郡

（南足柄市・山北町・小田原市・箱根町・真鶴町・湯河原町）

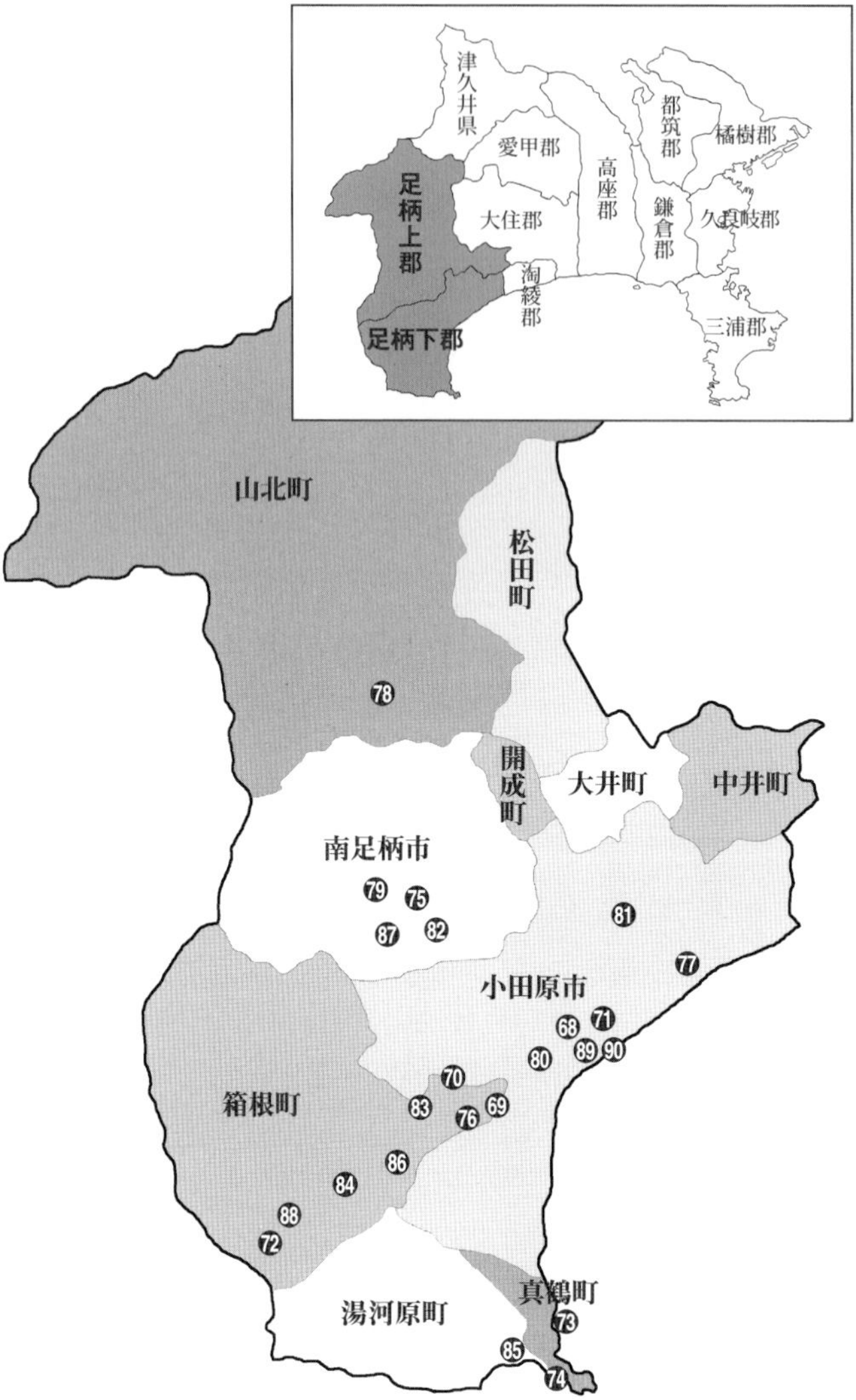


68 大久保忠世
71 稲葉正則
74 風外慧薫
77 山田治郎左衛門
80 大久保忠真
83 福住九蔵
86 信濃亀吉
89 片岡永左衛門
69 菊径宗存
72 箱根本陣の人びと
75 下田隼人
78 湯山弥太右衛門
81 二宮金次郎
84 加勢屋与兵衛
87 像外法全
90 中垣斎宮
70 木食僧弾誓
73 真鶴の石工たち
76 稲津祇空
79 鈴木善兵衛
82 杉本田蔵
85 露木浦右衛門
88 角田惣右衛門

足柄上・足柄下郡は箱根山系、丹沢山系と足柄平野部を含む相模国の西部に位置し、伊豆国・駿河国・甲斐国と国境を接していた。

足柄上郡は、現在の行政区画では南足柄市・大井町・中井町・山北町・開成町、秦野市・箱根町・小田原市の一部がその範囲である。

江戸時代を通じて郡域はほぼ小田原藩領で占められた。一部に曹洞宗最乗寺の朱印寺社領があった。

矢倉沢往還は国境にあたる足柄峠を越え、駿河国へ通じていたが、関本宿で分岐し小田原宿へも通じ、甲斐・駿河両国と小田原を結ぶ重要な交通路となっていた。また箱根関所の裏関所として、矢倉沢・河村・谷ケ・仙石原の四か所が設けられていた。

郡内を貫流する酒匂川の上中流域は氾濫がくり返されたため、文命堤などの堤の建設や治水工事が度々行なわれた。

足柄下郡は、箱根山系を背に相模湾に面し立地していた。現在の行政区画では、小田原市の大部分、箱根町・真鶴町・湯河原町がその範囲である。

江戸時代を通じ、郡域は足柄上郡と同様ほぼ小田原藩領で占められていた。

徳川家康は、関東入部の後に領国の西端部にあたる当地域に譜代の家臣である大久保氏を小田原城主とし、江戸の備えとした。一時、稲葉氏等が城主となった時期もあるが、大久保氏が城主を継承した。藩主大久保忠真の代に二宮金次郎を起用して藩政改革を行ない、各地に報徳仕法が普及する起因となった。城下には東海道小田原宿、伊豆国との国境には箱根宿があった。江戸への出入口にあたる箱根関は最も重き関所に位置づけられ、小田原藩が管轄しており、海岸沿いの根府川通りには、これも箱根関所の裏関所となる根府川関所が設けられていた。

箱根山系は急峻にして奇景に富み、各所に温泉を湧出し、また古代から連綿と続く霊地として信仰された。

## [68] 大久保忠世（一五三二―一五九四）――小田原藩主となった徳川譜代の家臣

### ◆徳川信康の菩提を弔う万松院

　小田原の城下を出て東海道を西にたどると、板橋を経て風祭の集落にいたる。現在の箱根登山鉄道風祭駅の北側を通る旧東海道から北西に分岐し、道祖神が立つ小道の先に、茅葺き屋根の庫裏が印象的な万松院がある。この曹洞宗の寺院は、小田原城主大久保忠世《ただよ》ゆかりの寺として知られている。

　寺の由緒書によると、忠世が開基となり、開山に三河龍拈寺《りゅうねんじ》（豊橋市）七世白州巌龍を招き文禄元年（一五九二）に創建したとされ、その建立は徳川家康の長男信康の菩提を弔うためと伝える。信康は家康の後継者として将来を期待されたが、織田信長から嫌疑を受けて処断され、結果的に遠江二俣城（浜松市）にあった忠世のもとに預けられ、そこで自害した。この事件は信長の干渉に屈したことを意味し、信康の処断は家康の本意でなく、意を汲んで守護しなかったのは、譜代家臣たる忠世生涯の痛恨事だったという。

### ◆三河譜代の功臣

　天文元年（一五三二）忠世は松平（徳川）氏の譜代家臣大久保忠員の子として三河上和田郷（岡崎市）に生まれた。家康の父広忠に仕え、同十五年三河渡村（岡崎市）の戦いに初陣をかざったとされ、「蟹江の七本槍」と称された弘治元年（一五五五）の尾張蟹江（蟹江町）の戦いや永禄六年（一五六三）の三河一向一揆鎮定に活躍。元亀三年（一五七二）三方ヶ原（浜松市）、天正二年（一五七四）遠江犬居城（同）、翌三年長篠・設楽原（新城市）の戦いなどで勇名を馳せた。同年二俣城攻略に武功をあげ、その守将を命じられたが、同七年ここで信康の自刃事件がおこる。忠世は隠居も剃髪もしていないが、事件の真相や忠世の真意を巡り、後世に様々な巷説が流布した。

　その後も忠勤に励み、同十年甲斐の武田氏攻略、続く甲斐・信濃経略には子忠隣とともに活躍。新井白石の編纂した『藩翰譜』は、大久保家の五大功績として、三河一向一揆における功績とともに、この甲斐・信濃経略での忠世の功労をあげている。

### ◆領国支配の確立に努める

　天正十八年（一五九〇）の小田原合戦で北条氏が滅亡し、その旧領関東には家康が入部した。居城を江戸に定めた家康

大久保忠世像　小田原城天守閣所蔵

は、家臣の知行割を行ない、忠世は小田原城に四万石（後に五千石加増）で封ぜられた。網一色（小田原市東町）に布陣していた忠世は小田原城に入り、初代藩主として藩政を展開することになる。ただし、当初は家康直属の地方《ぢかた》役人による支配が行なわれ、忠世も初めは城下の西光院や山角氏（北条氏家臣）の旧宅に居住したとする所伝がある（『石川忠総留書』ほか）。

忠世は北条氏時代からの郷村の有力者や、商・職人を保護・利用して戦後の安定を図る一方で、主に酒匂川の左岸域に検地を実施して石高制を導入するなど、近世的な領国支配の確立に努め、さらに小田原城の整備や足柄平野の治水などにも着手したとされる。長泉院（南足柄市）や三島社（大井町）の安堵など寺社政策は家老後藤真成を中心に実施され、総世寺（小田原市）には自身で涅槃像を寄付している。また、早雲寺（箱根町）など北条氏を開基とする寺院の多くが、一時断絶ないし移転・廃寺となる一方、万松院のほか大久寺・正恩寺・熊野神社（小田原市）といった多くの寺社が創建され、こうした寺社の建立や保護を通じ、宗教的権威を領国支配に利用していった。

忠世は文禄三年（一五九四）九月十五日に六十三歳で没し、大久寺に葬られた。この日が信康の祥月命日にあたることから、その死因についても憶測を生んだ。忠世の没後、藩政を継承した嫡子忠隣《ただちか》は慶長十九年（一六一四）に改易され、大久保氏は一時小田原を離れる。外護者を失った大久寺などの困窮ははなはだしく、同寺も一時江戸に移転した。寺の性格上檀家の極めて少ない万松院でも、新田開発に努めるなど苦心の末に寺が維持されたことを、伝来文書が伝えている。

（岡　潔）

▽参考文献

・『小田原市史』通史編　近世　一九九九年
・三津木國輝『小田原城主大久保忠世・忠隣』名著出版　一九八〇年
・小田原市立図書館編『小田原の近世文書目録２』一九八一年

# ［69］菊径宗存（一五五八―一六二七）

## ――北条氏滅亡後に早雲寺を再興

**◆秀吉の小田原攻めと早雲寺**

天正十八年（一五九〇）、秀吉と小田原北条氏との天下かけての決戦が始まった。同年正月九日、秀吉は北陸支隊の上杉景勝に小田原攻めを告げた。東海道本隊の先鋒を命ぜられた徳川家康は、三万の軍勢を従え出発した。秀吉軍の兵力は二二万余り、陸と海から雲霞のような大軍が小田原に向け押し寄せたのである。三月一日、秀吉も三万二千の軍勢を率いて京都聚楽第を出発した（『御湯殿上日記』）。三月二十九日、小田原防衛の拠点山中城を攻略した秀吉軍は、箱根山を越え、四月六日、北条早雲をはじめとする北条氏歴代の菩提所早雲寺に到着、秀吉はここに本陣をおいた。

決戦を前に秀吉との和平をといていた早雲寺五世明叟宗普《みょうそうそうふ》は、小田原攻めが始まると小田原城内に難を逃れていたが、北条氏の敗北を憂い、「仏祖を踏殺し一生風顛末後杖を杷り梵天に跳出す」の遺偈を残し、断食自害した（「広徳寺文書」）。二二万余の大軍に囲まれた北条軍の敗色は日に日に濃くなっていった。七月五日、遂に本城主北条氏直は小田原城を出て、秀吉に投降した。

大檀那北条氏の滅亡により、早雲寺も断絶した。小田原城へ籠った僧徒衆五〇〇余人は、討死あるいは分散した（『早雲寺古記録』）。秀吉は戦いが終わり小田原から引き上げる時、早雲寺に火を放ったらしい。大徳寺を模した七堂伽藍が「輪奐の美」を誇り（『明淑録』）、山内に多くの諸塔頭を擁した早雲寺も、灰燼に帰したのである。『北条五代記』は、その様子を「如此霊寺たりと雖も、末代に至りて破却しなきが如し、皆是昔話となり、いまは早雲の寺号ばかりぞ残りける」と述べている。

**◆早雲寺の寺宝を持って身を隠す**

早雲寺は断絶したが、幸い開山の「以天宗清画像」や、開基の「北条早雲像」等、寺にとって最も重要な寺宝は守られていた。その間の事情について『早雲寺古記録』は、「天正乱後当寺滅亡、菊径和尚平僧之時、宝泉寺領武州箕輪ノ奥ヘ遁レ閑居ス。当寺ノ開山ノ影像、勅願ノ綸旨、北条家御位牌等手取認メ時節ヲ被相待」と伝えている。

この菊径とは、後に早雲寺十七世となる菊径宗存《きくけいそうぞん》のことである。菊径は、永禄元年（一五五八）駿河（静岡県）の生まれで、十五歳で早雲寺八世梅隠宗香《ばいいんそうこう》に師

菊径宗存画像　箱根町・早雲寺所蔵

事し、その法を嗣いだ。小田原攻めが始まると、菊径は梅隠の命により、当時梅隠が住していた宝泉寺（小田原市風祭）の開基である北条幻庵の嫡男、小机城主三郎の所領のあった小机箕輪（横浜市港北区箕輪町）に早雲寺の寺宝を持って身を隠していたと推察される。

　北条氏の敗北により戦火がおさまると、菊径はまず宝泉寺に帰山、同寺を復興し、更に山中に焼け残りの木材を引き、小屋掛けして仏像、開山の像・北条家の御位牌を安置し、ひそかに早雲寺再興の機会を待った。

　元和七年（一六二一）十月十四日、菊径は本山大徳寺出世し、一六五世住職になった（『龍寶山大徳禅寺世譜』）。ただ菊径の場合、綸旨を下賜されても上洛し、大徳寺に入山せず、在国のまま大徳寺住職になっている。大徳寺ではこれを「居成の出世」と呼んでいる。菊径の大徳寺出世について『早雲寺古記録』は、有馬中務（久留米三代藩主有馬忠頼）の援助があったと伝えているが、詳細のことは分からない。

　菊径の早雲寺再興への道は、小田原城主への寺内門前・竹木安堵要請から始まり、更に菊径自身が「自ラ土木之労ヲ取ル」というなかで進められ、遂に寛永四年（一六二七）六月二十一日、方丈の上棟式を迎えるに至った。しかし残念ながら菊径はその日急逝し（『法梁隆徳禅師行状』）、方丈の完成を見るにいたらなかった。世寿七十歳。

（岩崎宗純）

▽参考文献
・早雲寺史研究会『早雲寺—小田原北条氏菩提所の歴史と文化』かなしん出版　一九九〇年
・岩崎宗純『中世の箱根山』かなしん出版　一九九八年
・岩崎宗純「江戸時代の早雲寺—その断絶と再建過程」（『三浦古文化』一七号）一九七五年

## ［70］木食僧弾誓（一五五二—一六一三）——塔之沢阿弥陀寺を中興

### ◆阿弥陀寺の復興

「阿育王山阿弥陀寺」は北条早雲によって亡ぼされた小田原城主大森氏一族の安叟《あんそう》禅師（小田原市久野・総世寺開山）が草庵を結んだところから始まる。しかし、戦乱の世にあって寺は荒廃した。やがて江戸時代初期に至り、廃寺同然の寺を再興したのが、蓮髪の木食僧弾誓《たんせい》上人であった。

弾誓の生涯を客観的に著した資料は現存していない。後に上人を頌徳する意を込めて作成された「絵詞伝」なる資料が、弾誓に関係する複数の寺院に残っている。塔之沢阿弥陀寺にも三巻仕立ての巻子本が残存する。この資料は、外箱の蓋裏に、金泥で「秋元伊賀守寄附」と書かれており、川越藩主秋元喬房《たかふさ》が阿弥陀寺に寄附したものであることがわかる。絵は正徳年間に活躍した狩野派の絵師津田朴由の手になり、箱根町指定重要文化財となっている。この資料をもとに弾誓上人の生涯について辿ることにしよう。

### ◆多数の民衆を救済

弾誓は、天文二十一年（一五五二）尾張国（愛知県）海部郡に生まれた。母は青山氏を名乗り、父は不詳である。九歳で出家し、その後十五歳から二十年間美濃国（岐阜県）塚尾観音堂という所で一人参籠修行の結果、亡霊済度の呪術念仏を習得したという。三十五歳頃遊行へ出、近江（滋賀県）守山野州の橋で女人の霊魂を、兵庫一の谷で平家の亡霊を済度する。さらに、熊野三山を巡り、権現から八葉の大鏡を授かるなど、奇瑞譚の始まりを見ることができる。

天正十八年（一五九〇）、佐渡相川に渡った弾誓は、檀徳山で六年の修行の後、阿弥陀如来以下諸菩薩の降臨を受け、「十方西清王法国光明弾誓阿弥陀仏」と名づけられるとともに、「仏頭」を授かった。

この時、弾誓は阿弥陀仏の化現となるというクライマックスを迎えたのである。即身成仏し阿弥陀如来と化した弾誓は、佐渡から信濃国（長野県）へ渡り、諏訪の唐沢山阿弥陀寺などで、多数の民衆を救済し、信仰を集めていく。

弾誓が塔之沢阿弥陀寺の洞窟に参籠したのは、慶長八—九年（一六〇三—四）頃のことのようである。たまたま箱根に狩にきた小田原藩主大久保忠隣は、弾誓の異相に驚き矢を放つが、「我は是諸国修行の聖なり…必ず怪しみ給う事勿といひ畢りて、静かに念仏し給へ

『弾誓上人絵詞伝』（洞窟内の人物が弾誓）　箱根町・阿弥陀寺所蔵

ば、領主大いに信を発し」山林二四町の寄進をするというエピソードがある。

また別本では、重病に罹った弾誓の弟子念光のため、早川河原を鉄杖で穿ち温泉を湧出させたという記載もある。病気療養に用いられていた温泉の開湯を弾誓の奇瑞に結びつけているところを見ても、民衆の間に弾誓への信仰心が根付いていたことが伺われる。

慶長十四年（一六〇九）弾誓は塔之沢を去り、生れ故郷の尾張を経由して、京都古知谷の阿弥陀寺に入り、同十八年（一六一三）に入寂した。

### ◆本堂の裏山に残る弾誓の足跡

阿弥陀寺本堂からさらに、二〇〇メートルほど急坂を登った裏山に、二つの洞窟がある。洞窟の前には至徳丁卯（一三八七年）銘の宝塔が建ち、弾誓がこの洞窟にこもる以前から山岳修験者たちが修行の場としていたことがわかる。

内部には五輪塔八基、無縫塔三基、圭頭板碑五二基が建ち並んでいる。これらの石塔は、洞窟に籠って修行を続ける弾誓上人の許に、「現世の安穏」「来世の極楽往生」を願う民衆が運び込んだものと伝えられている。弾誓はこれらの石塔に「南無阿弥陀仏」の六字名号、圭頭板碑には「設我得仏」「不取正覚」という無量寿経の経文、さらに同板碑の頭には、平仮名の「ひ」のように見える文字を自刻している。これらの刻銘は、弾誓の許に参じた民衆の救済のために上人が自刻したものであり、弾誓信仰の実態を伺わせるものである。

なお、前述の「ひ」文字は、弾誓の花押を「一心」と見て、草体化された「心」と読むという説がある。

（大和田公一）

▽参考文献

・箱根町立郷土資料館図録『阿弥陀寺の歴史』一九八六年
・五来重「塔の峰本『弾誓上人絵詞伝』による弾誓の伝記と宗教」（『箱根町誌』第三巻）一九八四年

# ［71］稲葉正則（一六二三―一六九六）

## ―小田原藩政を確立し、城を大改修

◆**将軍家光の上洛と小田原城**

寛永十一年（一六三四）六月二十日、三代将軍徳川家光は三十万余の軍勢を従え江戸を進発、上洛の途についた。御料地増進などを手土産に、その名目は朝幕関係の融和にあったが、実質は朝廷に対する示威行動だといわれる。同二十二日、小田原に到着した家光を出迎えた城主稲葉鶴千代（後の正則）は、いまだ前髪を残す十二歳の少年であった。鶴千代は三の丸大手から本丸まで家光に供奉し、竣工したばかりの本丸御殿で家光を饗応。つづいて真新しい天守に案内し、内部に飾った武具を上覧に入れ、また展望を楽しむ家光の質問に応じている。

本丸御殿は将軍の止宿専用施設で、その建設費用も幕府が拠出した。家老田辺権大夫らに対し、家光が直々に御誉めの言葉をかけたのは、若い藩主を守り立てるべき田辺らへの配慮をにおわせる。

家光の小田原滞在は、翌日の休息予定地だった箱根御殿が焼失するというハプニングによって一日延びたが、鶴千代は家臣の助けを得て、無事接待を終えた。

◆**栄進を遂げて小田原に入部**

寛永九年（一六三二）十一月、稲葉正勝は下野（栃木県）真岡四万石から倍増の八万五〇〇〇石で小田原に入部した。本来、家光を出迎えるはずだったのは鶴千代の父正勝で、八歳の時から家光に仕えた生え抜きの側近だった。

正勝は、家光の乳母の任にあってその家督継承に奔走し、大奥で絶大な権勢を誇った春日局の子であり、こうした母の後ろ盾と家光の絶大な信頼を得て、「出頭花がふる」と評されるほどの栄進を遂げた人物である。勿論、自身の才覚と譜代家臣として諸役に精勤した実績あっての出世であり、小田原拝領であった。

ところが、翌十年正月、城の整備を開始した直後に小田原は大地震に見舞われて壊滅的な被害を受けた上、かねてから一進一退を続けていた正勝の病状が悪化し、翌十一年正月に三十八歳の若さで世を去ってしまったのである。

稲葉氏の小田原入部は、これ以前に小田原城を大御所徳川秀忠の隠居所とする計画があったうえ、駿府に配した家光の弟忠長の蟄居改易を受けての措置であり、新たな江戸防衛体制の構築と関東の大名配置を進める上で重大な意味を持っていた。このような状況下で、幼い鶴千代の家督相続のみならず、所領が安堵されたのは、まさに春日局の威光と家光の格別のはからいによるものであった。

## ◆小田原城と城下の整備

家光の饗応を終えた鶴千代は同年十二月従五位下に叙任され、美濃守正則と改めた。その藩政は天和三年（一六八三）まで四十九年余の長きにわたり、明暦三年（一六五七）以降の二十四年は老中として幕政も主導した。稲葉氏三代の小田原藩政は五十三年間で、大方を正則が担ったことになる。彼は急速に拡大した小田原藩の藩政基盤確立を急ぐと同時に、小田原城の大改修ともいうべき整備に邁進した。

小田原城と城下の構成は、稲葉氏の整備以降に大きな改編をみないことから、正則時代の整備で近世化のプランはほぼ完成したとされる。寛永地震の復旧と将軍止宿に備え、天守や本丸御殿・二の丸屋形などの造営と、外郭の山王（江戸）口を南から東側に付替えるとともに東海道を北側に移し、同じく城の大手口を南から東側に移してこれと結ぶ御成道が整備され、新たな町割りが行なわれた。山角町周辺への寺社集中もこの時期に進められている。

さらに正保元年（一六四四）以降の二の丸や馬屋曲輪の諸櫓新設、寛文六年（一六六六）の城米蔵の普請など断続的に整備や修理が行なわれ（寛文図）、延宝元―三年（一六七三―五）の総仕上げともいうべき普請で櫓の配置も完了し、諸門の整備や石垣のかさ上げがなされ、小田原城の面目は一新した。

稲葉氏はこれら整備に加え、譜代大名として率先して幕府の軍役を務めねばならなかったから、莫大な出費が家中の窮乏や農村部の過重な負担を招いたことも看過できない。正則は元禄九年（一六九六）に没したが、心血を注いだ小田原への思いか、遺言により入生田の紹太寺に葬られた。

（岡　潔）

稲葉正則画像　京都府・稲葉神社所蔵


▽参考文献

・『小田原市史』史料編　近世Ⅰ藩政　一九九五年
・『小田原市史』通史編　近世　一九九九年
・『小田原市史』別編城郭　一九九五年
・小田原市教育委員会『小田原城とその城下』一九九〇年

# ［72］箱根宿本陣の人びと——東海道では最多の六軒

**◆本陣は六軒、脇本陣が一軒**

本陣とは本来天皇が行幸する際、鳳輦を囲む一帯のことであった。やがて戦乱時においては、軍陣の中心つまり大将のいる本営を意味するようになり、江戸時代には宿場において大名などが休泊する大規模な旅宿を指す言葉として使われるようになった。

もっとも、これらの旅宿は当初から「本陣」という特別の格付けがなされていたわけではなく、これが正式に職として編成されたのは、元禄年間（一六八八―一七〇四）のことであるといわれている。

東海道五十三次の中で、箱根宿は幕末期に至っても家数二〇〇戸ほどの小規模な宿場である。しかし、ここには六軒の本陣と一軒の脇本陣があり、次表にあげた神奈川九宿はもとより、五十三次全宿を見渡しても、浜松宿とならんで最多軒数であることを確認することができる。

**◆本陣家の人々**

嘉永年間（一八四八―五四）に、幕府は各宿本陣に対し各家の由緒を尋ねている。その返答として作成された「宿方本陣共由緒書上」（嘉永三年）から、箱根宿本陣・脇本陣家について紹介してみよう。

○平左衛門（天野）…三島町

先祖は甲州武田の家臣と伝わる。落城以降豆州あたりに住まいしていたが、箱根宿取り立ての時、当宿へ移住し十代続いている。

○又右衛門（天野、大松屋）…三島町

前記平左衛門三代目の二男が分家したものである。本陣を勤めるようになったのは元禄年間からのことで、当代で六代目となる。

○佐五兵衛（駒、柏屋）…小田原町

先祖については、一切不明である。元和年中箱根宿取り立ての時より、本陣を勤めてきている。当代で十四代目である。

○覚右衛門（川田）…小田原町

先祖は、甲州武田家臣土岐八右衛門尉信末であると伝わる。三河国武田村に住居していたが、天正年中に小田原へ移り、元和年中箱根宿取り立ての時に川田覚右衛門と改名し、本陣を勤めてきている。当代で九代目となる。

○弥平太（石内、鎌倉屋）…小田原町

先祖は、相州三浦家三浦清元といい、鎌倉荏柄に住居していたが、氏を石内と改め、その孫石内四郎右衛門が享禄四年（一五三一）、小田原へ引越し、元和年中

| 宿名 | 本陣数 | 脇本陣数 |
|---|---|---|
| 川崎 | 2 | 0 |
| 神奈川 | 2 | 0 |
| 保土ヶ谷 | 1 | 3 |
| 戸塚 | 2 | 3 |
| 藤沢 | 1 | 1 |
| 平塚 | 1 | 1 |
| 大磯 | 3 | 0 |
| 小田原 | 4 | 4 |
| 箱根 | 6 | 1 |

箱根宿　明治中期　箱根町立郷土資料館所蔵

箱根宿へ移ったと伝わる。

○弥五左衛門（又原）…小田原町

先祖は甲斐信玄家臣原美濃守と言い、戦の度に功績をあげていたので、信玄公から、また原が活躍したかと、度々称賛された。その後小田原の板橋に住まいしていたが、箱根宿取り立て時に移住して本陣を勤めている。先祖の軍功によって苗字を「又原」と名乗っている。当代で八代目。

○脇本陣　三郎右衛門（白井）…三島町

先祖は、武田信玄の家臣である。豆州韮山に住まいしていたが元和四年（一六一八）、箱根山の深山を伐開し宿場取り立てとなった際、当宿へ移り住居した。当代で九代目となる。

**◆宿場の中心的存在**

箱根宿は東海道の他宿に後れ、元和年間（一六一五—二四）芦ノ湖畔の無人の原野地に新設された宿場である。宿場設置にあたっては、両隣の小田原・三島宿からそれぞれ五〇軒ずつを移住させ、町並みを形成したとされる。前掲本陣名の下に記した「小田原町・三島町」名は宿場内の小名で、それぞれの地域から移住した人々が集住した場所を示している。

箱根宿の本陣・脇本陣も分家の一家を除き、宿場新設時に移住してきたものであり、江戸時代を通じ、宿場の中心的存在として営みを続けてきたことがわかる。

（大和田公一）

▽参考文献

・『神奈川県史』資料編9　一九七四年
・『東海道箱根宿関所史料集』三　吉川弘文館　一九七五年
・箱根町立郷土資料館図録『箱根八里—難所東坂を登る—』二〇〇一年

# ［73］真鶴の石工たち
## ——功績を讃える「石工先祖碑」

**◆江戸城修築に石を切り出す**

真鶴町は「石」の町である。現在でも採石場がここかしこにあり、名産である小松石を搬出するトラックの往来も少なくない。

かつてこの地方には「石屋は豆腐の皮をむいて食う」ということわざがあったという。贅沢が極まって、むく必要のない豆腐の皮までむいて食べるという意味だが、石の商売に携わる者の活況ぶりがうかがえる言葉である。

伝承では、真鶴で石が切り出されたのは、古く奈良時代に遡るともいわれる。また、鎌倉時代には寺社の石塔や石仏にも多く使用されたが、産業としての石材業が盛んになったのは、江戸時代に入ってからである。特に、江戸城修築にあたっては、全国の大名たちが真鶴をはじめ伊豆半島東岸から石を切り出し、海路江戸に搬送した。

**◆小河政良が丁場開設に尽力**

真鶴町岩の小字専祖畑（真鶴町役場付近）に、「石工先祖碑」が建っている。この碑は、岩村の石材業の発祥およびその先駆となった人々の功績を讃えるために、江戸時代の安政六年（一八五九）に建立されたもので、町の文化財に指定されている。

碑文によると、岩村において石切りが始まったのは十二世紀で、保元・平治の乱を逃れた土屋格衛という人物が岩村に赴き、石切りを始めたという。その後、鎌倉幕府が当地の石を御用石として切り出させていたし、また太田道灌が桜田の城（江戸城）を築くとき、その築石もこの真鶴一帯に求めたという。こうして真鶴から産出される石が広く世に知れ渡るようになり、文明年間（一四六九—八七）に、土屋格衛からつながる石切りの由来を石碑に刻み、後世に伝えるに至ったという。しかし、その後、戦国期の争乱や地震その他の理由で損壊したので、安政六年に復興したのである。

ところで、この碑文には、江戸時代に岩村に丁場を開設し採石に尽力した人物として、福岡藩家臣小河《おごう》政良と七人の石工の名も刻まれている。

**◆丁場を見守る福岡藩主の供養塔**

慶長五年（一六〇〇）関ヶ原の戦いで勝利した徳川家康は、その拠点とした江戸城の大がかりな修築を命じた。それは家康から三代将軍家光にいたるまでの、

黒田長政供養の碑　真鶴町・西念寺境内

およそ三〇年にも及ぶ一大事業であった。その大工事に必要な土台や砂利などの大量の石材は、真鶴をはじめとする伊豆半島東岸の一帯に求められた。普請を命じられたのは大名たちであったが、真鶴にも水戸藩・尾張藩といった御三家や、福岡藩黒田家などが石丁場（採石場）を設定し、採石を行なった。

　江戸城普請も終盤に近づいた寛永十三年（一六三六）、幕府は西国の大名たちに総仕上げの普請を命じた。このとき普請を課せられた福岡藩が、採石の惣奉行として任命したのが小河織部政良である。小河政良は、福岡藩二代藩主黒田忠之に仕えた重臣であった。先の「石工先祖碑」には、小河氏が石工七人を引き連れて真鶴に赴き、岩村の小松山に「口開《くちあけ》丁場」を開設したとある。

　「口開」とは、本来物事の始まりを意味する言葉であり、採石者の意気込みをも感じさせる名前である。小河氏が現地でどのような指揮をとったかについては判然としないが、地元の人々はその偉業を讃え、後世に伝えようとしたのであろう。それゆえ「石工先祖碑」には、石切りの先駆者として土屋格衛とともに小河氏の名が刻まれたのである。「口開」とは、福岡藩のみならず、まさに真鶴の石材業隆盛の先駆けをも象徴するものであった。

　現在のＪＲ真鶴駅裏手にある浄土宗西念寺には、福岡藩主黒田長政の没後十三回忌にあたって建立された供養塔がある。寛永十二年（一六三五）に採石のためこの地に赴いていた小河政良が建立したものである。今は礎石のみが当時の面影を残すが、今もなお採石が行なわれている背後の「口開丁場」をまるで見守るかのように建っている。

（椿田卓士）

▽参考文献
・『真鶴町史』通史編　一九九五年
・『真鶴町史』資料編　一九九三年
・『福岡県史』近世史料編福岡藩初期上・下　一九八三年
・『福岡県史』通史編福岡藩一　二〇〇〇年
・遠藤勢津夫『真鶴の歴史を探る』門土社　一九九六年

# ［74］風外慧薫（一五六八―一六五四）

## ――名利を捨て野に生きた僧

**◆親しく民衆に接する僧たち**

江戸時代、仏教は徳川幕府の宗教支配に従順し、大伽藍の中で紫衣をまとい法を説く宗教へと堕落していった。そのなかにあって厳しい修行の場を野に山に求め、親しく民衆に接し、やさしく仏教の教えを説いた僧たちがいた。円空上人・木食明満・白隠慧鶴等である。彼らはまた、教化のため仏像を彫り、仏画を描いた。自由で、清冽な境涯を表出するこれらの遺作は、今日も我々の胸を打つ。江戸時代前期西相模地方に足跡を残した風《ふう》外慧薫《がいえくん》もそのような僧の一人であった。

**◆洞窟で画禅三昧の生活を送る**

風外慧薫は、永禄十一年（一五六八）、上野国碓氷郡土塩《ひじしほ》村（群馬県碓氷郡松井田町土塩）に生まれた。幼名、得度の動機、年代については不明であるが、近くにある曹洞宗の名刹長源寺の為景清景に師事したらしい（『日本洞上聯燈録』）。その後、上野国白郷井村中郷の曹洞宗の大叢林雙林寺に転錫し、修行に励んだ。また、『名家略伝』は、風外は物外紹播等の臨済僧にも師事したと伝えられているが、詳しいことはわからない。

元和四年（一六一八）頃、請われて相模国成田村（小田原市）の曹洞宗成願寺の住職になった。北関東の禅刹を修行の場としていた風外が、どのような法縁で成願寺に住するようになったか、明らかではない。

しかし、風外は、この寺に「居ること数歳、やや意の如くならず、辞し去って」（『聯燈録』）しまう。何故か、その理由はわからないが、世俗を越えたところに修道の場を求めていた風外にとって、「職業としての住職」は意にそわなかったのであろう。

寺を出た風外は、上曽我村（小田原市）の洞窟を住みかとするようになった。この洞窟について『新編相模国風土記稿』は、「洞、字竹ノ内にあり、方三間、高さ八尺許」で、風外という僧が籠居した所と伝える。風外は、この洞窟で暫く画禅三昧の生活を送ったのであろう。なお近くの田島にも風外が住んだと伝える洞窟があり、ここにも風外は籠居していたらしい。

風外はやがてこの地を去り、真鶴村（真鶴町）に姿を現し、寛永五年（一六二八）、海辺の断崖の近いところにある浄土宗西念寺の境内の荒れ果てた堂を修理し、住庵とした。寛永七年、風外は幼い時から信仰していた天神をこの地に勧請し、天神堂を建てた（『新編相模国風土記稿』）。

　真鶴で風外は村名主五味演貞の帰依を受けた。風外の真鶴在住二十余年の間、演貞は風外の外護者として援助を惜しまなかった。風外もまた村人の需に応じて多くの書画を残している。

　真鶴での画禅三昧の生活にも、やがて転機が訪れた。慶安三年（一六五〇）、小田原城主稲葉正則が風外の噂を聞いて、城の招聘した。ところが、正則は約束の日を忘れていた。待ちあぐねた風外は「太守ハ一国ノ鎮。我ハ風外ノ身、卒客ニ卒主無シ。宜シク仮ルベシ真ニ宜シカラズ」という一詩を残して立ち去り、その日から真鶴に戻ってこなかった（『名家略伝』）。

　旅に出た風外は、三年ほど伊豆田方郡原木村（静岡県伊豆の国市）の竹渓院に滞在したが、その後、同院を出て駿河・遠江を托鉢しながら同国引佐郡石岡村（静岡県浜松市細江町）に庵居した。

　承応三年（一六五四）のある日、風外は人を雇い、隣村金指村寺前の地に穴を掘らせ、その中に入り入定した。世寿八十七歳と推定される。

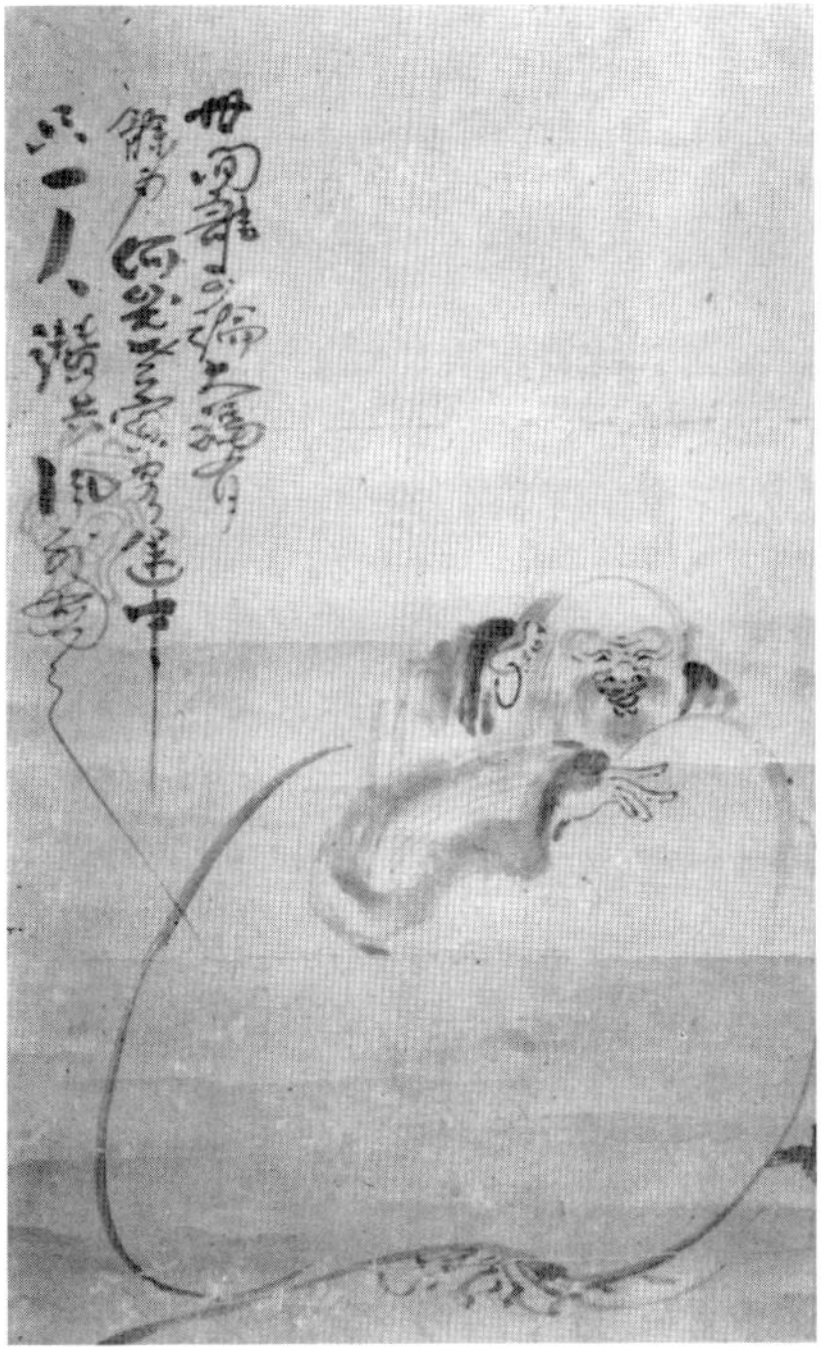
風外画「布袋図」　真鶴町役場所蔵

**◆達磨や布袋を好んで描く**

　風外はその生涯にわたり数多くの書画を残している。達磨や布袋を好んで描き、それらの絵は、布施の返礼として描かれたもので、それを米五升に換えたとも伝えられ、小田原地方に残る風外の達磨図は、「五升達磨」とも云われている。これらの遺品から、名利を捨て、生涯を野に生きた風外のいきざまが偲ばれる。

（岩崎宗純）

▽参考文献
・高瀬慎吾「風外慧薫とその作品」平塚市教育委員会
・竹内尚次「風外道人の足跡を辿って」（「墨美」一〇一号・一〇四号）
・平塚市立博物館図録「相模の禅僧風外慧薫」一九九二年

# 【75】下田隼人（?—一六五九）

## —検地に異議をとなえて直訴した農民

**◆万治検地は年貢増徴が目的**

相模国内の小田原藩領の検地は、天正十九年（一五九一）、文禄二年（一五九三）、慶長十七年（一六一二）、寛永十七年（一六四〇）、万治一—三年（一六五八—一六六〇）の数度にわたって大久保氏、稲葉氏によって実施された。特に万治年間、稲葉正則により行なわれた検地は「万治検地」と呼ばれ、この時代を通して小田原藩の農民支配の根幹を成すものとして重要な意味を持つ。

万治検地にあたって、小田原藩は明暦三年（一六五七）から三年間領内の年貢を定免（定率）とし、同四年七月には検地の際の不正防止を達するなど検地を行なうにあたっての四か条心得を申し渡し、入念な準備を経て実施に踏み切った。

万治の検地の目的は年貢増徴である。近世に入り社会が安定すると、耕地の拡大や生産力の上昇により、権力側は年貢収奪の精査にかかった。小田原藩では、藩主稲葉正則は当時幕府老中を務めており、藩政とともに幕政とも関わっていた。そのため公私にわたる出費は多く、藩の財政は京都の大商人への依存度を高めており、収入増を図ることが急務であった。

**◆直訴の願いは届いたものの打ち首**

この万治の検地に異議をとなえた農民がいた。関本村（南足柄市）の下田隼人《はやと》である。ところが彼の行動については事件当時の資料が全くなく、確実なことはわからない。

後の記録類で隼人の行動を記述しているのは、文政十年（一八二七）の「下田隼人の施餓鬼開催につき郡中協力の依頼状」だけである。大正十二年（一九二三）に刊行された『足柄上郡史』の第六章に隼人についての記載があるが、文政十年の記録が根底にあるようだ。

これらの記述を要約すれば「農民たちに年貢増徴に加え麦年貢もかけられることになったので、西郡村々の惣名主をつとめていた隼人は、騒ぎたてる百姓達をしずめ一人越訴におよぶ覚悟に至った。訴えは首尾よく殿様には届いたものの、すぐに捕らわれた。後に麦年貢はとりやめになったが、直訴はご法度なので、隼人は牢に入れられ万治二年（一六五九）十二月二十三日打ち首となり、田畑・屋敷・他の財産が没収となった」というものである。

このうち、麦租徴収の実体や、西郡惣代名主の存在などについては疑問の残るところであるとし、批判が展開されている。
　しかし、彼の名が万治二年三月の関本村山畑検地帳に見えるので、実在した人物であることは確かである。

**◆年貢の是正は一年限り**

　隼人が処刑されて一六八年経た文政十年（一八二七）、関本村名主格伝兵衛ら関本村役人たちは、隼人の施餓鬼を開催するため村々に協力を呼びかけた。

下田隼人の墓と記念碑　南足柄市・龍福寺

　これには隼人の事件についての顚末のほかに、彼の法名が相阿弥陀と呼ばれていること、檀那寺であった雨坪村弘行寺との行き違いにより、関本村の龍福寺に葬られたこと、後の下田家の火事により事件に関する文書が残らず焼失してしまったことなどが記され、最後に彼が「郡中之為ニ死候事故《ことゆえ》」皆様方に多少に限らず、手向けを頂ければありがたいとしている。
　最後に、隼人が死を以って訴えた結果、藩はどのような対応をしたのだろうか。
　隼人が越訴した翌年の万治三年十月の弘西寺村（南足柄市）年貢割付状には「山畑御免、本畑壱反ニ付拾五文宛下ル、屋敷ハ取付之通り」の年貢訂正の記述があり、山畑の年貢が免除され、畑方の年貢率が減ぜられているのは、隼人の行動と関係があると推察される。
　しかし、この措置はこの年限りで、翌年からは訂正以前の年貢高と同じ畑方年貢の上納を命ぜられていて、この時代の支配の厳しさが見てとれる。

（関口康弘）

▽参考文献
・『南足柄市史』２資料編　近世⑴　一九八八年
・『南足柄市史』３資料編　近世⑵　一九九三年
・内田哲夫『小田原藩の研究』夢工房　一九九六年
・南足柄市史編集委員会『あしがら市史研究』第六号　一九九四年

# 【76】稲津祇空（一六六三―一七三三）

## ――早雲寺に庵を結んだ俳人

**◆宗祇を慕い早雲寺に寂す**

箱根湯本、早雲寺本堂裏の墓地に、文亀二年（一五〇二）、京への途上この地で没した中世の代表的な連歌師飯尾宗祇の供養碑が佇んでいる。この碑に寄り添うように、「青流洞三幽祇空居士之墓」と刻まれた墓碑が建っていることに気づく者は少ない。

「この世をばぬらりくらりと死ぬる也
　地ごくつぶしの極楽之助」

なんともユーモラスな辞世の句を残し、宗祇を慕いつつ享保十八年（一七三三）、早雲寺「石霜庵」に没した江戸期の俳人稲津祇空の墓である。

**◆其角と祇空と紀伊国屋文左衛門**

祇空は寛文三年（一六六三）泉州（大阪府）堺に生まれ、伊丹派俳人に師事して俳諧の道に入り、元禄八年（一六九五）竹堂青流と号して俳諧集「住吉物語」を撰しているが、その前半生については不明な点が多い。

宝永三年（一七〇六）、常盤潭北と共に奥州を旅して記した紀行文「汐こし」（享保二年出版）に、「六とせ住みなれし月影のさすや庵崎の有無庵…」とあることから、元禄十四年頃には江戸に住まいしていたようである。江戸へ出た祇空は榎本其角・服部嵐雪らと交流をもち、やがて其角の門人となった。其角は芭蕉門下の傑物として知られ、赤穂浪士の大高源吾をはじめ、様々な階層の者が、彼の下に身を寄せていた。その中のひとりが、俳号を「千山」と称した豪商紀伊國屋文左衛門である。

青流（祇空）と紀文は連れ立って、大和・播磨方面や鎌倉へ旅するなどその親交を深め、真偽の程はともかく紀文は青流に対し「何卒予が家の近くへ居を移し給はゞ三百両をまいらすべし」（「吉原雑記」）という逸話が生まれる程であった。

宝永四年（一七〇七）二月二十九日、其角は茅場町の草庵に没した。青流はこの数日前に病床を訪れ、其角おさめの句となった連句を詠み、世にその名を知られるようになった。

**◆宗祇墓前で薙髪**

師其角の七回忌を経た翌正徳四年（一七一四）十月、青流は箱根湯本早雲寺の宗祇供養碑を詣でた後、時の早雲寺住職であった柏州宗貞（早雲寺二三世）を戒師として五十二歳で薙髪し、祇空と号した。

「浪花青流江戸の祇空、享保四年の秋都に住して、雨の夢みしとて敬雨と呼れ、一人三名也」（「石霜庵追善集」）とあるように、薙髪後の祇空は、その後十年あまりの間、江戸あるいは京に住いしていたようである。在京中は、一時紫野大徳寺に身を寄せ「敬雨」と号し、後に上京飛鳥井町のあたりに移り住んでいたようである。

稲津祇空の墓（左）と宗祇の墓（右奥）　箱根町・早雲寺

**◆終焉の地―再び箱根へ**

享保十六年（一七三一）、六十九歳となった祇空は、再び箱根湯本の早雲寺に入り、ついえの棲みかとなる「石霜庵」を結んだ。「石霜庵」は「膝入に過ぎぬ庵室」で、「半雲」と記された額が掲げられており、「庵中六物」と称される竹銅鼓・詩瓢・陶硯・柱杖・笠筌・手文庫以外の所持品はなかったと伝えられている。

「石霜庵」での祇空は、「鹿の声などを聞き澄して、人間常住のおもひを破り、おどろかれぬる老の暁と、独り竹銅鼓をうちならして、日課称名のたよりとなし」という隠棲にあって、周囲の風光を「南塀朝暾・朶峰残照・塔峯積翠・湯村煙雨・双渓長流・独橋行人・光堂晩鐘・城嶺落月・双乳暁雪」という「石霜庵九景」として絶景を賞した。

入庵二年後の享保十八年（一七三三）四月九日、祇空の容態が思わしくないとの知らせを聞いた江戸の門人たちが箱根へと駆け看病にあたったが、二十三日の夕に至り「貌体ねむるが如くに逝去」した。

遺骸は薙髪の戒師であった柏州宗貞を導師とし、宗祇法師の塚よりも少し引き下がったところに、かねて建て置いてあった墓碑のもとに葬られた。

（大和田公一）

▽参考文献
・倉橋連之祐「祇空年譜」一九二一年
・早雲寺史研究会『早雲寺―小田原北条氏菩提所の歴史と文化』かなしん出版　一九九〇年

# 〔77〕山田次郎左衛門——小田原の鋳物師棟梁

## ◆相模国内の鋳物師を統括

小田原宿東端に位置する新宿町の小名に「鍋町」がある。この一角は『新編相模国風土記稿』に「鋳工多く住す」とあるように、さまざまな鋳物製品の生産や販売にいそしんだ鋳物職人たちの拠点だった。

小田原鋳物師の活動は史料や作例に乏しく、実態は不明な点が多いが、梵鐘の鋳造にみる限り、相模国内では小田原が荻野（厚木市）と並ぶ生産拠点だった。貞享三年（一六八六）の「小田原町明細書上」には、惣町中の鋳物師は三人と報告されている。この頃に活動が知られる、山田次郎左衛門・長谷川喜兵衛尉・青木源右衛門尉の三者だろう。同明細にある鍛冶屋三〇人に比してわずかのようだが、彼ら鋳物師は配下に相当数の従事者を抱えていたものとみられ、そうした人々の多くが鍋町周辺に居住したのだろう。

河内国丹南郡狭山郷日置荘（大阪府堺市）の出身という山田次郎左衛門の小田原来住を、『新編相模国風土記稿』は天文三年（一五三四）と伝えるが、その根拠は明らかでない。これを示す史料は、永禄十二年（一五六九）に戦国大名小田原北条氏が分国中の鋳物師商売の自由を山田氏に認めた虎朱印状が初見となる。ここで注目されるのは小田原新宿の地名自体の初見も同じくこの文書だという点で、周辺寺院の建立年代が戦国後期以降であり、『新編相模国風土記稿』が新宿町の旧家に山田氏をあげることなどから、小田原新宿成立の契機と山田氏の来住が密接に関わる可能性が指摘されている。

その後、山田氏は北条氏の保護下で天正十四年（一五八六）には「鋳物師棟梁」に任命され、同十七年には少なくとも小田原新宿を拠点に、相模国内の鋳物師を統括する地位にあった。

## ◆「統領大工職鋳物師」の名乗り

近世の小田原鋳物師は、中世以来の山田・長谷川両氏に加え、諸氏を輩出した。その鋳鐘数と活動時期は左表のとおりで、

| 鋳物師名 | 鋳鐘数 | 鋳鐘時期 |
|---|---|---|
| 山田 | 四七 | 一六七九—一八一三 |
| 長谷川 | 六 | 一六六四—一六九〇 |
| 青木 | 四 | 一六二九—一七一三 |
| 田島 | 一 | 一六二九 |
| 内野 | 三 | 一七二二—一七二六 |
| 山崎 | 十七 | 一七三一—一八四九 |
| 小林 | 三 | 一七一三—一七四二 |

北条氏滅亡の影響か、近世初頭に山田氏の活動がみられず、青木源右衛門尉・田島又右衛門ら新鋳物師が現れる。中期以降に山崎与次右衛門の進出が著しいが、山田次郎左衛門の活動再開後は、圧倒的な生産力を誇った。この内でも次郎左衛門家久・同家次・同孝次の鋳鐘数は群を抜き、三者の合計は近世小田原鋳物師鋳鐘の半数近くを占める。さらに、彼等は鐘銘に自らの出所を河内狭山郷とうたい、孝次にいたっては「統領大工職鋳物師」と称した。こうした出所や統領たる格式の表記は他の相模鋳物師にみられない。「山田文書」は、京都の地下官人真継家発給の鋳物職許状（同家が鋳物師の由緒を確認して特権を認め、営業許可と権威付けをした文書）を伝えている。近世の山田次郎左衛門は、朝廷の権威を基盤に全国の鋳物師支配を家職とした真継家を利用し、由緒と格式を誇示して新鋳物師や他国鋳物師の進出を牽制したのである。

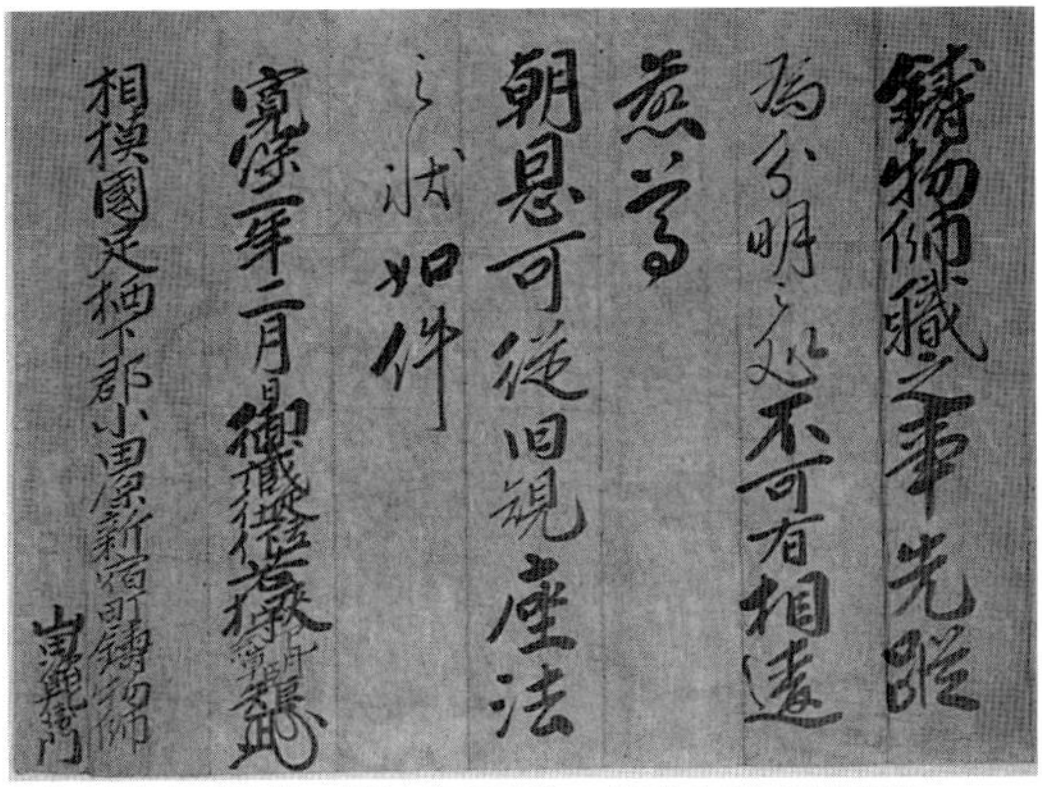

真継家鋳物師職許状　寛保２年（1742）　小田原市立図書館所蔵

　ところで、家久・家次・孝次の鋳鐘時期は重複期間があり、その関係は明らかでない。孝次の鋳鐘時期は一一四年間にも及ぶが、享保九年（一七二四）―宝暦六年（一七五六）の間と、宝暦八年（一七五八）―天明五年（一七八五）の間に各々約三〇年の空白が開くので三代の襲名と推定し得る。真継家の鋳物職許状は、山田氏が代替わり毎に礼金を上納して受給したとみられ、寛保二年（一七四二）と安永四年（一七七五）の許状がこれと照応するから、この許状は孝次の代替わりを示す可能性が高い。したがって「統領大工職」の銘に示すごく、次郎左衛門孝次がその中心的存在といえるだろう。

　山田氏は明治時代にも四口の鋳鐘が知られるが、同二十四年（一八九一）を最後に小田原を去る。その工房は現在も鋳物業を続ける柏木家に引継がれている。

（岡　潔）

▽参考文献

・神奈川県教育委員会編『改訂新編相州古文書』第一巻　一九六五年
・神奈川県『史蹟名勝天然記念物調査報告書』第十一―十四・二十八輯　一九四三―四八年
・内田哲夫・岩崎宗純『小田原地方商工業史』夢工房　一九八九年
・小田原伝統鋳物研究会『炎の匠・小田原伝統鋳物』夢工房　一九九七年

## ［78］湯山弥太右衛門（一七四〇―一八二二）

### ――瀬戸堰開削に成功した名主

湯山弥太右衛門

**◆富士山噴火による大量の降砂**

　川村山北（山北町）で名主を勤めていた湯山家は、数代にわたり当地の用水工事などに大きな足跡を残した。

　宝永四年（一七〇七）の富士山噴火にともなう大量の降砂は、一帯に大規模な洪水をもたらした。村人たちは、家を山裾の高台に移転させ、その三分の一に及ぶ人々が出稼ぎを余儀なくされ、村には老人・子ども・病人たちが残され、飢えに苦しむという惨状を呈するに至った。

　以降この地域の人々は、村中央を貫流する皆瀬川の瀬替による流路変更や、新らたな用水の安定的確保など、治水・利水に腐心せざるをえなくなったのである。

　このような生活基盤確保の闘いにあって、指導的立場にあった湯山家の存在を忘れてはならない。

**◆酒匂川上流に新堰を開削**

　湯山弥太右衛門は元文五年(一七四〇)に生まれ、文政五年（一八二二）八十三歳で病死している。彼は幼時に土産で磁石をもらい、また用水工事にも関心が深かったなどの話も伝わっている。

　明和七年（一七七〇）、山北地方は大旱害に見舞われる。山北・向原の村民は、日照りの被害を防ぐために新堰(瀬戸堰)の開削により安定的に用水を確保・供給し、新田開発を行なう相談をまとめ、計画書を小田原藩開発方に提出した。酒匂川上流の都夫良野村から水を取り入れ、約三・五キロメートルの幹線で穴口まで流し、そこからさらに三方向に分水し全長一〇キロメートル余りの水路を掘削する計画であった。

　ルート中には皆瀬川掘割を七三メートルの掛樋で渡す部分や、石トンネルの掘削など一・三キロメートルの難所があったが、難所は藩営工事（御普請）で、残りは二か村の自費で賄う自普請とした。

　しかし計画は許可されず、その後、取水場所の変更や工費の減額などをした計画を再提出するなどして、安永八年（一七七九）十一月に自普請部分の工事を始め、翌九年に藩の工事がようやくにして開始された。

　弥太右衛門は瀬戸堰を計画すると、村の鎮守である室生明神で水垢離をとり、願いが叶い、怪我が無く、測量違いも無く、丈夫に出来たら「拝殿・幣殿・上家」を新しく造るという願文を捧げた上で、山北・向原の両村と話し合っている。

　そして藩への出願が決まると、彼は湯山家初代弥五右衛門が皆瀬川の瀬替という大事業を成功させながらも、村民とうまくいかず、願文や工事経費も無視されたという失敗を踏まえ、村民とのトラブルを防ぐため十七か条の協約書を作成して村人に押印させ、工事にかかわる紛争の防止を事前に誓わせた。

瀬戸堰の名の由来となった酒匂川上流、都夫良野瀬戸の取入口付近　瀬戸栄二氏提供

　ところが、着工から二年がたった天明元年（一七八一）十一月、村人たちが工事を放棄する事態が起こった。その時彼は、二日間の猶予をおいた後、世話人たちに「二十五人丁場」を一五か所作らせ、山北に九か所、向原に五か所を分けてくじ引きさせ、老人や子どもまでが賃銭を取れるように工夫して動員をかけ、天明二年の春には「山北石神通まで出来、山北通ニ少々宛新田相仕付申候」と通水に成功し、部分的な完成を見た。動員された人足は延べ二万四七七四人だった。

**◆瀬戸堰開削は藩のモデルケース**

　瀬戸堰完成後、山北では工事開始前の一二・六町歩の水田が二八町歩に、向原では渇水田二町歩と畑地が新たに一八町歩の良田となった。その後、山北から山一つ隔てた隣村の川村岸に分水する工事も行なわれ、台地上の一〇町歩余りの畑が水田になり、同時に湿田も改良され、生産力が飛躍的に増大した。

　小田原藩では、江戸時代初期に開発された低湿地水田の生産力低下と耕作放棄に悩まされていたが、その代替策として畑の水田化を推進した。そのモデルケースとなったのが瀬戸堰の開発であった。藩ではこの後、瀬戸堰開発を模範として湯本堰（荻窪用水）や久野堰の開発を推し進めていく。寛政九年（一七九七）、小田原藩は湯山弥太右衛門に対して生涯米五俵を支給し、彼の功績をたたえた。

（芹沢嘉博）

▽参考文献


・小田原市立図書館『江戸時代の小田原』一九八〇年
・内田清「瀬戸堰の開発をめぐって」（『足柄之文化』二十六号）一九九九年
・内田清「瀬戸堰と荻窪堰と久野堰」（『小田原地方史研究』六号）一九七四年
・「二階堂家伝来旧記」（『足柄之文化』十三号）一九八一年

# ［79］鈴木善兵衛――最乗寺寺領代官をつとめた家柄

◆**最乗寺山林は寺領百姓が管理**

大雄山最乗寺（南足柄市）は箱根外輪山の明神ケ岳東麓に位置する曹洞宗の名刹で、開山は応永元年（一三九四）了庵慧明によってである。最乗寺は輪番で住持する、輪住制によって運営されていたことが特色である。寺の重要な財産として山林があり、創建以来手厚い保護が加えられてきた。明治九年（一八七六）の記録によれば、広さ一二一〇町八反九畝一一歩、木の本数は二万一二八本にもなるという。この山林を同寺のもとで管理にあたったのが代官鈴木善兵衛家を頂点とする寺領百姓であった。彼らは最乗寺配下に属し、小田原藩の支配からは除かれており、藩からの年貢や役の賦課は一切なかった。

寺領百姓の数は寛文年間が四軒、宝永年間で八軒、享保・宝暦・天明年間で九軒、天保・明治初期が一二軒で、このなかに善兵衛家も含まれると思われる。

◆**最乗寺創建時に下向**

鈴木家について、明治四年（一八七一）に書かれた由緒書がある。鈴木家の先祖は摂津国三田（兵庫県三田市）の出自で鈴木治右衛門といい、応永元年（一三九四）了庵慧明が相模国に下向する際に、摂津と伊丹境の永沢分から召し連れ、最乗寺創建時から了庵に仕えて当地に居住し、この治右衛門より代々鈴木善兵衛を名乗って来たという。

また代官職については、宝永四年（一七〇七）の書類にはじめて「代官」と記載してあることを根拠に、これ以前の応永元年から三一四年間で七代とし、以後明治四年の当代に至る五代は代官の職にあるとして区別している。宝永四年の史料は現在確認できないが、この頃を境に善兵衛の職名が変わった、すなわち職能や機能が変化したと考えられる。

◆**寺出入りの諸職人も統括**

宝永期以前の鈴木家は「山守善兵衛」とか「御役人善兵衛」という肩書きがついているので、山林の管理や寺領百姓の差配をしていたようだ。

享保期以降は「代官」とよばれるようになった善兵衛家には、どのような職務や活動があったのだろうか。宝暦四年（一七五四）の「代官職掟」は寺との騒動の後始末の文書であるが、これには当山出入りの職人や寺領百姓が御山に対して無礼がないように申し付けること、当山境の並木や山内竹木に猥らなことがないよう監視することとある。「山守」以来の基本的な職務に、寺領百姓だけでなく寺出入りの諸職人の統括も加わっている。

最乗寺境内　南足柄市

　また、慶応二年（一八六六）二月、善兵衛が代官を引退し息子の永太郎が跡目相続をした際、最乗寺から新代官へ申し渡された掟には、①代官の職務を「万端無念無之様」勤めること。②門前の高札を火事や大風の際取り外すなどして守ること。③「代官ハ山守第一之職分」なので、山林に猥らなことが無いようにすること。④毎日の山林の巡視は当番の者に任せきりにせず、自分でも回ること。⑤十二月二十八日は身を清め、年男を勤めること。⑥正・五・九月の祭礼には七五三（注連縄）を用意すること。⑦いつでも大門通りの管理をしっかりすること。⑧輪住交代の際には先導として失礼が無いよう案内すること。⑨寺領の取り締まりは慈愛をもって行なうこと。⑩寺の普請の際は毎日上山し寺領百姓たちの差配をふるうこと。とあり、御山の年中行事等具体的な活動が知れる。

　こうして最乗寺と深い関係にあった鈴木家であったが、明治四年十月の布達により寺領百姓は民籍に編入されることになったため、善兵衛も代官職を解かれることとなった。しかし寺領の上知、寺領百姓の民籍編入、輪住制の廃止と続く明治政府の急激な寺領処分に遭いながらも善兵衛は、これまで通り「御山用諸般」を勤めたいと寺へ願い出て許されている。

（関口康弘）

▽参考文献

・『南足柄市史』8別編　寺社・文化財　一九九〇年
・南足柄市史編集委員会『市史研究あしがら』第2号　一九九〇年
・伊藤峰宗『大雄山誌』大雄山最乗寺　一九六一年

# ［80］大久保忠真（一七八一―一八三七）

## ――小田原藩政を改革した中興の祖

### ◆旧弊の一洗

江戸時代は「改革」の時代であった。幕府も藩もこぞって改革を繰り返していた。その主眼は財政問題であり、在地から離れて武士が城下町に住む江戸時代の、だからそれは構造的な問題であった。したがってどの藩にもたいてい一人や二人は中興の祖と呼ばれる人物がいるものである。小田原藩十三代藩主大久保忠真《ただざね》もまた、そうした人物の一人であった。

忠真は、天明元年（一七八一）十二月に先代忠顕の長子として、江戸芝の上屋敷で生まれた。幼少の頃から英明の誉れが高く、寛政八年（一七九六）に十六歳で家督を相続すると、享和三年（一八〇三）七月に「旧弊一洗」の直書《じきしょ》を出して、藩政の改革にかける自らの意志を明らかにした。ただし、この後忠真は、大坂城代、京都所司代、老中と幕府の要職を歴任することとなる。

幕閣での栄進は、二つの実利を藩にもたらした。一つは藩からの嘆願が実って、最大七か国に跨っていた領地が、小田原周辺と大坂周辺に一円化されたことである。領地の分散化は、もとをたどれば宝永四年（一七〇七）の富士山噴火による被害に起因するものであり、それが藩政の再建に暗い影を落とし続けていたのであった。そして今一つは、大坂の豪商鴻池善左衛門家と交渉をもつようになったことである。これは金策の面で重要な後ろ盾を得たことを意味していた。

### ◆酒匂河原での教諭と褒賞

とはいえ、大坂・京にあるうちはなかなか具体的な政策に着手することはできなかった。改革が本格化するのは、忠真が老中に就任した文政元年（一八一八）以降のことである。この年の十一月、江戸に戻る途中で小田原に立ち寄った忠真は、酒匂川の河原に領内の村役人を集め、農村再生に向けての教諭を行なうとともに、孝人や奇特人を招いて褒賞した。この時、はじめて二宮金次郎は間近に忠真との謁見を果たすことになる。

酒匂河原での引見は、民政の改革にかける忠真の熱意を示す一大デモンストレーションであった。農村の再生がなければ、そもそも藩政の改革などありえない。忠真もまた、それを熟知していた。事実、訴状箱の設置、組合村に取締役制の推進といった広域行政の展開など、その後の動きは急であった。財政面でも上方借財の整理に、大成趣法や物益趣法などの、いわゆる藩営の無尽講による金融調達、さらには藩校諸稽古所（集成館）の開設、三浦郡の所領における海防など、教育や軍事の面でもさまざまな政策が試みられていった。

大久保忠真（中央の駕籠の人物・「酒匂川河原藩主表彰図」部分）　文久元年（1861）　土屋明子氏所蔵

**◆一〇か年御勝手向き改革**

そして文政十一年（一八二八）十一月、忠真は一〇か年の御勝手向き改革を宣言して、その抜本的な立て直しに着手した。これは関東における領地のうち四ツ物成（四〇%）の収益を収入の土台と定め、このうちの四〇%を藩主や御台所の費用に、六〇%を家臣の俸禄米に振り分け、そのために一〇か年の間格別の倹約を命じて借金を減らすというものであった。これを実行するために、藩役人の大幅な削減と役職の改編、家臣団の再編に俸禄米の改正、さらには地方支配機構の改編と、まさに行財政の全般にわたる改革が推し進められていったのである。それは藩政の構造改革といっても決して過言ではなかった。

改革の行く手にはしかし、二つの大きな障害が待っていた。一つは天保の飢饉である。とくに天保七年（一八三六）の被害はひどく、ここで正式に二宮金次郎に領内への報徳仕法の導入が命じられることになる。そしてもう一つはほかならぬ忠真自身の病であった。天保七年の後半ころから口中の病を発して床に伏せりがちになると、翌年三月九日、ついに帰らぬ人となった。藩政改革の行く末もあきらかではなく、幕閣においても一昨年に老中首座になったばかりで、まさにこれからという時であった。

その五十七年のいささか早すぎた死を惜しんで巷では、忠真を小田原特産の提灯に見立て、「小田原がばつたり消えて元の闇」という落書が詠まれたという。やや感傷的な言い回しではあるが、神が今少しその命を与えてくれていたらと思わせる人物の一人である。

（馬場弘臣）

▽参考文献

・『小田原市史』資料編近世Ⅰ　藩政　一九九五年
・『小田原市史』通史編近世　一九九九年

# [81] 二宮金次郎（一七八七―一八五六）

## ――農村を復興し、独自の哲学を樹立

**◆酒匂川の洪水で一家離散**

神奈川県西部の足柄平野を流れる酒匂川。その西岸、足柄平野のほぼ中央に位置する足柄上郡栢山村（小田原市）で天明七年（一七八七）七月二十三日、二宮金次郎は生まれた。今、生誕地に復元されて建つ金次郎の生家は、神奈川県内における江戸時代中期の一般的農家の代表例として、県の重要文化財の指定を受けている。すなわち、幼少時の金次郎の家庭環境は一般に言われているような貧しいものではなかったのである。

ところが、寛政三年（一七九一）八月、酒匂川の堤が決壊した。人々は村や家の復旧に追われたが、金次郎の父はその心労から病気になり、寛政十二年（一八〇〇）九月に没する。母も二年後の享和二年（一八〇二）に没するが、その直後、またも酒匂川の大洪水があり、金次郎の家の田は全滅してしまう。やむを得ず、十六歳（数え年）の金次郎は伯父の万兵衛家に寄食し、十三歳と四歳の弟たちは曽我別所村（小田原市）の母の実家に預けられることとなった。

離散した一家を再興するため、農民としての体験を重ねていった金次郎は、自然や社会に法則があることを知る。それが後年、宇宙の真理の探求や、独自の哲学の樹立へとつながっていくのである。

**◆北関東で農村復興に奔走**

二十四歳で一家再興を果たした金次郎は翌年、小田原藩の家老服部家の住み込みの奉公人となった。服部家での金次郎は、奉公人仲間の協同組合的な組織「五常講」をつくるなど、経済的な手腕を発揮し、後に乞われて、同家の財政再建をも手掛けるようになるが、その過程で一回目の結婚生活に失敗してしまう。

服部家の仲介で再婚した金次郎は小田原藩の下級役人に登用され、藩主大久保家の分家で旗本の宇津家の領地桜町（栃木県芳賀郡二宮町・真岡市）の復興を命ぜられる。三十七歳の金次郎は一家を挙げて桜町へ赴任するが、以後、主に北関東の各地で農村復興などに奔走する。

金次郎による小田原領内の農村復興について、天保十一年（一八四〇）の竹松村（南足柄市）の例を見てみよう。

その一、金次郎はまず、日頃から心掛けがよく、勤勉な者たちの家の屋根を新しくした後、残りの村人の家の屋根も同様にした。

その二、篤実で、格別に勤勉な者に褒

美の金を、他の働き者たちに田畑を与えるなどした。これらは、村人全体のやる気を引き出す効果があった。

　その三、地下から清水が湧き出している田を丸ごと掘り下げ、水を近くの溝に流したところ、周囲の田は残らず乾き、収穫量が増えた。一枚の田を捨てて、多くの田を生かす合理的な施策である。

　その四、土地に滞留する余分な水を川に流すための溝を作った。幅約四メートル、長さ約七〇〇メートルのその溝は、周辺の約三〇か村から自主的に集まってきた三〇〇人余の手によって、二日間で完成した。たとえ、それが自村での復興事業実施を願っての打算的な行動だとしても、他村のことを手伝う人々の姿は注目に値する。

岡本秋暉画　「二宮尊徳画像」　報徳博物館所蔵

**◆小田原藩は復興事業を打ち切る**

　弘化三年（一八四六）、小田原藩は領内の復興事業を打ち切った。その理由については様々に取り沙汰されているが、竹松村の例のように、村の枠を超えて人々が自主的に金次郎のもとへ集まってくる事態に対して、藩当局が警戒感を持ったであろうことも見逃してはなるまい。村を通して人々を支配する構造が崩れれば、藩の体制が傾くからである。

　嘉永二年（一八四九）九月、栢山村の善栄寺で営まれた父の五十回忌法要への金次郎の出席を藩は許さなかった。法要当日、金次郎の復興事業を望む人々が大勢善栄寺に集まり、大いに混雑したという。金次郎は故郷を遠く離れた今市（栃木県今市市）で安政三年（一八五六）十月二十日に没するのである。

　なお、「尊徳」とは、天保十三年（一八四二）に幕府の役人に登用された翌年から使うようになった武士としての名乗りである。

（飯森富夫）

▽参考文献
・宇津木三郎『二宮尊徳とその弟子たち』夢工房　二〇〇二年
・佐々井典比古『尊徳の裾野』『尊徳の森』有隣堂　一九九八年

## ［82］杉本田蔵（一八〇二〜一八六一）——報徳仕法を推進した村の富農

**◆村内指折りの富農**

中沼村（南足柄市）にて報徳仕法を指導した田蔵は、享和二年（一八〇二）、先代伝蔵の長男として生まれた。田蔵家は明和・安永期以降、村内農民からの田地や山畑の売渡しが盛んに行なわれていて、土地の集積が進んだことが残存する古文書から知れる。彼が誕生した頃の同家は、村内で指折りの富農となっていたし、文政二年（一八一九）には質屋を開業している。

田蔵がいつ中沼村の名主になり、報徳仕法を推進しようと決意したのか。天保八年（一八三七）三月の「三才報徳現量鏡」には、村は「取続之手段・術計尽果難渋」していた。そこへ「巳・申両度（天保四・七年）之大凶荒飢饉」となり「暮方必死と差詰り十方《とほう》ニ暮」るようになったため、「無余儀村柄御取直し御趣法（仕法）奉願上候」にいたったとあり、天保の両度の飢饉を契機に報徳仕法を行なうことになったことがわかる。

また、天保七年以前の記録類は先代の伝蔵であるが、この文書中に「名主格田蔵」が見え、この年から正式な名主ではないが代替わりとなり、事実上村名主として差配をとっていることが知れる。

**◆二宮金次郎に教えを乞う**

村柄取直しのため田蔵は大いに動いた。二宮金次郎に趣法について直接指導をしてもらうため、天保十年（一八三九）春、野州桜町陣屋（栃木県芳賀郡二宮町・真岡市）に押しかけ、朝に夕に教えを乞うた。村に戻った田蔵は村民たちに熱く二宮の教えを教諭し、以前にも増して仕法の推進に取り組んだ。

二宮金次郎から報徳金を拝借し、村民たちに倹約貯蓄をすすめたものを加えて、年賦貸付金をもって旧債の償還や田地の受け戻しをしたり、出精人を投票し選ばれた者に農具を与えたり、荒れた田畑の開発、道路や用水路の修繕を指導し、報徳の一致協力を実践した。また奢侈を厳禁し、日待月待などの休日を廃し、副業として草鞋《わらじ》作りを奨励した。これは後に「中沼草鞋」として有名になった（『足柄上郡誌』）。

このような田蔵の指導に対し、村民の反発を招くこともあったが、彼は意に介さなかったという。こうした彼の事績に対し、弘化四年（一八四七）小田原藩は前年に報徳仕法の廃止を決定したにもかかわらず、彼の報徳趣法肝煎としての取

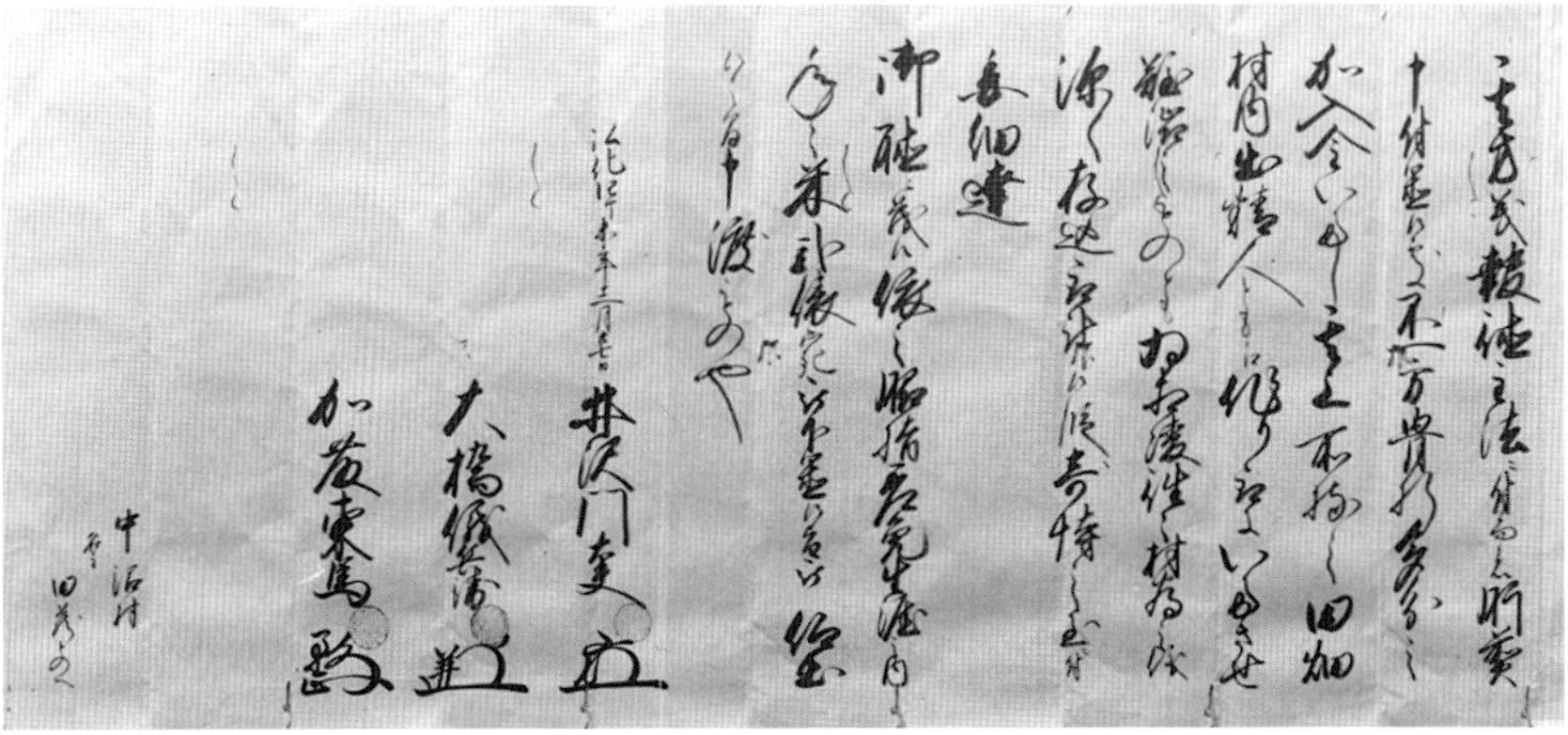

中沼村田蔵への脇差許可・米支給申渡書　杉本晃氏所蔵　弘化４年（1847）

り組みに対し免状を与えた。田蔵には脇差を差すことや、生涯年々米二俵が与えられている。

　翌嘉永元年（一八四八）には村内を流れる泉川より一九八間の隧道を掘り、水を得て水車を建てた。これは水車経営により村内の貧者を救済するのが目的で、そのため「趣法車」とよばれ、十数軒の困窮した家を立て直したという（『足柄上郡誌』）。

**◆田蔵が隠居し養子田造が跡を継ぐ**

　田蔵には嫡子がいなかったので、次弟の市兵衛を養子とし跡を継がせた。嘉永七年（一八五四）の「元禄以来の地震・洪水・米価等記録控帳」に「名主見習　市兵衛記」とあることから、この年に代替わりが行なわれたと思われる。

　田蔵は引退後田翁と称したが、晩年は病を患い、文久元年（一八六一）十一月に亡くなった。このとき田蔵の親友で俳句を競い合った極楽寺住職の像外法全、すなわち六花苑五世となる桃僊は、

「友千鳥　一羽はつれて　行にけり」

と詠んでいる。

　後を継いだ田造も二宮の薫陶に沿う日常生活を過ごし、奢ることなく中沼村の報徳仕法推進に情熱を傾けた。とくに嘉永六年（一八五三）二月に当地方を襲った地震の復興に尽力し、藩から免状を与えられている。今度は苗字御免と藩主の家紋付裃などを与えられ、公式に杉本姓を名乗ることが許された。

（関口康弘）


▽参考文献
・『南足柄市史』2資料編　近世(1)　一九八八年
・『南足柄市史』3資料編　近世(2)　一九九三年
・足柄上郡教育会・社団法人足柄下郡教育会『足柄上郡誌・足柄下郡史』名著出版　一九七二年

# [83] 福住九蔵（?—一八一二）

## ——「一夜湯治」公認の裁許を得た湯場の名主

**◆箱根湯本の老舗「福住旅館」**

箱根湯本の駅を過ぎ、塔之沢方面へ向かう国道1号は、旭橋で早川を渡る。この橋手前から川向こうを見ると、二棟の重厚な石造擬洋風建築物が建っていることに気付く。これが箱根湯本の老舗「福住旅館」である。そして「萬翠楼」「金泉楼」という二棟の建物は、明治九年（一八七六）から十一年にかけて建てられたものであり、平成十四年十二月、営業中の旅館としては初めて、国の重要文化財に指定された。

「福住旅館」の歴史は古く、初代監物が湯本に湯宿を興したのは寛永年間にさかのぼる。以降代々「九蔵《くぞう》」を名乗る当主は、湯本村湯場筋の名主を勤めるなど、中心的存在であった。中でも嘉永三年（一八五〇）、福住に入った九蔵（正兄《まさえ》）は二宮尊徳の高弟であり、幕末から明治前半期にかけて、地域の近代化を推進した人物として知られている。

**◆小田原宿が「一夜湯治」禁止を要請**

だが本項で紹介するのは、文化二年（一八〇五）七月から十二月にかけて起こった「一夜湯治事件」時に湯場筋名主として活躍した九蔵である。この事件は、湯本のみならず箱根全山の将来を決した画期となったといっても過言ではなく、この事件を通して彼を紹介してみたい。

文化二年七月、幕府道中奉行は「間《あい》の村々休泊の禁令」を発令した。これは、宿と宿の間に位置する村々において、街道を往来する旅人に対して、宿泊や食事を伴う休憩の場を提供してはならないという禁令で、正徳・享保期についで三回目の発令であった。湯本は東海道にほど近い温泉場であり、この時期には伊勢や富士に詣でる講集団が旅の疲れを癒すため、温泉に立ち寄っていくようになっていた。このような状況は、旅人の宿泊によって経営を維持している小田原宿にとっては容認できるものではなく、この禁令を機に箱根宿と協同して湯本村に休泊の禁止を要請し、その回答を迫った。

これに対し湯本村名主九蔵は、早々に道中奉行所へ赴き「温泉場は往還筋に位置しておらず、今回の禁令で対象となる間の村にはあたらない。さらに昔から足痛等の旅人には一夜湯治を行なってきている。しかも先年（天明五年）にも以上のことを申上げ、宿泊を許可されている。」という弁明を行なった。この事件は、五か月という期間を要し、十二月に道中奉行石川左近将監忠房から、「温泉場ニ而一夜湯治仕来之儀両宿江挨拶ニおよひ候而不苦」という裁断を得たのである。

湯本村における「一夜湯治」の公認は、「湯治」という病気療養目的での温泉の長期利用のほか、街道を行き来する旅人を始め、健常な人々が温泉場に立ち寄り、或いは一、二泊という短期宿泊によりリフレッシュをするという新たな温泉利用形態が認知されたことを意味する。このことは、箱根が「湯治場」としての概念を脱却し「温泉観光地」として発展する大きな画期となったものである。

広重　「箱根七湯方角略図」　箱根町立郷土資料館所蔵

## ◆九蔵順玄の貢献と湯本村の人々

前述のように福住家の当主は、家督を嗣ぐとそのほとんどが「九蔵」を襲名する。そして、この家督相続順序についても、史料により区々《まちまち》であるため、「一夜湯治」事件当時の九蔵が何代目の誰であるか、特定することは難しい。だが、文化十二年（一八一五）、九蔵宗休という当主が亡くなった後、福住家は多額の借財を抱えていることが明らかとなり、家の存続が危ぶまれる状態に陥った。

福住家の苦境にあたり、湯本村では、「先代九蔵」の一夜湯治公認に関わる功績は、村人たちにとって余りある恩義として意識され、家の存続を村ぐるみで支援していこうとしている。史料に見える先代九蔵とは、文化九年（一八一二）正月十六日に没した八代目「順玄」のことと思われる（宗休が七代目、順玄が八代目と記された史料があり、ここでいう「先代」とは、没年のあと先のことと思われる）。

このように、この一夜湯治事件とその中心的人物であった九蔵順玄の活躍は、福住家のみならず、湯本村、そして箱根全山の発展にとってもかけがえのないものであった。

（大和田公一）

▽参考文献


・「一夜湯治関係資料紹介」『箱根町立郷土資料館館報』一五号　一九九九年
・文化十二年六月「乍恐書付御願奉申上候御事」（報徳博物館寄託福住家文書）
・岩崎宗純『箱根七湯』有隣堂　一九七九年

## ［84］加勢屋与兵衛（生没年未詳）
### ——人馬施行所を運営した江戸町人

**◆箱根山の人馬施行所**

箱根峠から三島に向かい、山を下ると「接待茶屋」のバス停がある。この周辺を施行平といい、その名称から、かつて箱根山に二軒存在した人馬施行所の内、一軒の跡地であることが偲ばれる。

もともとこの人馬施行所は、難所箱根八里を行き交う人馬に施しを行なうという人道的見地から、箱根権現六二世別当如実が権現門前である元箱根の地で始めたものであったようだ。

**◆馬に飼葉、人足などに粥を提供**

だが、如実の施行所は数年の後に閉鎖されてしまった。この施行所が再開されたのは、文化十四年（一八一七）、箱根山六三世別当観隆が、江戸町人の加勢屋与兵衛（有隣）に依頼したことによる。

与兵衛は同年から文政四年（一八二一）に至る四年間、私費を投じ年中無料で馬に飼葉を、十一月一日から十二月末日の六十日間は、人足や貧窮の旅人に粥を、正月末日までの九〇日間は、焚き火を提供するという施行活動にあたった。

しかし、翌五年与兵衛は、七十四歳になる老齢のため継続は困難であるとし、施行所運営について次のような改良仕法の実施を道中奉行宛に出願した。

①運営費用については、自己資金三百両と、篤志者からの寄付金二百両、併せて五百両を上納し、これを貸し付け元金とし、そこから生ずる年利一割を下付金としてこれにあててほしい。

②従来の施行場は立場ではないため、今後は畑村もしくは川端（須雲川村）の内で施行の場所を提供してほしい。

出願二年後の文政七年、その間箱根西坂山中新田地内にもう一か所の施行所を設置したいという願いも合せて、道中奉行所は箱根山中の施行所設置を許可した。

**◆孫の友七に道中奉行から報償**

与兵衛は中山道和田峠、碓氷峠にも同様の施行所を設置している。

各施行所には、「江戸呉服町加勢屋友七祖父　施主与兵衛」と刻まれた看板（三島市郷土資料館所蔵）が掛けられており、与兵衛は江戸町人で、この時期既に隠居の身であったことを推察することができる。また、箱根山の施行所運営に関する一連の史料から、加勢屋は与兵衛、（孫）友七、（曾孫）いそ、と繋がる家系であることが確認される。

ところで、嘉永七年（一八五四）五月

接待茶屋古写真　個人蔵　三島市郷土資料館提供

二十五日、幕府は海防政策の一環としてお台場の造営や、禁裏炎上修復のため江戸町人に「身柄相応」の御用金徴収を命じた。その一覧の中に「金三百両　同町（呉服町）加勢屋いそ　後見友七」という記載が見える。加勢屋は、現在の東京駅八重洲北口から外堀通りを北上し、呉服橋交差点を右折、永代通り沿いの地点にあった。

与兵衛がなぜこのような施行活動を展開してきたのか、その真意を追求することは不可能である。しかし文政十一年八月二日には、東海道品川宿役人惣代から「与兵衛が施行所の用向きで江戸―三島間を往復する節は、各宿々において便宜をはかること」という触れが出され、また天保十四年（一八四三）六月、祖父与兵衛と共に施行所運営にあたってきた友七が、老中水野忠邦の指示により道中奉行から奇特報償として褒美銀十枚を下されている。これらのことから、施行活動はひとまず加勢屋与兵衛・友七の奇特行為として理解しておくべきであろう。

### ◆明治以降の接待茶屋

施行所の運営は決して容易なものではなかった。諸方への貸付金利未回収などで運営資金が枯渇し、山中新田と碓氷峠二か所の施行所については、安政二年（一八五五）―元治元年（一八六四）の十年間休止という状態に追い込まれた。またこの間の史料には「呉服町豊蔵地借いそ」とあり、加勢屋自体の衰退も伺われる。その後山中新田の施行所は、一時期地元の津田政右衛門なる人物に引き継がれたが、明治初年他所の施行所とともに閉鎖された。

だが、ここには明治十二年（一八七九）、大原幽学を祖とする性理教会の有志を中心として「山中新田接待茶屋」が再び開設され、昭和四十五年まで湯茶の接待が続けられていた。

（大和田公一）

▽参考文献


・「箱根山施行願書写し」（鈴木育英図書館蔵）
・『大原幽学・遠藤亮規と山中新田接待茶や』一九七六年
・『東京市史稿』「市街篇」第四十巻　一九九六年
・国立歴史民俗博物館「江戸之下町復元図」一九八九年

# ［85］露木浦右衛門（生没年未詳）

## ——多角的な商業活動で財を築く

### ◆露木家は福浦村の名主

福浦村（湯河原町）は、東を真鶴村、北・西を吉浜村と接し、南は相模湾に面した小田原藩領の村である。江戸時代初頭は「荒（新）井村」と称した。

貞享三年（一六八六）の村明細帳をみると、村高は五八石余、家数は三〇軒で、田はなくすべて畑地であった。主たる生業は漁業で、海老網、鯵などを獲るぼうけ網など網漁が盛んで、毎年正月用の飾り海老も小田原藩に納めていた。

この福浦村において、おもに江戸時代後期に急速に財を成したのが名主を務めた露木家で、代々浦右衛門と称した。

浦右衛門自身の手による天保四年（一八三三）の村明細帳によれば、浦右衛門の先祖は福浦村の草分人であったと記している。伝承では、治承年間に源頼朝から露木姓を拝領したとも伝え、この時の当主五郎左衛門以降、天保四年当時まで五十五代を数えるという。

ところで、荒井村から「福浦村」に改名したのは貞享三年以降のことと伝えているが、その頃より「五兵衛」の名も「浦右衛門」に改名したとしている。「浦」の字が共通しているのは、あながち偶然ではないのかもしれない。

### ◆西相模では突出した存在

露木家の資産総額がどの程度であったかについてははっきりしないが、質入れ地の集積、貸金業、漁業、廻船業など手広く取り扱っていたようである。

文政二年（一八一九）、浦右衛門は田畑二八筆、計二町一反余の土地を買い入れている。あくまでも経営の一端ではあるが、その規模の大きさがうかがえる。浦右衛門は他村の土地を質地として広範囲に集積し、多数の小作人を抱えるなど、その地主としての勢力は西相模一帯にかなりの影響力を持っていた。

一方、漁業が中心であった福浦村では、船を使った廻船業も盛んであった。廻船業は、危険と表裏一体ながら、巨額の財を築く大きな手段でもあった。これらの船は、漁業のかたわら、小田原から江戸まで送る廻米や、周辺で切り出した石材などを運送したのである。浦右衛門も漁業や廻船業を営む一方、「露木店」として米以外に砂糖・鰹節・反物・ろうそく等種々の商品を取り扱ったり、金融業を営むなど、手広く商業活動を行なっていた。

また、幕末期にはみずから船の建造に

天井板絵を残す子之神社　湯河原町

出資している。当時の記録によれば、一件の工事費総額は二〇〇両余にのぼっているが、その内訳には材料費や船大工への報酬以上に、近隣の村民への手間賃やご祝儀等が過半数を占めている。船を造るという作業が、いかに多くの人手を必要としたかをうかがわせる。

浦右衛門は、その多角的な商業活動によって西相模では突出した存在であり、周辺の人々にもたらした経済的効果は計り知れないものがあった。

## ◆報徳仕法を実践し困窮した村を救う

天保七年（一八三六）から翌年にかけておこった天保の飢饉は、小田原藩領内にも深刻な影響をもたらした。藩はその救済として、二宮尊徳の指導による報徳仕法などによって領内の立て直しを図った。尊徳は自らの出資のほかに、他の人々からの加入金を加えた報徳金を、困窮した村や人々に貸し与えた。

この頃浦右衛門はその財力を元に、藩への献金はもとより、報徳金を出金したり、酒匂村名主をはじめ足柄平野各地の名主たちにも金銭を融通するなど、報徳仕法を実践した。藩はその功績を認め、数度にわたって、脇指の所持や袴の着用の許可状を与え、表彰している。

その後、明治時代に入って露木家本家は衰退してしまったが、現在福浦の子之神社には、天保年間に活躍した女性絵師の八十島文雅が江戸からこの福浦の地に赴き、露木浦右衛門宅に滞在して完成させたという天井板絵（町指定文化財）が残る。当時のスポンサーであった浦右衛門の隆盛ぶりを伝える証跡の一つである。

（椿田卓士）

▽参考文献
・『湯河原町史』第一巻　一九八四年
・『湯河原町史』第三巻　一九八七年
・湯河原町教育委員会『郷土湯河原』第十集　一九七一年

# ［86］信濃亀吉（一八一四―一八八〇）
## ――挽物玩具「十二たまご」の創始者

### ◆挽物玩具の村・湯本茶屋

湯本茶屋村は、小田原宿から箱根宿へ向かう東海道箱根東坂沿いの間村《あいのむら》である。この村は、寛永十年（一六三三）、街道整備政策による村切りにより、湯本村より街道沿いの一村として独立した村であった。貞享三年（一六八六）、湯本茶屋村の戸数は二三戸、村に田圃はなく、畑が四町二反余、山畑一町四反余という貧しい山村であった。

村人たちは、農間稼ぎに茶屋商売、小田原・箱根への小上げ取り（荷役労働）、かや木・薪取りなどで暮らしていた（『湯本茶屋村明細帳』）。

江戸後期になると、この村では挽物細工の生産が盛んになっていった。箱根地方では、すでに戦国時代から山中の畑宿で挽物細工が作られており、時の領主小田原北条氏から「分国中合器商売自由」の特権が与えられている（『相州文書』）。

箱根道が幕府の公道として整備され、往還する人々が多くなると、挽物細工は街道土産として注目されるようになり、需要を増していった。それにつれて畑宿以外の沿道の村々でも、農間稼ぎに挽物細工に従事する村人が多くなっていった。

街道の村湯本茶屋も、挽物細工の村へと変貌していった。街道沿いの村の中心にあった名主家伊豆屋は、寛政三年（一七九一）の『東海道名所図会』に、挽物細工を「細工して色々採り飾る」挽物細工の名物店として紹介されるようになった。

文政十三年（一八三〇）、近江蛭ケ谷（滋賀県）の筒井公文所が全国の木地師に廻した『氏子駈帳』（『筒井公文所文書』）には、湯本茶屋村から一七名の木地師が勧募に応じている。これは、村の戸数の六割にあたり、村中が挽物細工作りに従事するようになった様子が推察される。

### ◆亀吉の来遊と挽物玩具「十二たまご」

天保九年（一八三八）、この湯本茶屋村に亀吉という名の木地師が来遊した。亀吉は、信州埴科郡松代（長野県長野市）の生まれで、十六歳の時、湯本茶屋村に来遊したのである。

この村で亀吉は、同地信濃家の先祖にあたる利兵衛家に寄寓した。子孫の信濃一男氏の話によると、その頃、利兵衛は家産が傾き、没落寸前であったという。亀吉は木地師としての腕を見込まれ、同家の養子になった。

亀吉は、天保十―十五年（一八三九―

四四）の頃、「十二たまご」と呼ばれる挽物玩具を創始した。この玩具は、たまごと同様に挽かれた挽物玩具で、一番上のたまごを割ると中から一廻り小さいたまごが出てくるといった入れ子の仕組みになっており、一つの挽物たまごのなかに十一個、合わせると、十二個の組子たまごができるため、箱根地方では、「組子細工十二たまご」と呼ばれるようになった。

　挽物玩具十二たまごは、天保十五年に刊行された滝亭鯉丈・為永春水補の滑稽本『温泉土産箱根草』にも「新工夫のよい細工」として紹介され、評判を呼んだ。十二たまごの製作には、挽物をたまごの殻のように薄く挽く、大豆の粒程に小さく挽くという木地師としての腕が必要である。十二たまごは、遊歴のなかで鍛えた亀吉の腕の冴えを示す製品でもあった。

　組子細工十二たまごは、小さく、軽く面白いという土産物の条件がそろっていたため、街道土産・湯治土産として持て囃されるようになった。

　幕末から明治初年代になると、おなじ仕組みの組子細工「七福神」や、「色変わり達磨」などのバリエーション製品も生み出されていった。その後、組子細工「七福神」は、遠く海を渡ってロシアへ行き、「マトリョーシカ」という、今日ロシアの代表的挽物玩具のモデルになった。

　木地師亀吉（信濃亀吉）は、明治十三年（一八八〇）九月二十九日、六十七歳で没した。

（岩崎宗純）

信濃亀吉画像　信濃一男氏所蔵

▽参考文献
・岩崎宗純『箱根細工物語』かなしん出版　一九八八年
・箱根物産連合会『箱根物産史』一九七八年

# [87] 像外法全──寺子屋の師匠をつとめた禅僧

（?─一八七一）

◆極楽寺の筆子塚

南足柄市狩野にある極楽寺は臨済宗円覚寺派で、康永三年（一三四四）創建の古刹である。寺の背後の山腹の墓地には筆子塚三基と、筆子が献納した石灯籠一基がある。筆子とは江戸時代中期以降、寺子屋に学ぶ子供の呼び名で、筆子塚とは学恩を受けた筆子たちが、師匠の没後菩提を弔うため施主（建立者）となって造立したものである。

三基の筆子塚は庶民の墓の角柱型ではなく、禅宗僧侶の墓に多い卵の型をした無縫塔である。三基の主は文化六年（一八〇九）九月に没した当寺十六世の別峰法教、天保九年（一八三八）七月に没した十七世の萬安法猷、明治四年（一八七一）十月に没した十九世像外法全である。石灯籠は筆子の奥津喜野右衛門が天明七年（一七八七）七月に寄進したもので、十四世珪堂法琢の初七日に師匠の墓前に献上されている。

これらにより、極楽寺の歴代当主が師匠を務めた寺子屋経営は、明和・安永期から明治初期まで百年も続いたことが知れるのである。

◆像外と筆子たち

この寺には万延元年（一八六〇）の「天満宮再建勧化帳　関山筆子」と題がある寄付帳が残っている。上関山（極楽寺の山号）の筆子、おそらく像外和尚の筆子たちの手によるものと考えられる。これによると、足柄・小田原地方を襲った嘉永六年（一八五三年）二月の地震により大破した天満宮再建のため、筆子たちが村内をまわり、六八人から銭四二九文、米七升の寄付を集めている。寺子屋・筆子と菅原道真を祀る天神信仰の強い結びつきがわかる事例である。なお、これにより再建された文久二年（一八六二）の棟札がある木製の天満宮が極楽寺に残っている。

この天神信仰にもとづいて行なわれた寺子屋の年中行事に天神講があった。道真の命日が二月二十五日（旧暦、以下同）であったので、その日や月々の二十五日に行なわれた。師匠の像外和尚が安政四年（一八五七）にまとめた「歳中日鑑諸事之覚」によれば、「一月廿五日　鎮守天満宮祭礼、筆子　参一汁二菜ニ而出ス、尤百文宛持来ル也、此日松飾ヲ焼却致ス也」とあり、当寺の天神講は一月二十五日であった。

このほか、師匠と筆子の年中行事は八

月十五日の仲秋の月見、九月十三日の月見、九月二十四日は献粥《けんじゃく》大悲呪《だいひじゅつ》、半《はん》斉《ぜい》楞《りょう》厳呪《ごんじゅ》という朝昼の読経、十二月二十五日は早晨《そうしん》(カ)餅搗《もちつき》という夜明け前の餅つきがあった。筆子たちにとってこれらの日は、日常の手習いとは違う特別の日であり、楽しみともいえる日であったと思われる。

六花苑歌碑（中央）　南足柄市・極楽寺門前

**◆六花苑五世桃僊を襲名**

六花苑《りつかえん》とは現代まで続く小田原・足柄地方の俳壇である。この基礎をつくり大きく発展させたのは小田原藩士円城寺助作直徳、俳号嵐窓《らんそう》で六花苑三世を名乗った。天保九年（一八三八）嵐窓が死去すると、六花苑四世は小田原の兆斎と大根（秦野市）の杉崎嵐泉の二派に分かれた。この兆斎から俳諧の師匠として認証されたことを示す立几《りつき》（机）免許状を与えられたのが極楽寺住職で寺子屋師匠であった像外法全、俳号桃僊《とうせん》である。

免状は安政六年（一八五九）、四世兆斎から与えられたが、立机が直ちに五世六花苑の襲名とはならなかった。立机から二年後の文久元年作の句には六花苑を名乗らず、五木軒桃僊とあるからである。しかし、桃僊は明治四年十月に没しているので、六花苑五世桃僊としての活躍はわずかな年月だったようだ。極楽寺山門前に、

「花も木も　色おしなべて　風かほる
　　五世六花苑　桃僊」

の句碑がひっそりと立っている。

（関口康弘）

▽参考文献
・『南足柄市史』6通史編　自然・原始・古代・中世・近世　一九九九年
・『南足柄市史』8別編　寺社・文化財　一九九〇年
・高田稔『神奈川の寺子屋地図』神奈川新聞社　一九九三年

# ［88］角田惣右衛門（一八一三—？）

## ——「箱根御関所日記書抜」を作成した藩士

### ◆「箱根御関所日記書抜」の発見

昭和四十八年、箱根町湯本の旅館から木箱に納まった三六冊の縦一三・五センチ、横一九センチほどの小横帳資料が発見された。以下に記すように幾通りかの題箋が添付されているが、いずれも箱根関所にかかわる重要な古記録であることは、一見して明らかであった。

（一）箱根御関所日記書抜　二二冊
（二）箱根御関所日記書抜御証文之部　四冊
（三）箱根御席所日記呼出　二冊
（四）箱根御関所被仰出　二冊
（五）箱根御関所日記書抜　御尋書・御門跡　一冊
（六）箱根御定目御規定　一冊
（七）箱根御関所印鑑取扱書抜　一冊
（八）箱根御関所琉球人御馳走・小田原御先手頭火廻り之部　一冊
（九）先祖書書継被仰出候節御用掛加納大夫　改方書法伺之上相極申証取極覚書　一冊
（十）御預人御通行之節改可方御尋書之事　一冊

つまり、これらの資料群の中心をなすものは、貞享三年（一六八六）から天保二年（一八四一）にいたる箱根関所の公用日記を必要に応じて抜粋した「日記書抜」である。これらは、公用日記未発見の現状において、箱根関所ついての第一級資料であり、昭和五十一年に箱根町指定重要文化財となった。

### ◆惣右衛門は小田原藩の上級家臣

前述（三）の「箱根御関所日記呼出上」巻末に「弘化二乙巳年初秋写之　角田久孝」の記載があり、他史料の書体も同一であることから見て、この人物が幕末に箱根関所の公用日記から抜粋して書き写したものであると考えられる。

「角　久孝」とは、安政五年（一八五八）編纂の小田原藩「順席帳」に「高六百石　角田惣右衛門久孝　当巳（安政四年）四拾六歳」と記されている人物で、当時「御持弓御持筒頭」であった。ところでこの「順席帳」には六八四名の藩士が書上げられているが、六〇〇石以上の禄高を持つ家臣は、一五〇〇石の二名を筆頭に僅か一八名しかおらず、角田家は小田原藩の上級家臣であったことがわかる。

また小田原藩には、藩士の出自や姻戚関係を書き出した「御家中御先祖並親類書」（天保十三年）なる資料が残されている（小田原市立図書館有信会文庫）。

同書中から角田家を探すと、「角田数馬」を筆頭人とする一家のみ採録されており、その名は異なるものの、六〇〇石という所持高や、文化十年（一八一三）出生という記載は、「順席帳」の内容とほぼ一致し、この人物が「角　久孝」であると考えてよいだろう。なお、同書には「以呂波寄目録」という索引帳があり、「角田」は「つ」部に掲載されているので、その姓は「つのだ」と発音するものである。

角田家は、松慶院（大久保忠朝）が肥前（佐賀県）唐津領有時代の寛文十一年（一六七一）に取り立てられた家柄である。「数馬」は文政十二年（一八二九）三月二十五日、父「音門」の死去に際して末期養子に入り、同年五月十六日、十七歳で家督を継いだ。藩の職制では、「御広間」に任じ、天保十年ごろには「根府川関所番士」であった（『二宮尊徳全集』十四巻所収「分限帳」）が、同年に御使番に昇進している。

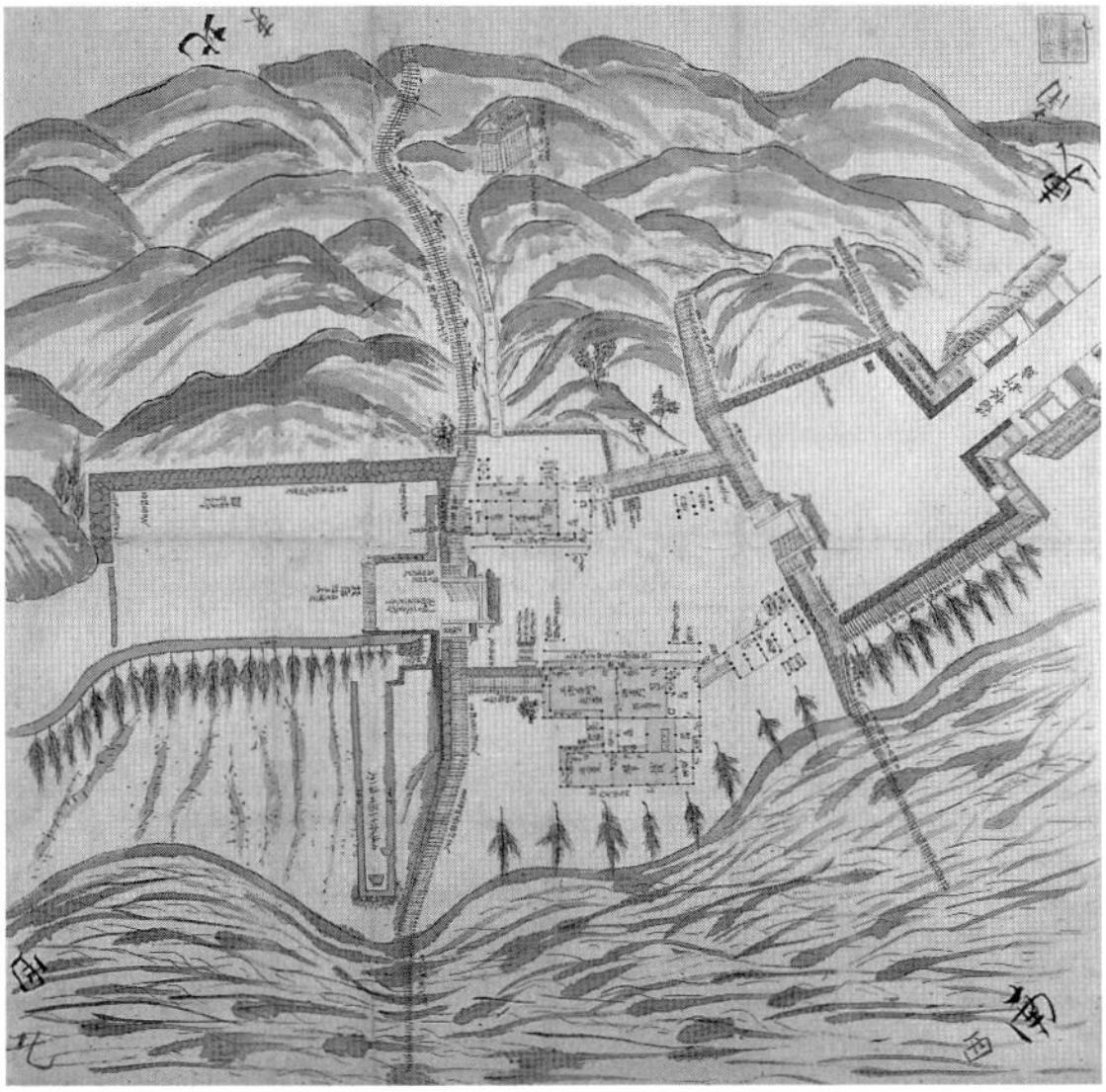
箱根関所絵図　小田原市立図書館所蔵

残念ながらこの「先祖書」では、「角田数馬」と箱根関所を関連付ける記載を確認することはできない。しかし、「箱根関所日記書抜」という同種の資料残片が、箱根関所の伴頭を歴任した須田太郎兵衛家にも残ること、幕末期「数馬」が「御持弓御持筒頭」という伴頭兼帯役を経験していてもおかしくはないポジションに就ていることなどから、従来説のように箱根関所役人として任ぜられていた間に、円滑な職務を遂行する手控として、「角田惣右衛門久孝（数馬）」がまとめたものであると考えるのが妥当であろうが、今後さらなる資料の発掘、精査を待ちたい。

（大和田公一）

▽参考文献


・箱根町教育委員会『箱根御関所日記書抜』上中下　一九七八年
・小田原市立図書館『御家中御先祖並親類書』1　一九九〇年
・有信会『安政五年順席帳』一九七九年

# ［89］片岡永左衛門――小田原宿の本陣・問屋役に就任

◆小田原宿は本陣と脇本陣が各四軒

幕府の置かれた関東の西縁に位置した小田原は、譜代大名の居城する城下町と、東海道九番目の宿場町の機能を兼ねていた。江戸から二〇里程の道程で、通常は途中一泊して二日目に小田原に到着する。東は川留めもある酒匂川、西は難所箱根越えと関所が控えたから、旅人の多くが小田原で休泊したとされる。参勤交代で往来する大名家の多くも止宿したことから、小田原は本陣・脇本陣各四の計八軒を擁する屈指の宿場に発展した。

大名や公家、幕府の役人など特定の身分を休泊させ、特別の設備と格式を備えた本陣には、宿内でも由緒ある旧家が就任し、あわせて町政を統括する町年寄などの要職や、宿老などの名誉職を兼ねる場合もあった。江戸後期には、宮前町の清水金左衛門（大清水）、本町の久保田（窪田）甚四郎と片岡永左衛門、欄干橋町の清水彦十郎の四家が本陣を勤め、『新編相模国風土記稿』は、金左衛門を小田原北条氏の家臣で伊豆下田城主の後裔、甚四郎を永正頃（十六世紀初頭）小田原来住の旧家などと伝えている。

◆久左衛門正姿の代に本陣に就任

徳川家康の小田原入部の際、家蔵の茶釜を献上し、諸役免除を得た由緒を以て代々本陣を勤めた本町の旧家中村善四郎に代わり、宝暦十年（一七六〇）正月九日、本陣を拝命したのが、本町の久左衛門で、片岡家はこの人物を十代正姿と伝える。善四郎の上方筋への追放も、同年四月に確認され、片岡本陣の誕生は久左衛門正姿の本陣就任に始まるとみてよい。

片岡家は代々久左衛門、または永左衛門・翁之助を称し、明治三年（一八七〇）の廃止に至るまで本陣を継承するが、この間に十一代久左衛門常政が往還御用向出精により寛政六年（一七九四）に人足肝煎座、同十年に本町の名主を兼ね、十二代永左衛門常春が文政七年（一八二四）に問屋役を兼ねるなど、町年寄の地位を兼ねた他の本陣と異なり、宿の輸送・通信の実務にも活躍する。本町には、善四郎と同族の旧家薦川家もあり、片岡家の本陣就任は、由緒のみでなく、後の往還御用への出精などに通じる、さまざまな実績や実力が評価されてのことであろう。

◆永左衛門正親は高梨町を再建

交通量の増加につれ、小田原宿も順調

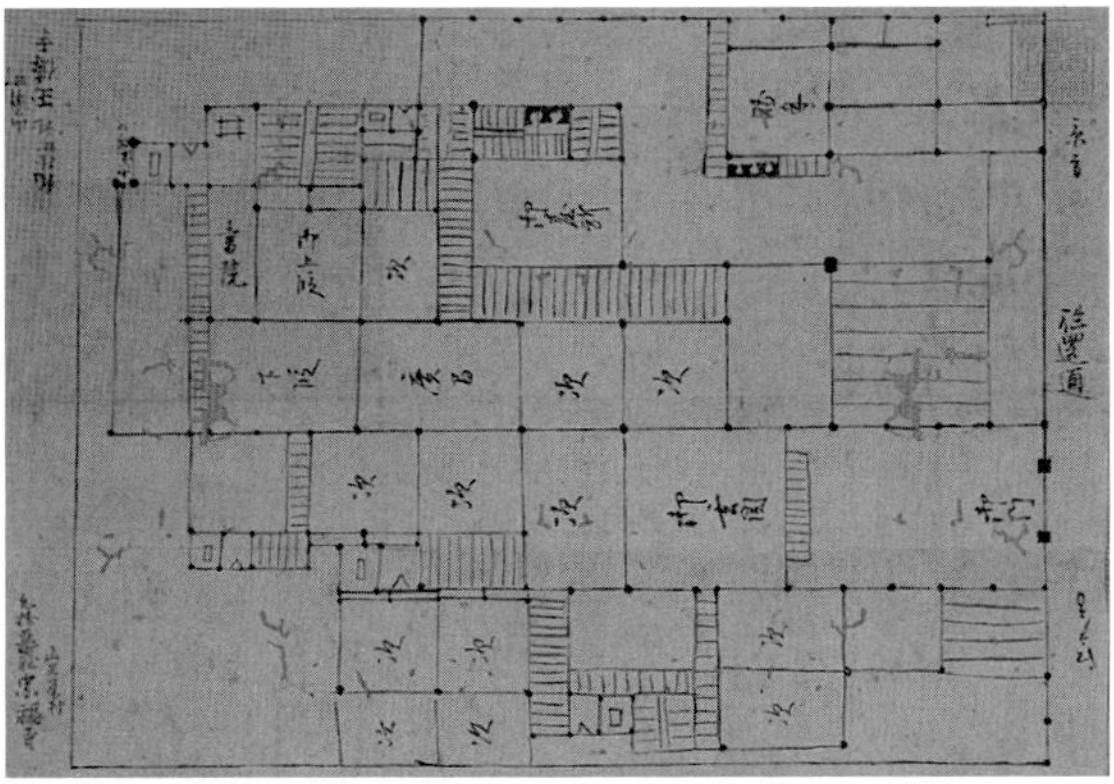
片岡本陣平面図「片岡文書」小田原市立図書館所蔵

に発展したかに思われるが、その人口は十七世紀末頃をピークに減少に転じ、十九世紀半ばにはその半数近くまで落ち込んだ。城下と宿場を兼ねるだけ負担も多く、度重なる災害もあり、負債を抱え、宿場の機能維持も困難な状況にあった。

こうしたなか、常春の子で永左衛門を襲名した十三代正親《まさちか》は本陣に加え、天保八年（一八三七）六月に問屋役に就任する。同年浦賀表への人馬差出、同九年酒匂川出水時の勅使等の休泊、弘化三年（一八四六）異国船（ビッドルの米東インド艦隊）の大磯沖合来航による人数差出の際など、その対応に奔走し、たびたび藩から褒賞された。問屋役を辞した後、安政三年（一八五六）本町の名主、文久元年（一八六一）翁之介と改め、藩主大久保忠礼初入部の際は取締名主として尽力し、人足肝煎並となる。翌年九月、病身を理由に子永左衛門への家名相続と取締名主等両役の御免を藩に願い出るが、その手腕を高く評価され「未だ老年でもなく、養生して精勤せよ」と許されず、かえって翌十月には須藤町の名主吉田専助とともに、高梨町の名主兼帯を命じられ、その財政再建を請負うこととなった。

上の問屋場が置かれた高梨町は宿の中心部に位置したが、多額の負債を抱え、伝馬役などを負担すべき家持ち五三軒の内、一三軒が破産して空家となるなど危機的な状況にあった。彼らは、借金の無利息五十年賦、空家の修理と家賃収入の増収、宿全体で利用する伝馬の寄馬会所の誘致など、あざやかな手法に加え、自身の名主としての給与も再建に注ぎ込むなど、献身的な努力をみせる。

次第に活気を取戻し、一応の再建の目途が立ったとして、両者が高梨町の名主を免じられ、問屋並の名誉職を申付けられたのは、慶応三年（一八六六）の五月。明治改元の二年ほど前のことであった。

（岡　潔）

▽参考文献
・小田原城天守閣蔵「片岡文書」第一巻
・『小田原市史』史料編　近世Ⅲ藩領2　一九九〇年
・『小田原市史』通史編近世　一九九九年
・内田哲夫『小田原藩の研究』夢工房　一九九六年
・内田哲夫・岩崎宗純『小田原地方商工業史』夢工房　一九八九年

# ［90］中垣斎宮（一八〇四―一八七六）

## ――佐幕から勤皇に再転換させた小田原藩重臣

### ◆勤皇・佐幕でゆれる小田原藩

慶応三年（一八六七）十月、十五代将軍慶喜は、朝廷に大政を奉還し、二六〇年におよぶ徳川政権は終焉を迎えた。しかし、朝廷側では薩摩藩をはじめとした武力討伐の主張が通り、翌慶応四年正月、鳥羽・伏見で幕府軍と交戦、勝利した。この戦いで幕府軍は朝敵、薩長軍は官軍となった。

時代の変革に伴う官軍と幕府軍の戦いは日本各地を戦場とし、明治二年（一八六九）五月、函館五稜郭の戦いをもって終結する。いわゆる戊辰戦争である。

この間、譜代であり、徳川慶喜の従弟にあたる大久保忠礼《ただのり》を藩主とする小田原藩は、周知のように佐幕か勤皇かで大きくゆれ動いた。この時期に、藩の将来を見据え、最終的に藩論を勤皇へと導いたキーパーソンが中垣斎宮であった。

### ◆藩政の要所に抜擢される

斎宮秀実は文化元年（一八〇四）、一〇〇石取り中堅家臣の中垣家に生まれた（『安政五年順席帳』）。文政七年（一八二四）二十歳の時、大久保忠真の嫡子忠《ただ》修《のぶ》（敬順院）付の家臣に任じ、江戸屋敷詰めとなった。天保二年（一八三一）忠修が二十一歳で没した後、忠修の子忠愨《ただなお》（十四代小田原藩主）付となったが、弘化年間に小田原に戻っている。安政二年（一八五五）御先筒頭となり、箱根関所伴頭を兼任。さらに同六年、アメリカ船渡来により、二度にわたり下田へ出役を命ぜられるなど、藩政における要所への抜擢が知られると共に、謙斎という号を持つ儒者としても著名で、学問所師範として才覚を振るうなど、文武両面での才能を兼備した人物であったようだ。

前述したように、この時期小田原藩の姿勢は二転、三転する。当初、藩はその態度を明確にしていないが、慶応四年（一八六八）二月三日、天皇から討幕の詔がくだされ、大総督有栖川宮熾仁親王が東征を始めると、藩は藤枝宿まで出向き、先鋒隊に勤皇を誓った。

しかし、同年五月十九日・二十日の二日間、勤皇の兵として旧幕府軍の遊撃隊と、箱根関所において対峙している最中、藩論を佐幕へと転換させた。これは、くすぶり続けていた佐幕意識に、遊撃隊員で小田原藩脱藩藩士加藤音弥がもたらした怪情報が火を付けた結果であるようだが、ここでの詳細はさけよう。

## ◆戊辰箱根戦争―全山で戦闘を繰り広げる

箱根山崎古戦場跡　ベアト撮影　横浜開港資料館所蔵

国許小田原での藩論急転は、江戸藩邸を驚かせた。江戸では、小田原藩の勤皇姿勢が評価され、大総督府から五万石加増の内定が下るなど、信用を取り付けた矢先のことであった。そこで、芝の藩邸から藩論再転換の説得の任を負い、急遽小田原へ駆けつけたのが、当時留守居職にあった中垣斎宮であった。中垣は、小田原の重役たちに、いかに藩主の決定であるとはいえ、藩論を佐幕に変えることは無謀である旨、渾身の説得にあたった。「藩論を佐幕に変える根拠となった遊撃隊からの怪情報はすべて誤報である。今さら新政府と敵対しても、到底勝ち目はなく、このような行動は徳川家に不益なものとなる。すでに、大久保家は無事には済まないだろうが、かくなる上は、遊撃隊を自らの手で討ち取り、家名存続を願うことが得策」というものである。この説得により、藩主忠礼は再度藩論を勤皇に転じ、大総督府に釈明した。

大総督府では、問罪使を派遣し、小田原藩家老らの釈明を聴取した上で、藩主の官位剥奪・地域没収の処分を下し、遊撃隊の掃討を命じた。

慶応四年五月二十六日、箱根山崎の地で始まった小田原藩の遊撃隊掃討戦は、双方多数の犠牲者を出し、敗走する遊撃隊を追って、箱根全山で戦闘を繰り広げたものの、二十八日熱海から海上へ逃れた遊撃隊を全滅させることができずに、戊辰箱根戦争は終結した。

戦後、小田原藩士から藩主の減刑を願う嘆願書が提出され、結果忠礼は永蟄居、荻野山中藩主大久保教義の長男岩丸（忠良）が後嗣となり、家名存続および七万五〇〇〇石の領地も認められた。

この極めて寛大な処分を得たことも、まさに中垣の藩論再転換の説得がなければ実現し得なかったものといえよう。中垣斎宮は、明治九年（一八七六）七十二歳で没した。

（大和田公一）

▽参考文献

・『小田原市史』通史編近世　一九九九年
・小田原市立図書館『御家中御先祖書』３　一九九三年
・有信会『安政五年順席帳』一九七九年

# 〔第六章〕津久井県

## （相模原市津久井町・同相模湖町・同城山町・同藤野町）

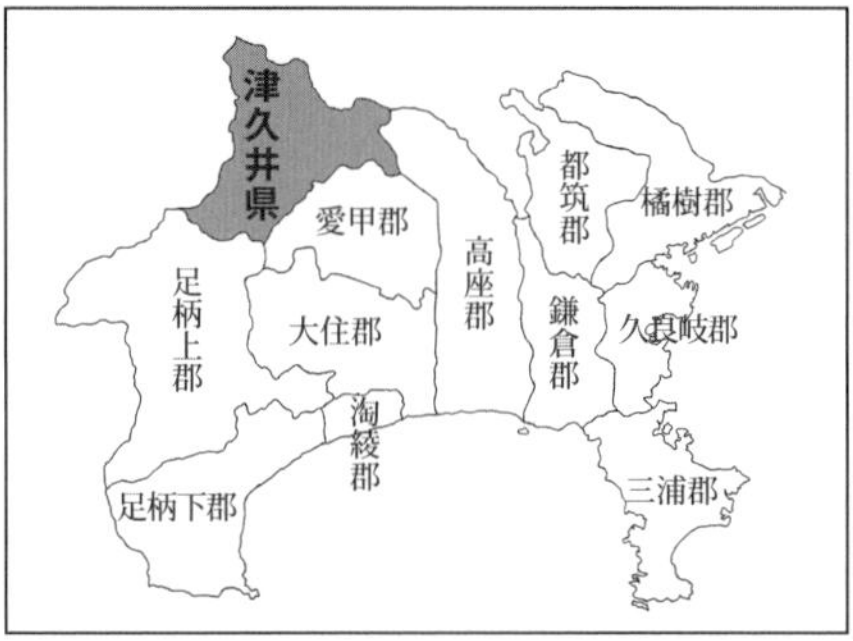


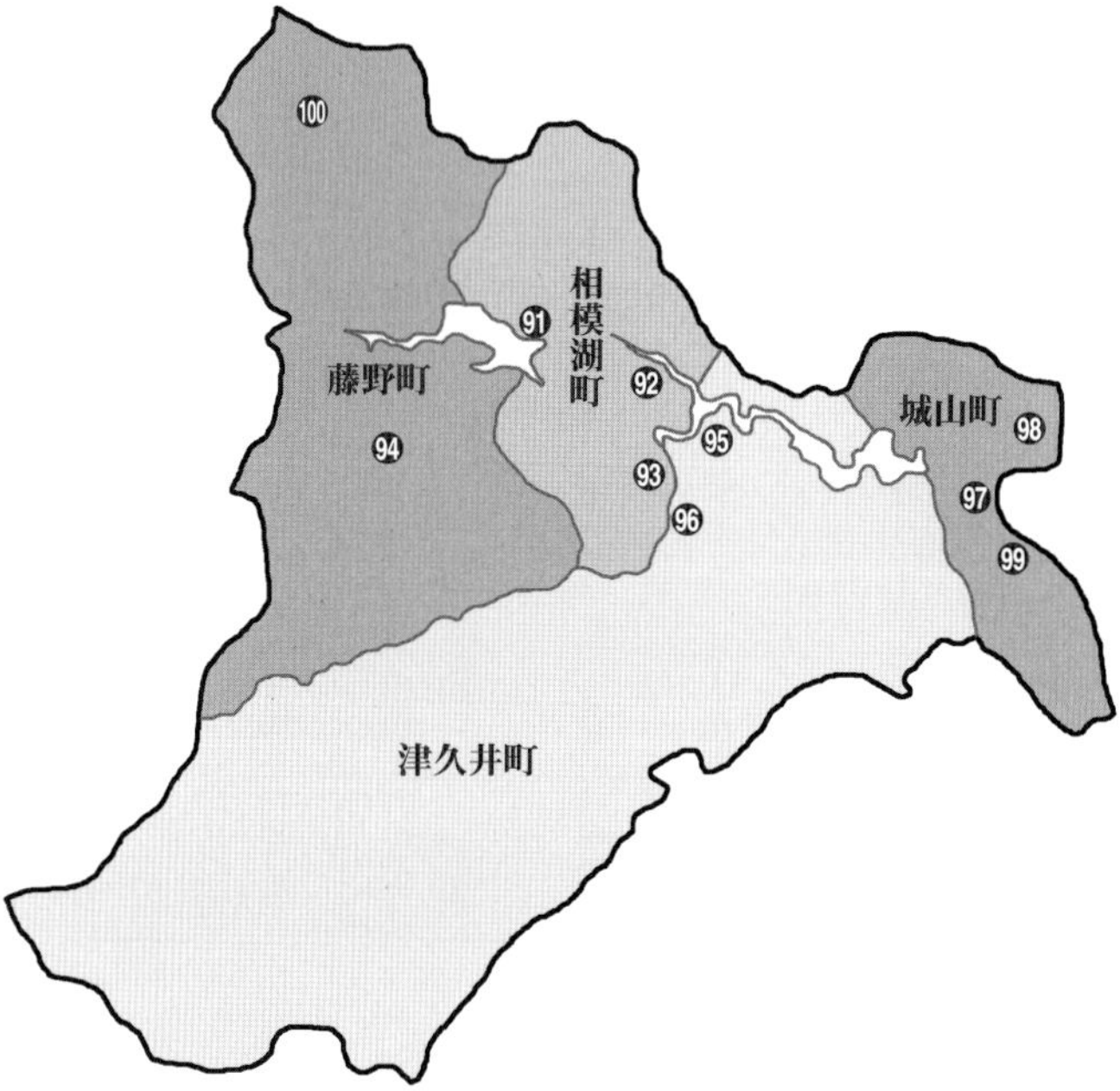


91 坂本内蔵助　92 根岸鎮衛　93 遠藤備前
94 土平治　95 江川太郎左衛門　96 久保田喜右衛門
97 藤沢次謙　98 八木兵輔　99 八木甚之助忠直
100 佐藤才兵衛

「津久井」は相模国の北西端の丹沢山塊の連なる山間部に位置し、武蔵国、甲斐国に隣接していた。現在の行政区画では、平成十九年三月までに津久井町、相模湖町、城山町、藤野町は相模原市に合併。「津久井」は、古くは津久井領や津久井県を称していた。戦国期頃から近世中期頃までは単に津久井や津久井領と表記することが多くなるようだが、元禄四年（一六九一）に代官の山川貞清が津久井県を称することを令し、以降津久井郡と改称する明治三年（一八七〇）まで、津久井県の呼称が一般的となった。

郡域の村々は、家康の関東入封期の所領構成で見ると、ほぼ徳川氏の直轄領で占められ、その後は大名領や幕領と転じ、また後期になって小田原藩領や旗本領に転するなど目まぐるしく転変した。一部村々は御林に設定されていた。

郡域の北辺には甲州道中が通り、関野・吉野・与瀬・小原の相州四宿があった。また、世田谷三軒茶屋から当郡中野村までの津久井往還が通っていた。

山間地を流れる相模川の上流域にあたる当郡は、年貢米や産物等を集積し下流の大住郡須賀村へと運び、帰路には生活物資を上げるというように、相模川を利用した水運に負うところが大きかった。このような物資の流通を掌握するため太井村に荒川番所（五部一番所）が設置されていた。また、当郡は甲州への通過路が幾筋かあるため、各所に改所や関所が設けられていた。

産物は年貢としての紬や漆などが知られ、道志川で捕れる鮎は「鼻曲がり鮎」と呼ばれて佳品とされ、江戸城へ献上する慣わしにあった。幕末期の農民の中には、当地域の特産品をもとに横浜や江戸へ進出し、商人や武士に転身した者や、騒擾事件に関わった者も出た。

# ［91］坂本内蔵助——与瀬宿の本陣・問屋を歴代が受継

### ◆甲州道中——もう一つの主要街道

神奈川県を通る街道といえば、県南部の海沿いを東西に走る東海道を思い浮かべることが多い。しかし、五街道のひとつである甲州道中が、県北部の山間部を貫通していたことは、案外知られていない。

甲州道中は、江戸日本橋を起点に、八王子から山梨県の甲府を経て、長野県の下諏訪に至る街道である。徳川家康は全国政権を確立していく過程で、首都である江戸と各地を結ぶ街道を整備したが、甲州道中も、そうした政策の一環として整備された。

この街道には四〇以上の宿場が設置されたが、県下には現在の相模湖町に与瀬宿と小原宿、藤野町に吉野宿と関野宿が置かれた。四つの宿場とも大きなものではなく、もっとも人口が多かった関野宿でも、江戸時代後期に七〇〇人程度の人が住んでいるにすぎなかった。

ところで五街道は、幕府の役人や諸藩の藩士が公用で旅行する際の便宜をはかるために整備されたが、そのため、宿場にはさまざまな施設が設置された。

坂本家の歴代当主は代々内蔵助を襲名し、そうした施設を運営した人々であり、この家は江戸時代のはじめから与瀬宿の本陣（公用通行の旅人に宿所を提供した施設）や問屋（彼らに荷物運搬の便宜をはかった施設）として宿場の機能を支えてきた。

### ◆四〇〇年前の伝馬手形

現在、坂本家には当主内蔵助に宛てた「伝馬請取手形」と呼ばれる一通の古文書が残されている。この文書は、慶長十一年（一六〇六）二月に作成され、「羽柴三左衛門荷物、小仏まで被相越候、伝馬五拾疋」と江戸へ向かう大名の荷物を与瀬宿に常備された馬が隣の宿場まで運んだことを記したものであった。坂本家は、荷物運搬に使役する馬を手配する責務があり、こうした文書が坂本家に残された。

また、この文書については『相模湖町史』の中で井口鐵介氏が詳しく分析され、荷物運搬を依頼した大名が姫路城主（兵庫県）の池田輝政であったことが分かっている。すなわち、文書に記された「羽柴三左衛門」が輝政の異名であるというのである。また、井口氏は、当時、輝政が幕府から江戸城の石垣普請を命じられ姫路から江戸に向かっており、与瀬宿で

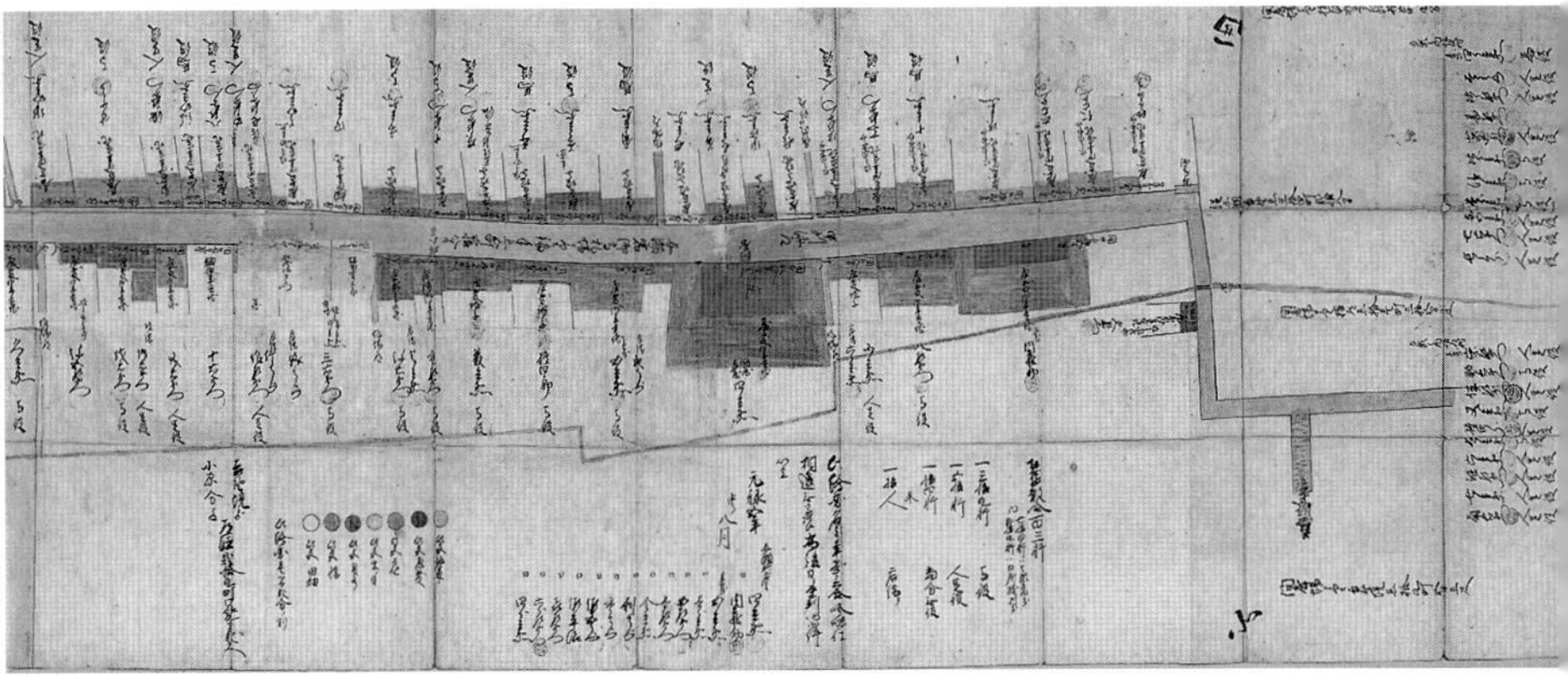

相州愛甲郡津久井甲州海道与瀬村宿絵図　坂本是成氏所蔵・神奈川県立歴史博物館保管

の荷物運搬は、こうした状況下で行なわれたと述べている。

はたして、この時、どのような荷物が運ばれたのか、具体的なことは分からないが、輝政は五〇疋もの馬の提供を与瀬宿から受けており、かなりの大通行であったことは間違いない。

この文書は、今から四〇〇年近い昔の甲州道中の様子を伝えるものであり、慶長十一年に、甲州道中が大量の荷物を運べるほど整備されていたことを教えてくれる。山間の道を小仏峠に向かう馬の行列が目に浮かぶようである。

### ◆茶壷道中が最大の公用通行交通

甲州道中は、東海道にくらべれば少々地味な街道である。これは、甲州道中を参勤交代で利用する大名が少なかったことに理由があるのかもしれない。しかし、坂本家には、大名行列以外の大通行と坂本家当主のかかわりについて記したいくつかの記録が残されている。

そのひとつに、将軍に献上する宇治茶の通行があった。幕府が宇治茶の上納をはじめて命じたのは慶長十八年（一六一三）のことで、その後、寛永十年（一六三三）から毎年、甲州道中を通って茶を輸送する制度が確立した。これを茶壷道中といい、甲州道中を利用した最大の公用通行であった。

将軍家献上の茶であったため、その行列は五〇〇人以上に達し、行列の権威は摂家や宮門跡に準ずるとされた。また、茶壷通行の際には穢れをなくすため沿道で煙を出すことが禁止され、炊事などにも支障をきたしたといわれている。

そんなことに思いを馳せながら本陣の跡を訪れてみるのも一興であろう。

（西川武臣）

▽参考文献

・『相模湖町史』二〇〇一年

# ［92］根岸鎮衛（一七三七—一八一五）

## ——『耳嚢』を書き残した農家出身の町奉行

### ◆『耳嚢』の著者として

幕府につかえる旗本や御家人の中には、さまざまな著作活動をした人がいたが、根岸鎮衛もそうした人物のひとりであった。彼が著したのは『耳嚢《みみぶくろ》』と題された随筆で、天明年間（一七八一～一七八九）から亡くなる直前まで書き続けられた大作である。

『耳嚢』には、彼がさまざまな人々から入手した市中の噂話や奇談が多数収録され、江戸時代後期の世相を知るための格好の歴史資料として利用されることが多い。そのため、この書は現在、多くの出版社から翻刻され読むことができる。

しかし、この書の著者であった根岸鎮衛が、津久井の農村と深い関係を持っていたことは案外知られていない。

『耳嚢』を執筆していた頃、鎮衛は根岸家の当主であったが、もともと彼は幕臣安生定洪《さだひろ》の三男として生まれた人物であった。鎮衛が根岸家に入ったのは宝暦八年（一七五八）のことで、根岸家の当主の病没に際し、請われて家督を継いだ。また、実父であった定洪は津久井県若柳村（相模湖町）の農家鈴木家の出身と伝えられ、鈴木家が安生家から御家人株を購入し、定洪が同家の養子になったといわれている。つまり、鎮衛は農家から出て幕臣になった人物であり、津久井の農村と深い関係を持っていたことになる。

### ◆幕閣の中枢に出世

根岸家の家督を継いだ鎮衛は、幕臣として順調に出世を遂げた。鎮衛の知人であった吉見儀助が記した鎮衛の逸話には、その様子が次のように記されている。

「翁その家を継ぎ、小普請の士より御勘定につらなり、評定所留役をかねて訴言を糺し、いく程なく組頭にのぼり、（略）御勘定吟味役に進み、布衣の上士に列し、又佐渡奉行に挙らる。（略）今の御世となりて御勘定奉行に転ず。時に慣例を以て従五位下肥前守に叙任あり。家禄五百石に加恩あり。（略）ついに町奉行に移り、年久しき勤労を歴せられ、食邑五百石を増し賜わり千石の家禄となれり。」

言葉遣いがやや難解ではあるが、鎮衛が、特別の仕事を持たない小普請から幕閣の中枢に位置した勘定奉行や町奉行へと出世の階段を上っていった様子がよく分かる。また、それにともない家禄も増加し、勘定奉行に就任した際に五〇〇石、町奉行に就任した際にも五〇〇石の領地を与えられ、最終的には一〇〇〇石の支配地を持つ旗本になっている。

根岸鎮衛の墓　相模湖町

### ◆金で幕臣の株を買う者が急増

江戸時代という社会は、厳しい身分制が存在した社会であった。人々は「士農工商」と呼ばれる身分のいずれかに位置付けられ、身分に応じた暮らしをすることを余儀なくされた。しかし、鎮衛の人生を眺めていると、養子という形をとれば別の身分になることができたことが分かる。特に、江戸時代後期になると、町人や農民の中から下級の幕臣の株を金で買い、武士身分を手にする者が急増した。

また、そうした人々の中から優秀な者は、幕閣の中枢にまで登りつめることができたのである。鎮衛は、そのもっともよい例といえるのかもしれない。身分制は社会を停滞させる要因であるが、養子として新しい血が入ることは、その社会を活性化させたと思われる。

『耳嚢』を読んでいると、鎮衛のもとにはさまざまな人々が訪れたことが分かるが、そこには幕臣だけでなく講談師・剣術家・医師なども含まれている。三河以来の譜代などと格式ばらない鎮衛のもとに、身分を超えて人々が集まっていることがうかがわれる。

また、彼らが持ち込んださまざまな情報が鎮衛の出世になんらかの形で役立つことがあったのかもしれない。もっとも『耳嚢』に収録された話には下世話なものが多く、身分の高い幕臣が、こんなにも品のない話を聞いていたのかと驚かされる。そんな点も『耳嚢』が現在も多くの人に親しまれる理由の一つであろう。

（西川武臣）

▽参考文献
・森銑三ほか編『日本庶民生活史料集成』第一六巻　三一書房　一九七〇年
・長谷川強校注『耳嚢』岩波文庫　一九九一年

# ［93］遠藤備前（生没年未詳）——寺と争った村の神主

◆**寸沢嵐村などで神社を管理**

『新編相模国風土記稿』の寸沢嵐《すわらし》村（相模湖町）条に、「冨士浅間社神職遠藤備前持」「稲荷社別当顕鏡寺・神職遠藤備前持」と記されている。また同書若柳村（相模湖町）の鎮守諏訪社は「寸沢嵐村神職遠藤備前持」ともあるように、寸沢嵐村や若柳村でいくつかの神社を祭祀管理している遠藤備前という神職のいたことが知られる。

遠藤氏の出自は明確ではないが、寛永の頃には「兵庫」という人物が見え、年貢を納める在地の百姓として登場してくる。その後元和（一六一五―二四）の頃に遠藤氏は神主としての活動を展開していったようで、元禄十六年（一七〇三）に兵庫の後裔にあたる者が京都吉田家に官位を申請し「神主遠藤讃岐守」の許状を受けている。またその後裔「越後」が享保十九年（一七三四）に、「備前」が宝暦九年（一七五九）とそれぞれ吉田家の許状を得て神職の活動を行ない、以降明治期まで連綿として神職の活動を展開していた。

遠藤備前の頃には祭祀管理権を有する神社が前記『新編相模国風土記稿』記載の他にも、青山村（津久井町）天王社、寸沢嵐村月天社・天神・舎供社（同村東鎮守）・山嵐権現（同村西鎮守）を加えているので、神主遠藤氏はその祭祀範囲を次第に拡張し、神職として成長していった。しかし、遠藤氏歴代は神職のみを経営基盤としていたわけではなく、明和七年（一七七〇）の記録によると、反別一町二一歩の田畑を所有し小作経営も行なっているので、かたわらで農業を営みつつ、神を祀る職分をはたす村の神主さんの姿が浮かんでくる。

◆**神職と別当寺が争論**

江戸時代の神職は寺院住職と比べ、一般的に低い地位にあったといわれている。同じ宗教職能者でありながら、当時の神仏習合世界における本地垂迹思想の影響から仏的世界が神的世界を包摂し、仏教が神道を隷属下に置いている環境にあった。したがって僧侶と神職の関係も同様にして、地位の格差として表出していたのである。

明和元年（一七六四）十一月、神主遠藤備前は、青山村の真言宗安養寺を相手取り、寺社奉行所に訴状を提出した。

訴状の内容は、次のようなものであった。

青山村の牛頭天王社は遠藤備前が前々から神事・祭礼を執行してきた。その祭りは、毎年六月十五日に青山村の重兵衛という者の庭先へ仮殿を建て本社から御輿を移遷し、二十一日に還御するものだが、この間の散物（奉納金品）は従来私ども（備前）が受け取ってきている慣行にもかかわらず、天王社別当の安養寺が取ってしまった。仮殿中の散物は古来より神主方の取り分だと再三主張しても一向に安養寺は渡そうとしないので、古来の通り、散物を神主方へ納めるよう、ここに訴えるものである、としている。

諏訪神社　相模湖町

**◆散物の帰属が争論の背景**

青山村天王社の管理者は、別当として安養寺がかかわっていた。しかし、一方で天王社の祭礼は神主の遠藤備前が伝統的に執行してきている。天王社はこのような二重の祭祀管理構造となっていたことに争論の基盤があるようだ。加えて管理主体者である寺院側優位の環境があったからこそ、このような争論になったのであろう。

訴状に「古来より別当は除地、神主は散物と相分け」てきたと、散物の帰属を備前は主張しているが、寺院は安定的な「除地」経営、神主は不安定な「散物」という経営のあり方に関した基本的認識は、結果的に寺院側優位の関係を反映しているのである。

神主遠藤氏は地域の神社の祭祀権を次第に拡大し、また地域の人々の欲求を満たすべく祭祀を継続させ散物を収納してきたが、別当側でも経営基盤のより安定化をはかるための散物獲得行動となった。両者の利害が衝突した構造的な事件であった。

（鈴木良明）

▽参考文献

・『相模湖町史』二〇〇一年

## 〔94〕土平治（?―一七八八）
### ―実在した百姓一揆の指導者

**◆天明の飢饉の中で**

土平治は、牧野村（藤野町）の農民で、神奈川県でもっとも激烈な一揆「土平治騒動」の指導者であった。実在しない人物といわれた時期もあったが、近年になって、その存在が実証された。また、騒動に彼の名前が冠されたのは、江戸時代の津久井の農民たちが土平治を義民として英雄視してきたからで、彼の活躍は「土平治騒動」の名とともに、現代に語り継がれた。

土平治が一揆の指導者として活躍した頃、日本は数年にわたった飢饉に苦しめられていた。この飢饉は「天明の飢饉」と呼ばれ、連年の天候不順によって、全国各地で凶作の嵐が吹き荒れた。このため、農作物を中心に諸物価は急騰し、農村部では零細農民の食物不足が深刻化した。津久井地方の場合、もともと耕地が少なかったことに加えて、特産品である絹織物などが不景気によって売れなくなり、農民たちは他の地域より厳しい生活を余儀なくされた。

**◆酒造家を打ちこわし、死罪**

こうした状況下で、天明七年（一七八七）十二月二十二日、土平治は一揆の指導者として登場し、彼のもとには多くの農民が集結した。この時、一揆勢が襲ったのは久保沢の酒屋弥兵衛、勝瀬の酒屋惣助ら各地の酒造家であった。彼らの多くは「上方者」とか「近江者」と呼ばれた他国出身の商人で、飢饉にもかかわらず大量の米を買い占めて酒を造り続けた。そのため、一揆勢は酒造家を襲い、津久井郡から愛甲郡では翌年一月にかけて、一揆の嵐が吹き荒れることになった。

その様子を当時の古記録は、「青山の酒造打ち潰し、それより中野村へ参り候よし、その大層なること幾千万ともあい知らず、ホラ貝の音・ときの声、天地も崩れるばかりに相聞こえ候」と伝えている。（『城山町史』２）

一揆勢の願いは、酒造の禁止が発令されているにもかかわらず、不正に酒造を続けて巨利を貪る酒造家を懲らしめることであり、幕府や代官に一層の注意を喚起することであった。しかし、騒動に対する処罰は一揆勢に過酷なものとなり、騒動を指導した土平治、長野の伴蔵、青野原の利左衛門は死罪の判決を受けることになった。

土平治の生家　1985 年頃　藤野町牧野

## ◆「百姓一揆物語」の創作

騒動の終結後、津久井地方では土平治を主人公にした「百姓一揆物語」が創作された。物語の編者は不明であるが、現在までに八冊の写本が津久井地方を中心に発見されている。表題は「津久井県騒動記」「土平治一代記」などさまざまであるが、内容は似通っている。

『城山町史』に、その一冊が翻刻され、内容を知ることができるが、深刻な事件を題材にしながら一種の合戦物語のような読み物である。

この物語は騒動の参加者が自らの体験をもとにフィクションを交えて創作したといわれ、必ずしも事実を記したわけではない。しかし津久井の農民たちにとっては「悪」を滅ぼすために立ち上がった先祖の行動を顕彰する物語として長く語り伝えられた。

騒動そのものの評価はさまざまであり、酒造家には酒造家の、一揆勢には一揆勢の、幕府には幕府の立場があり、いずれが「悪」で、いずれが「善」であるのかを、現在の我々が簡単には語ることはできない。しかし、農民たちの願い（一生懸命働く者が馬鹿をみることがないような世の中の到来）が、こうした「百姓一揆物語」を創作させたことは間違いない。また、そうした願いは、一揆に参加した人々の願いでもあった。

「百姓一揆物語」の一節に、「跡はのどけき春の雲、民もゆたかに世を凌く、天下泰平国家安全、みじかき世にもなかき夢見し」とあるが、豊かな生活と平安な暮らしを願うのは今も昔も変わりがない。

（西川武臣）

▽参考文献

・『城山町史』6資料編　近世　一九九〇年
・『城山町史』2通史編　近世　一九九七年

# ［95］江川太郎左衛門（一八〇一—一八五五）

## ——「御林」を管理した幕府代官

**◆津久井の「御林」は江川家が管理**

現在の津久井地方には、広大な国有林が広がっている。この国有林は江戸時代には幕府の所有した「御林」であり、明治維新後、国が管理する国有林になった。現在、国有林は国民の貴重な財産になっているが、こうした資源を守り育てたのは山林の管理を行なってきた江戸時代の地域住民であり、「御林」の管理責任を任された幕府の代官たちであった。

幕府が山林資源を保護するために「御林」を設置したのは江戸時代初頭のことで、江戸の都市化によって周辺の山林から建築資材や燃料が大量に切り出されたことが原因であった。これに対し、幕府は幕府以外の者が木を伐採することができない「御林」を設定し、山林資源の恒久的な財源化をはかっていくことになった。また、代官の職務のひとつに「御林」の管理が加わることになった。

江川太郎左衛門肖像　江川家所蔵

津久井地方の場合、十七世紀後半に、津久井地方を支配した大名久世氏によって山林が整備され、その後、幕府代官や御林奉行が「御林」を管理した。特に伊豆韮山（静岡県）に代官所を持つ江川家は「御林」の管理者として大きな役割を果たし、十九世紀に入ると、江川家の歴代当主（太郎左衛門を襲名）が、代官として津久井の「御林」を管理し続けた。

また江川家は「御林」だけでなく、津久井の村々も支配したが、文政十一年（一八二八）に、この地域の村々が幕領から小田原藩領に編入された後も「御林」の管理だけは江川家が行なっている。

ちなみに、有名な「御林」としては、戦国時代に津久井城があった地域に置かれた「城山後林」（面積一九〇町歩）や、仙洞寺があった「仙洞寺御林」（面積九三町歩）があった。また、津久井全体の「御林」の面積は一四〇〇町歩を超えた。

### ◆「御林」は幕府の財産

幕府の財産である「御林」は、厳しい管理のもとに置かれた。たとえば、弘化四年（一八四七）、幕府の御林奉行が津久井の「御林」を視察した際、御林奉行は農民たちに、枯葉や下木であっても勝手に伐採してはならないこと、立ち枯れなどがあった時は苗木を植えること、野火などが起こらないように強風の時には見回りを強化することを申し渡した。

このように、「御林」が存在する村は、恒常的にさまざまな負担を負ったが、最終的な責任は代官が負うことになった。そのため、代官は「山守」と呼ばれる「御林」の管理者を農民の中から任命し、彼らが樹木の管理に専従した。また、代官は手代や手付などの吏員を「御林」に度々派遣し、管理の強化に努めることになった。

さらに、代官は村々に対し、「御林」の木数や種類を描いた絵図などを提出させ、「御林」の実態を具体的に掌握した。こうして、歴代の江川家当主は、津久井から遠く離れた韮山の地にいながら「御林」を管理する体制を作りあげた。

### ◆山林資源を守り育てる

津久井地方の「御林」からは、幕府の指示によってさまざまな林産物が伐り出された。たとえば、嘉永七年（一八五四）、幕府は京都御所の普請に使用する松を津久井の「御林」から伐採した。この木は、相模川河口の湊である須賀浦（平塚市）に送られ、海路で京都まで運ばれた。

また、こうした臨時の材木伐採のほか、「御林」が存在する村では「御林」の雑木から作られる炭や薪を幕府に納入することを命じられた。たとえば、文化十年（一八一三）、太井村（津久井町）では年間九万束の薪を幕府に納入した。これらの薪は江戸の本所（東京都墨田区）などに置かれた炭会所に送られた。

これらの炭や薪は決められた価格で幕府に買い上げられたが、損失が出た場合は村の負担となった。このため、納入の停止を求める嘆願が行なわれることもあった。

津久井は幕府の資材庫・燃料庫であり、江川家の歴代当主は「御林」を管理し続けた人々の代表者であった。幕末の江川家当主英龍は、西洋砲術の技術者や農兵隊の創設者として名高いが、神奈川県の豊かな山林資源を守り育てた人物としても記憶に留めておく必要がある。

また、「御林」を守るために長期にわたって大きな負担を強いられ続けた津久井の農民たちの存在も忘れてはならないだろう。

（西川武臣）

▽参考文献
・仲田正之『江川担庵（人物叢書）』吉川弘文館　一九八五年
・津久井町史編集委員会編『ふるさと津久井』二号　津久井町　二〇〇一年

# ［96］久保田喜右衛門（一八二六—一八九八）
## —江戸に店を持った農民

◆**「諸問屋名前帳」から**

久保田喜右衛門は津久井の山間の村（津久井町根小屋村）に住みながら江戸に進出し、活発な商業活動を行なった農民である。現在の津久井といえば、都心部から遠く離れ鄙びた町のイメージが強いが、江戸時代の津久井は豊かな林産物を通じて都会と密接な経済関係を持った地域であった。そのため、住民の中には商業活動に従事する者も多く、久保田喜右衛門はそうした人々を代表する人物であった。

江戸町奉行所で保管されていた「諸問屋名前帳」と呼ばれる古記録が、国立国会図書館に所蔵されている。この記録は幕末に江戸で店を持っていた商人の名簿で、その中に久保田喜右衛門の名前をみることができる。記述は二か所にわたってみられ、ひとつは「廻船問屋」の項にあり、喜右衛門が日比谷町に房州屋という廻船問屋を開いていたと記されている。また、「竹木炭薪問屋」の項には、喜右衛門が本湊町に土地を借り、久保田屋という林産物を扱う店を持っていたことが記されている。

もっとも、どちらの項にも「久保田喜右衛門相州住宅」と注記があり、喜右衛門自身は江戸には住んでいなかったようである。また、「廻船問屋」には陽助という人物を、「竹木炭薪問屋」には平助という支配人を置いていた。

喜右衛門が店を持った町は、どちらも現在の東京都中央区に位置し、江戸時代から大きな商家が店を構えた所であった。喜右衛門の店については規模など不明であるが、彼の店も大きな資本力を持った店であった可能性が強い。

◆**江戸へ進出し、薪炭を販売**

久保田家が江戸へ進出したのは喜右衛門の祖父の時代で、文政元年（一八一八）に薪と炭を扱う店を江戸に開いたと伝えられる。これらの商品は津久井地方の特産品であり、地の利を利用して江戸への進出を企てたと考えられる。ちなみに、当時の江戸は一〇〇万人の人口を抱える日本最大の消費都市であり、燃料として莫大な量の薪や炭を消費していた。

津久井地方で産出した薪や炭は相模川を下り、河口の湊で海船に積み替えられた後、相模湾・東京湾を経て江戸に送られた。久保田家は江戸で店を持つことによって生産地と消費地を直結させ、他の店より有利に商売することができたと考えられる。

一方、廻船業への進出もこの時期であり、久保田家の親戚にあたる平本家（津久井町）に喜右衛門の叔父が江戸の商人から六〇〇石積の船を購入したことを記した書類が残されている。書類には、この船がもともと北海道の産物を運ぶために使われていたと記されている。残念ながら喜右衛門の叔父が、この船をどのように使用したのかについて記した史料はないが、久保田家は自分の店で扱う商品だけでなく、これ以後、江戸と全国各地の湊を結ぶ航路へ進出していくことになった。

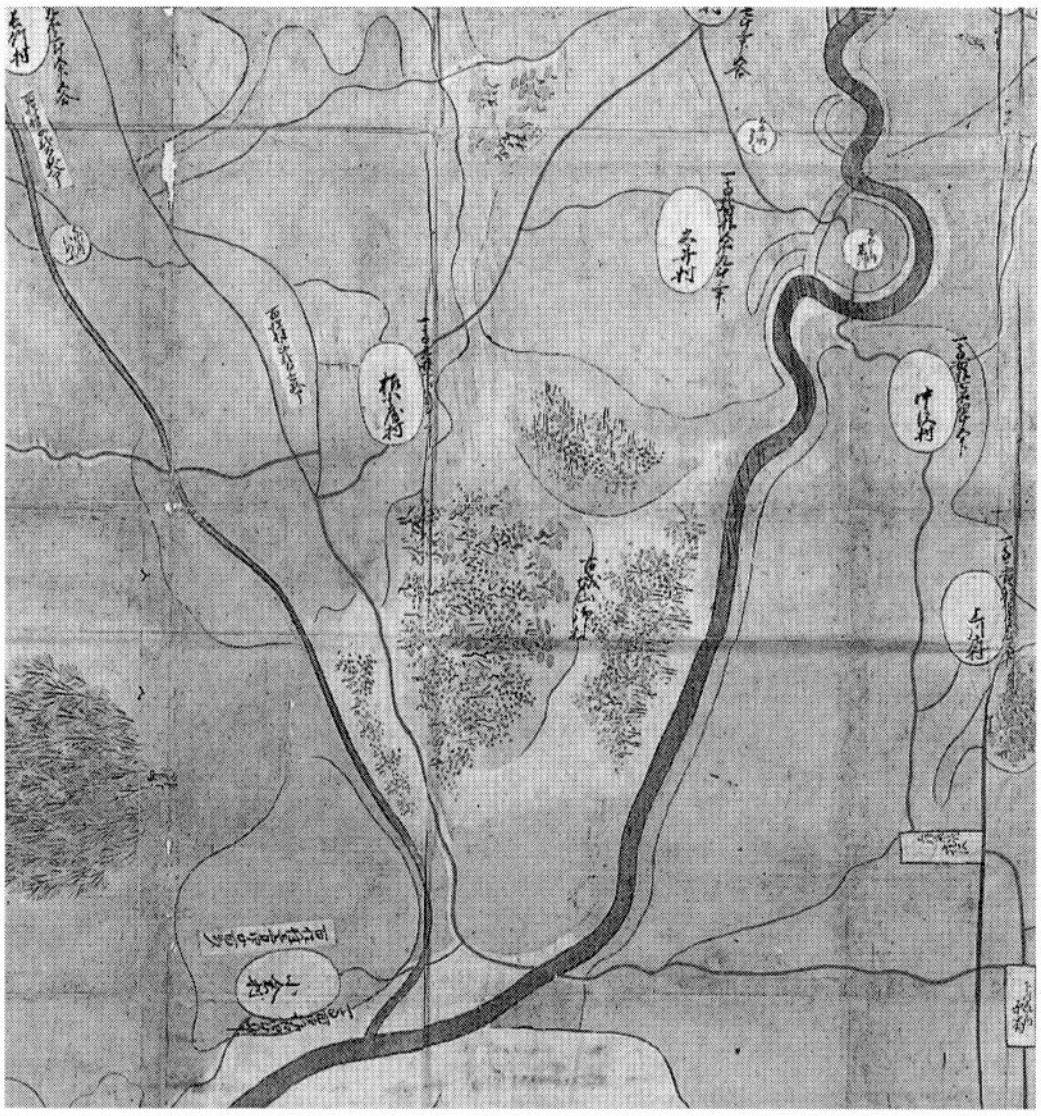

津久井領絵図・根小屋村部分　慶安３年（1650）平本次郎氏所蔵

### ◆広範な地域で商業活動

久保田家が扱った商品の中には、かなり遠方で生産されたものがある。たとえば、平本家に残された史料の中には、喜右衛門が浦賀湊（横須賀市）の商人に瀬戸内海で生産された塩一四五〇俵を販売したことを記したものや、喜右衛門の叔父が現在の宮城県本吉郡唐桑町の商人と魚粕や魚油などを取引していたことを記したものがある。塩は「斎田塩」と呼ばれる現在の徳島県地方の特産品であり、魚粕は肥料に、魚油は照明として利用された。

これらの史料は、久保田家の商売が広範な地域にわたり、取り扱い商品も全国の産物に及んでいたことを伝えている。おそらく、久保田家の人々は商業活動を通じて広く外の世界に目を向けるようになったのであり、こうした人々の存在が山間の村々と外の世界を結びつけたと思われる。

横浜開港後、津久井の人々の中には、横浜に店を持ち、生糸を外国商館に販売するなどの活動を展開する者もあらわれるが、こうした活動も久保田家のような在郷商人の伝統に支えられていたといえそうである。

（西川武臣）

▽参考文献
・長田美里居編『久保田一五〇年史』久保田株式会社、一九七〇年

# ［97］藤澤次謙（一八三五—一八八一）

## ——軍艦奉行などを歴任した村の殿様

### ◆幕府陸軍の中心人物

　相模国及び武蔵国三郡にかかる神奈川県内では、いわゆる「地方直し《じかたなお》」によって、多くの村々が旗本領となった。藤澤志摩守こと藤澤次謙《つぐよし》は、上川尻村（城山町）や上相原村（相模原市）など、武相九か村に一五〇〇石の知行地を有した旗本藤澤家の七代目である。

　次謙は、天保六年（一八三五）、幕府奥医師で蘭学者として著名な桂川甫賢の三男として生まれた。幼少から武事を嗜み、西洋砲術操練に励んだという。安政三年（一八五六）講武所砲術教授方出役、文久二年（一八六二）海陸御備向軍制取調御用を命じられ、幕府三兵の洋式採用の一端を担った。同年に旗本藤澤次懐の養子となって藤澤家を相続、その後、軍艦奉行、歩兵奉行、陸軍奉行並、陸軍副総裁等を歴任し、洋式を採用した幕府陸軍の中心人物の一人として活躍した。

　維新後は、徳川家にしたがって駿府に移る。陸軍御用重立取扱、静岡藩少参事等を務め、駿河移住者の処置や兵学校の設立準備・運営に力を注いだ。明治五年（一八七二）には東京へ戻って明治新政府に出仕し、太政官左院中議生、元老院権大書記官等を歴任するも、明治十年（一八七七）に自ら職を辞す。明治十四年（一八八一）五月二日、満四十六歳で死去した。

　次謙を知る人々が後年記したものによると、次謙は、ちょっと目が下がって愛嬌のある顔立ちで、大口をあけてよく笑い、大きな体ではないが動作などはいかにも重々しく、また「豪宕《ごうとう》」（＝意気盛んで小さなことにはこだわらない）で、雄弁で議論がさかんだった、という。

### ◆活躍の裏に苦しい台所事情

　村の領主である殿様がどのような人物か、ということは、大なり小なり村に影響を及ぼす。重ねて、江戸時代後期以降、旗本の財政破綻は深刻であった。中には村に非常に大きな負担を強いたり、道楽者で村人や用人を困らせたりする者もあったが、次謙の場合はどうか。

　旗本となった次謙は、西洋兵学の知識や技術を買われていくつもの役に就き、元治元年（一八六四）には十四代将軍家茂の上洛随行、続いて天狗党鎮圧のため野州出兵、慶応三年（一八六七）には京都警衛のため上京、と忙しく立ち回った。それらの役を果たすためには出費がかさむ。しかし、次謙が継いだ藤澤家は他の

藤澤志摩守次謙　早稲田大学図書館所蔵

旗本と同様の苦しい台所事情であり、炭や醤油といった生活用品も村に援助してもらうほどであった。このため、臨時の役を務めるにはどこからか借金をするしかなかったが、結局、必要な物資や臨時の借入金の調達も、知行地の村々へ頼るほかなかった。

こうした度重なる要請に対し、村ではできる限り急な依頼にも応じる努力をした様子がうかがえる。そればかりか、幕府が倒れ、次謙が村の領主でなくなった明治元年（一八六八）、駿河へ向かう次謙一家に、名主らは移住後の生活費としてまとまった金額を渡している。駿河入りした次謙は名主宛てに礼状を認め、自ら謝意を伝えている。「殿様」であった次謙が、おそらく初めて直筆で村人に宛てた手紙であったに違いない。

### ◆維新後は恵まれぬ日々

次謙は、初め橘堂のち梅南と号し、絵をよくした。西洋風の絵も描いたが、かの木村芥舟は、特に「花卉に妙」であったとする。維新後はあまり恵まれず、得意の筆にその心情を託したと伝え、辞職後には絵を売って生活の足しにすることもあったという。また、明治十三年（一八八〇）の年末には旧名主宅に滞在し、それまでのお礼も兼ねてか、ひと月ほどの間にいくつもの書画を描き残している。

同じころ旧名主とやりとりした手紙の中で、もう一花咲かせたいと意欲をみせた次謙だったが、それから間もなく帰らぬ人となる。訃報は次謙の長男から葉書で村にも知らされ、この瞬間、元禄年間から続いた「殿様」藤澤家と村との関係は絶えた。次謙は戒名を持たず、藤澤家の菩提寺である深川本誓寺ではなく、谷中霊園に静かに眠っている。

（草薙由美）

▽参考文献
・安西勝『勝海舟の参謀　藤沢志摩守』新人物往来社　一九七四年
・今泉源吉『蘭学の家　桂川の人々』（全三巻）篠崎書林　一九六五年―一九六九年
・相模原市立博物館編『幕末・維新の相模原―村の殿様旗本藤澤次謙と村人たち―』二〇〇〇年

# ［98］八木兵輔（一八二八—一八九五）

## ——天狗党討伐に随行した名主

### ◆八木家は酒造業などを営む名主

幕末に八木兵輔が名主を勤めた上川尻村（城山町）は津久井郡の東端に位置し、山深い地域の中でも珍しく平坦な地形の広がるところである。村には幕府代官守屋行広が寛永年間に開いた久保沢市《くぼさわいち》があり、津久井の林産物や絹織物と平野部で生産された米・雑穀、ほかに海産物や塩などが取引され賑わった。八木家はこの久保沢市に住み、八木屋と号し店舗を構え、天保十四年（一八四三）の資料によれば酒造・醤油造・質屋等を営んでいる。

八木兵輔　城山町教育委員会所蔵

八木家は兵輔の父兵助《ひょうすけ》の代から名主に就くが、これは天保二年から四年にかけて起きた御用金をめぐる小前騒動《こまえそうどう》がきっかけだった。領主旗本藤沢氏の用人だった平山佐次右衛門は、上川尻村や上相原村（相模原市）に一五〇〇両の上納を命じたが、兵助ら小前たちの反対運動の結果、御用金が中止されるとともに、用人側で行動した旧来からの村役人たちが交代したからである。父の兵助はその後藤沢氏の信頼を得て年貢などを割り当てる割元役も勤め、家業でも横浜の開港場に出店し発展に努めた。万延元年（一八六〇）七月十五日、父兵助が世を去ると、息子の兵輔が後継者として名主に任命された。

兵輔は文政十一年（一八二八）に生まれ、三太・吉太郎と名乗っていたが、この名主就任時に領主藤沢氏から兵助の襲名を許された。しかし、のちに助の字を輔に改めている。父と同じく割元役も勤め、明治維新後は戸長・村用掛などを勤め、明治二十八年（一八九五）十一月十四日に世を去った。

### ◆領主藤沢次謙の討伐軍に同行

元治元年（一八六三）三月、水戸藩の藤田小四郎（東湖の四男）ら尊攘過激派は、水戸町奉行田丸稲之右衛門を総帥に迎え、筑波山（茨城県つくば市）に結集した。幕府に攘夷の実行を求めた彼らは、四月に日光山へ向かい活動の拠点として占拠を企てた。しかし日光奉行により阻止され大平山（栃木県栃木市）に拠り、六月に再び筑波山に戻った。彼らは資金集めとして、周辺の富農や富商から金品の徴発を繰り返した。中には凶暴化するものも現れ、同じ六月幕府は関東の周辺諸藩に討伐を命じ、幕府自身も討伐軍を派遣することにした。

　上川尻村の領主藤沢次謙《つぐよし》は歩兵頭から陸軍奉行並に役替えになり、同時に討伐軍指揮官の一人として出陣を命じられた。八木兵輔はこの随員として同行し、そこでの事柄を日記や手紙に書き残している。

　日記によると、元治元年六月二十二日、江戸城の騎兵屯所を出発した次謙たちは、古河宿（茨城県古河市）で先に江戸を発っていた幕府や水戸藩の討伐軍と合流し、二十八日には各藩討伐軍との結集地結城宿（茨城県結城市）に到着している。兵輔はここで留守宅に手紙を書いている。それには、旅の行程、並べられた大砲、小筒で武装した小具足姿の兵士たち、派手な陣羽織を着込んだ上級武士たちについて記している。さらに、大軍団を目の前にして、「だいそれた事で前代未聞の事態である」とも記し、前線の特異な雰囲気に少々興奮気味な兵輔の姿もうかがえる。

### ◆天狗党の夜襲に敗北

　討伐軍はこのあと、下館宿（茨城県筑西市）・下妻宿（同下妻市）に分かれて天狗党の拠る筑波山を目指すが、七月七日に起きた天狗党との小競り合いで、八日には再び下妻宿に集結した。

　次の日の夜明け方、天狗党はこの下妻宿に夜襲をしかけて来たのである。日記によると「その夜明け七つ頃(午前四時)行田《なめだ》村より浪士押し参り候趣注進これ有り、大宝村より同様注進これ有り」とあり、天狗党たちは下妻宿の南の行田村と北の大宝村から押し寄せた。まず目標にされたのは、討伐軍の本営で軍監永見貞之丞の宿所の多宝院で、天狗党らはここを襲い焼き払った。貞之丞は次謙や兵輔の宿所にやってくるが、貞之丞側も応戦し、討ち取った首二つを持参している。しかし、この夜襲により討伐軍は戦意を失い、再び天狗党に立ち向かうことなく野営をしながら結城宿に引き返し、兵輔の日記では七月二十二日に江戸に戻っている。

　幕府が派遣した討伐軍は、当時最新鋭の兵器で武装していたが、その威力を発揮することなくあっけなく天狗党に敗北したのである。藤沢次謙は責任を問われ逼塞を命じられた。一方、帰宅後の兵輔は、この経験からか、村人を鉄砲組・鳶口組・槍組・竹槍組に編成した農兵組織を上川尻村に作り上げている。

（原和之）

▽参考文献
・『城山町史』2資料編　近世　一九九〇年
・『城山町史』6通史編　近世　一九九七年

## ［99］八木甚之助（一八四一—一八八八）
### ——第二次長州討伐に出陣した千人同心

**◆戦時には武士、平時には農民**

天正十八年（一五九〇）八月、関東に入部した徳川家康は甲斐国で国境警備に当たっていた小人頭《こびとがしら》と小人を八王子に移住させた。これは、戦乱で荒廃した八王子城下の治安維持と甲斐国境警備のためであった。当初、彼らは武田氏の遺臣二五〇名ほどで構成されていたが、北条氏の遺臣や周辺の有力農民などを加え、慶長五年（一六〇〇）の関ケ原の戦いの時には一〇〇〇人に増員され、合戦に参加した。この時、八王子千人同心は成立したとされる。

千人同心は、一〇人の千人頭に一〇〇人ずつ平同心が附属された幕府直属の軍事組織で、千人頭は家禄二〇〇～五〇〇石ほどの旗本、平同心は家禄平均一三俵一人扶持ほどの御家人で構成された。千人同心の多くのものは八王子周辺の農村に住み、戦時には武士として出陣し、平時には農民として生活し、一般の農民同様に年貢を負担した、いわゆる郷士である。通常の任務は、日光山の火の番だったが、幕末には、文久三年（一八六三）の将軍上洛に随行したり、駒木野(小仏)・横浜の警備などもつとめた。また、慶応二年（一八六六）の第二次長州討伐にも出陣し、これに上川尻村の千人同心八木甚之助忠直も参加した。

**◆八木家は上川尻村の千人同心**

上川尻に住む八木家は、慶安元年（一六四八）三月に初代友右衛門が千人頭志村組の田辺次郎右衛門の番代りとして千人同心に加わったのが最初で、代々組頭をつとめた（由緒書）。二代元右衛門、三代友左衛門、四代孫右衛門、五代甚右衛門、六代甚右衛門忠譲、七代熊三郎忠誠、八代甚之助忠直と続く。家禄は二三俵一人扶持だったが、寛政四年（一七九二）の改革で、三〇俵一人扶持に改められた。

歴代の中でも六代忠譲は、幕府の編纂した『新編武蔵風土記稿』や『新編相模国風土記稿』の調査に参加し活躍した。また七代忠誠の時、幕府は洋式調練を始め、忠誠ら千人同心たちはこれに参加し、安政三年（一八五六）には忠誠らにゲーベル銃が渡されている。

同家に残された戸籍によると、第二次長州討伐に参加した八代忠直は天保十二年（一八四一）十二月七日に忠誠の長男として生まれ、明治十四年（一八八一）家督を継ぎ、同二十一年二月二十二日に死去している。安政七年（一八六〇）には父の組頭見習を命じられているが、江戸時代を通してこのままだったようである。

## ◆幕府崩壊後は帰農の道を選ぶ

　慶応元年（一八六五）四月、千人同心たちは、第二次長州討伐に大坂へ向かう将軍家茂の随従を命じられた。千人頭窪田喜八郎と原嘉藤次に率いられた千人同心たちは、鉄砲方三〇〇人、長柄方一〇〇人、御旗指方三二人に編成され、八木忠直は父の代わりに鉄砲方に加わった。鉄砲方は八つの小隊と太鼓方からなり、忠直は第一小隊に属し半隊司令士に命じられた。これは、小隊最高位の司令士に次ぐ役職である。五月十日、八王子を発った千人同心は大坂にしばらく逗留し、翌年四月七日将軍家茂謁見を済まし、同八日長州へ出発した。一行は、広島を経由し、ここで九州の討伐軍を統轄する老中小笠原長行に附属され、六月十五日には小倉に到着している。

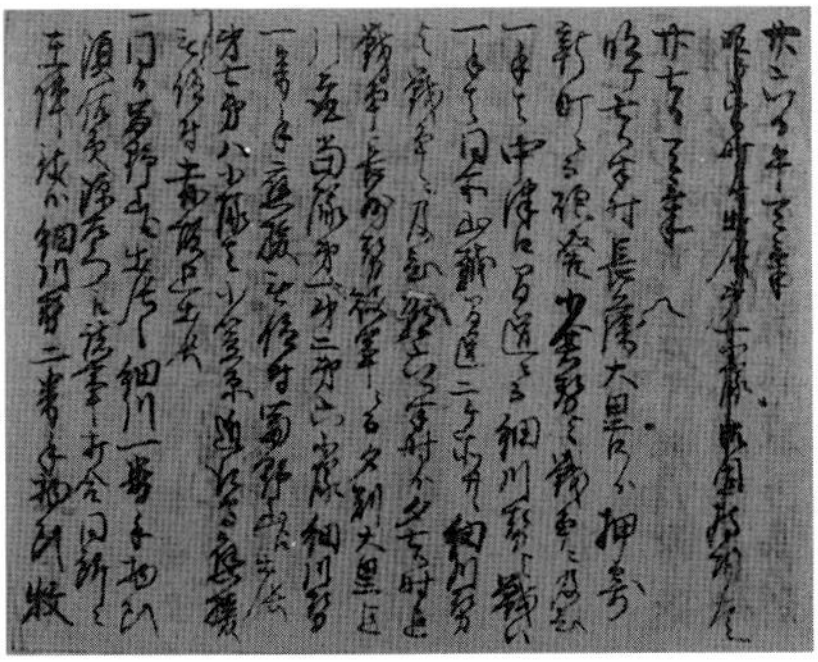
小倉出張日記（八木忠直筆より）
慶応２年(1866)　八木平介氏所蔵

　十七日には早くも長州藩の高杉晋作や山県有朋らの率いた奇兵隊が小倉に上陸し戦闘が始まっている。中でも七月二十七日の戦闘は激しく、双方死力を尽くし明六つ半（午前七時）から夕七つ時（午後四時）頃まで続いた。忠直は日記に長州勢を撤退させたと記しているが、実際には討伐軍は各地で敗退していた。七月二十九日小倉で、将軍家茂の死を知った長行が突然大坂に引きあげてしまい、翌日には九州討伐軍は解散になった。敗北である。忠直ら千人同心たちは日田・別府・鶴崎を経て、八月十八日には四国の松山にたどりつき、大坂から八王子に戻ったのは十一月十八日であった。この途中の十月、千人同心は千人隊と改称している。

　この後、千人隊は幕府が崩壊すると、明治維新政府の命令によって解散した。これにより多くの千人隊士は帰農の道を選択し、八木家も同じ道を選び、上川尻村に帰農した。

（原和之）


▽参考文献
・『城山町史』２資料編近世　一九九四年
・『城山町史』６通史編近世　二〇〇一年
・八王子市教育委員会『八王子千人同心史』通史編
・日露野好章「小倉出張日記・九州路日記手扣―八王子千人同心八木甚之助忠直の記録―」『東海史学』第22号

# ［100］佐藤才兵衛
（?—一八六二）

## ——開港期の横浜に進出した商人

**◆津久井の特産物の販売を目論む**

安政六年（一八五九）、横浜が開港し、日本は貿易を通じて広く海外と関係していくことになった。また、横浜には多くの商人が移住し、この町は、たちまちの内に日本を代表する商業都市へと発展した。当然のことながら、移住者の中には横浜に近い神奈川県下の町や村を出身地とする者が多くいたが、津久井地方を出身地とする者もいた。佐野川村（藤野町）の住民佐藤才兵衛も、そうした人物のひとりであった。

佐藤が横浜へ進出することを決めたのは、横浜が開港する直前のことであり、彼は津久井の特産物である生糸・絹織物・漆などを外国人に売ることを目論んでいた。当時、津久井では貿易開始が大きな話題になり、佐藤のほかにも、上川尻村（城山町）の八木兵助と井上小左衛門、若柳村（相模湖町）の鈴木屋嘉助や専左衛門などが、相次いで横浜に進出している。

彼らがいち早く横浜に進出した個々の理由は分からない。しかし、彼らが住む津久井地方は、豊富な林産物や活発な養蚕・製糸・織物業に支えられ、江戸時代から江戸との流通が盛んであった。そのため、商業活動に従事する者が多く、彼らの中から横浜で商売をしてみたいと考える者があらわれた。これが、津久井地方から多くの横浜商人が出た理由であろう。

**◆競争に敗れ、生糸貿易から撤退**

ところで、津久井出身の横浜商人が、どの程度の商売をしていたのかについては、経営帳簿が残っていないため分からない点が多い。しかし、横浜で最も多く取引された生糸については、津久井出身の貿易商が占める位置は小さなものにすぎなかった。当時の古記録によれば、幕末から明治初年に活躍した生糸貿易商には、群馬県・埼玉県北部・東京出身の商人が多かった。

その理由として、当時、流通した生糸の過半が群馬県で生産されたものであり、この地域に強い地縁・血縁を持つ商人が有利に生糸を集荷したこと、東京出身の商人には政府と深いつながりを持ち、大きな資本力を背景に大量の生糸を集荷した者がいたことなどが考えられる。そのため、津久井出身の商人は激しい生糸獲得競争に敗れ、明治初年までに生糸貿易から撤退した。また、その他の商品につ

五雲亭貞秀　「神名川横浜新開港図」　万延元年（1860）　神奈川県立歴史博物館所蔵

いても、大きなシェアを占めることはなかったようである。

ちなみに、津久井地方で生産された生糸は八王子宿に出荷され、八王子宿を経由して横浜に送られた。また、八王子宿から横浜へ向かうルートは「絹の道」として知られる道であり、現在、このルートにはJR横浜線が通っている。おそらく、津久井の商人たちもこの道を通り、横浜に出向いたのであろう。

### ◆地域社会にさまざまな影響

残念ながら、佐藤をはじめとする津久井出身の横浜商人は、必ずしも横浜で大成功したとは言えないが、開港直後に津久井から複数の商人が横浜へ移住したことは、地域社会にさまざまな影響を与えた。たとえば、開港以来、横浜は西洋化や近代化の窓口としての大きな役割を果たしてきたが、津久井出身の商人たちは、地域社会を西洋化・近代化させていく上で大きな役割を果たした。

彼らの活動について具体的に記した史料はないが、当時、横浜からさまざまな西洋の文物が地方に送られることは珍しくなかった。また、横浜に住んでいる人から送られた国際情報や貿易に関する情報は、たちまちの内に全国を駆け巡った。おそらく、津久井地方へも津久井出身の商人からさまざまな西洋の文物や情報が送られたのであり、彼らの存在は横浜から遠く離れた津久井の人々の意識や考え方を根底から変えていったと思われる。

（西川武臣）

▽参考文献

・『城山町史』6通史編　近世　一九九七年
・西川武臣『幕末明治の国際市場と日本』雄山閣　一九九七年
・西川武臣「幕末から明治初年の横浜の町と住民」（『開港のひろば』一三号）横浜開港資料館　一九八六年

## あとがき

昨今は「江戸ブーム」なのであろうか。「江戸」にまつわる書物・映像・情報などが身のまわりを飛び交っているように感じられる。江戸時代とか近世と言われるこの時代は、一般に親しみやすいかも知れないが、その前後の時代に比べると、あまり歴史愛好者の刮目に値する時代ではなかったように思われる。とくに神奈川県域の江戸時代は、源頼朝が武家政権を開始した鎌倉時代、また横浜開港に象徴される近代の幕開けとなった幕末・明治時代という、わが国の歴史の画期となる華々しい舞台に挟まれてやや影の薄いことを否めなかった。

神奈川県内では一九七〇年以降、『神奈川県史』の編纂が本格化したのをはじめ、各市町村でも自治体史の編纂が相次いで進められた。その結果、膨大な近世資料の集積とともに、新たな知見や人々の活動の痕跡が浮かびあがり、ようやく江戸時代が注目されるようになったのも事実である。

天正十八年（一五九〇）、徳川家康は江戸を拠点に領国支配を開始した。江戸に近接した神奈川の地は、西部に小田原藩領が、その以東に直轄領・旗本領等が設定され、一部ではそれぞれの入り交じる所領の構成となった。こうした所領の構成は、その後一部地域においていくつかの大名の領有化、六浦藩の立藩・荻野山中藩の加増にともなう藩領化、また幕末期に海防政策上から領主の交替を見るものの、江戸時代を通じて基本的枠組みとして継承された。

この間、各地域には藩主・代官・旗本となって支配した徳川家家臣や武田家旧臣たち、東海道・甲州道中の宿場には本陣・問屋で通行に携わった役人、河川の流域には治水に関わった武士や物資輸送の商人、沿岸部には海防に動員された大名・役人や海上輸送を担った商人、地域の村々では領民を指導し文化活動の担い手ともなった名主や農村復興に尽くした農民、さらには寺院の再興や信仰の拡充を企てた僧侶・宗教家、中世の伝統を引き継いだ工人・職人等、実にさまざまな人々の活動の痕跡を確認することができる。

本書は、江戸時代の神奈川に関係の深い個人・集団で、著名か否かを問わず、さまざまな階層や地域性を考慮して一〇〇人を選定し、これらの人物の事跡を通して政治、制度、社会、文化などをうかがうとともに、この時代のもつ神奈川の特色や地域性を理解できるような構成とした。もとよりここに取り上げた人物でこと足りるとは考えていないが、一〇〇人に象徴させて江戸時代の神奈川の一端を語ってもらうこととした。

本書は、主に神奈川県内をフィールドに自治体史編纂にかかわったり、当該人物の調査・研究に通暁した方々に執筆を依頼して成し得たものである。早々に原稿を寄せていただいた方々には刊行の遅延したことをお詫びするとともに、刊行を待たず遷化された岩崎宗純師へは仏前への報告となってしまったことを悔いている。

刊行にあたって、資料所蔵者をはじめ、関係諸機関など実に多くの方々や機関のご協力ご尽力をいただいた。末筆ながらこれらの方々、また出版をお引き受けいただいた有隣堂社長の松信裕氏と同社出版部の椎野佳宏氏にも謝意を申し上げておきたい。

編集代表　鈴木良明

## ◆執筆者一覧

鈴木良明　一九四六年、藤沢市生まれ。神奈川県立金沢文庫長
斉藤　司　一九六〇年、横須賀市生まれ。横浜市歴史博物館学芸員
西川武臣　一九五五年、名古屋市生まれ。横浜開港資料館調査研究員
馬場弘臣　一九五八年、福岡県生まれ。東海大学学園史資料センター
大和田公一　一九五六年、東京生まれ。箱根町立郷土資料館学芸員
〈以上、編集委員〉
飯島セツ子　一九三五年、東京生まれ。元逗子市史・近世担当
飯森富夫　一九五八年、東京生まれ。報徳博物館学芸員
石井　修　一九五三年、群馬県生まれ。藤沢市文書館館員
井上　攻　一九五八年、横浜市生まれ。横浜市歴史博物館学芸員
岩崎宗純　一九三三年、箱根町生まれ。湯本・正眼寺前住職。二〇〇四年二月死去
大野一郎　一九六〇年、東京生まれ。厚木市郷土資料館学芸員
岡　潔　一九六七年、千葉県生まれ。小田原市郷土文化館学芸員
加瀬　大　一九七五年、千葉県生まれ。東海大学学園史資料センター
神谷大介　一九七五年、静岡県生まれ。横須賀市総務部総務課市史編さん担当
神崎直美　一九六三年、相模原市生まれ。城西大学経済学部専任講師
草薙由美　一九七一年、相模原市生まれ。相模原市役所国民健康保険課主任
渋谷眞美　一九五五年、横浜市生まれ。藤沢市文化財保護委員会委員
清水つばき　一九六四年、東京生まれ。会社員
関口康弘　一九五七年、南足柄市生まれ。神奈川県立伊志田高校教諭
芹沢嘉博　一九五一年、小田原市生まれ。大井町立湘光中学校教諭
武井達夫　一九五五年、平塚市生まれ。神奈川県立平塚江南高校教諭
椿田卓士　一九六三年、静岡県生まれ。東海大学学園史資料センター
内藤浩之　一九六五年、島根県生まれ、鎌倉市文化財課学芸員
浪川幹夫　一九五九年、鎌倉市生まれ。鎌倉市文化財課学芸員
原　和之　一九五九年、東京生まれ。伊勢原市史勤務
細井　守　一九五七年、茅ヶ崎市生まれ。藤沢市教育委員会
増田裕彦　一九六〇年、東京生まれ。厚木市郷土資料館学芸員
山口克彦　一九六四年、秦野市生まれ。秦野市立図書館主査

## ◆協力機関および協力者一覧

厚木市郷土資料館／(財)江川文庫／海老名市教育委員会／大磯町立図書館／小田原城天守閣／小田原市教育委員会／神奈川県立金沢文庫／神奈川県立公文書館／神奈川県立歴史博物館／鎌倉国宝館／川崎市市民ミュージアム／国文学研究資料館／相模原市企画部津久井地域振興課／相模原市立博物館／城山町教育委員会／世田谷区立郷土資料館／(社)大日本報徳社／田原市博物館／茅ケ崎市文化推進課／箱根町立郷土資料館／平塚市博物館／報徳博物館／牧之原市教育委員会／真鶴町役場／三島市郷土資料館／南足柄市郷土資料館／横浜開港資料館／横浜市中央図書館／横浜市歴史博物館／早稲田大学図書館

笹野サトミ

**江戸時代　神奈川の100人**

平成十九年三月十二日　第一刷発行

編　者　神奈川近世史研究会

発行者　松信　裕

発行所　株式会社有隣堂

本　社　横浜市中区伊勢佐木町一―四―一
郵便番号二三一―八六二三

出版部　横浜市戸塚区品濃町八八一―一六
郵便番号二四四―八五八五

電　話　〇四五―八二五―五五六三

振　替　〇〇二三〇―三―二〇三

装　幀　小林しおり

印刷所　新灯印刷株式会社

ISBN978-4-89660-199-2　C0021

定価はカバーに表示してあります。

落丁・乱丁本はお取り替えいたします。